Das Buch

Spionage – Spionageabwehr – Konter-(Gegen-)spionage: das sind Elemente der Königsliga von Geheimdienstoperationen. Sie bedingen sich gegenseitig und führen nur in ihrem qualifizierten Zusammenwirken zum angestrebten Erfolg, der Sicherheit des eigenen Staates.
Ziele der Gegenspionage sind die nachrichtendienstliche Durchdringung und Unterwanderung der Zentren der gegnerischen Geheimdienste, ihrer operativen Außenstellen und ihres Agentennetzes.
Die Spezialisten der DDR-Gegenspionage beherrschten das Spiel der Arbeit mit Agenten, Doppelagenten und auch mehrfach überworbenen Agenten meisterhaft und brachten so der westlichen Spionage und Spionageabwehr Niederlagen bei, erlitten aber auch schmerzhaften Verluste.
Die beiden Autoren, langjährig in der Konterspionage zu Hause, berichten mit anderen Insidern sachkundig über diesen Teil der Geheimdiensttätigkeit der DDR. Sie berichten über die Arbeit der Abteilung IX der HVA, die nur im engen Verbund mit anderen Linien der Aufklärung und der Abwehr erfolgreich sein konnte.

Die Autoren

Gotthold Schramm, Jahrgang 1932, Mitarbeiter des MfS von 1952 bis 1990. Letzter Dienstgrad Oberst.
Ab 1954 tätig in der Hauptverwaltung Aufklärung, Geheimdienstbearbeitung und Spionageabwehr, spezialisiert auf deutsche Geheimdienste, vor allem BND.
Später Leiter des Bereichs B (Schutz und Sicherung der Auslandsvertretungen und Auslandskader der DDR) der Abteilung IX (Gegenspionage).

Klaus Eichner, Jahrgang 1939, Mitarbeiter des MfS von 1957 bis 1990. Letzter Dienstgrad Oberst. Zunächst in der Spionageabwehr, danach in der Hauptverwaltung Aufklärung tätig. Seit 1974 Analytiker im Bereich IX/C der HVA, spezialisiert auf Geheimdienste der USA. Von 1987 bis zur Auflösung der HV A Leiter des Bereichs C (Auswertung und Analyse) der Abt. IX (Gegenspionage).

Band V der Geschichte der HV A

Klaus Eichner und Gotthold Schramm

Konterspionage

Die DDR-Aufklärung in den Geheimdienstzentren

edition ost

Inhalt

Vorwort

Mit dem vorliegenden Band 5 setzen verantwortliche Mitarbeiter der Hauptverwaltung A der DDR die Reihe von Veröffentlichungen zur Geschichte der HV A zu einem hochbrisanten, durchaus aktuellen Thema fort.

Der Begriff »Konterspionage« – in unserem Sprachgebrauch häufig auch als »Gegenspionage« oder »äußere Abwehr« (im Unterschied zur inneren, der Spionageabwehr) genannt – bezeichnete die komplexen Maßnahmen zum Eindringen in die Zentren, operativen Außenstellen und in das Agentennetz der westlichen Geheimdienste. Das Ziel bestand darin, deren Pläne und Absichten gegen die DDR und ihre Verbündeten aufzudecken.

Die Gegenspionage war völkerrechtlich gedeckt: Es handelte sich um die legitime Wahrnehmung des Rechts auf Selbstverteidigung. Dieses steht jedem Staat zu. Die DDR sah in der Aufdeckung, offensiven Bekämpfung, in der Verhinderung oder Paralysierung von Aktivitäten gegnerischer Geheimdienste Beiträge zur Gewährleistung ihrer äußeren Sicherheit.

Insider und Experten aus dem Geheimdienst-Milieu bezeichnen die Gegenspionage oft als die »Krone der nachrichtendienstlichen Arbeit«. Eine Quelle in einem gegnerischen Geheimdienst führte in die dortigen Zentren der Informations- und Entscheidungsprozesse des jeweiligen Ziellandes und auch des Bündnissystems des Gegners.

Die Aufklärungsorgane der sozialistischen Staaten, allen voran die Nachrichtendienste der Sowjetunion, können auf eine reiche Tradition ihrer Arbeit auf diesem Gebiet verweisen.

Mit den legendären »Cambridge Five«, einer Gruppe liberaler Wissenschaftler, Absolventen der elitären Cambridge-Universität, die zu unterschiedlichen Zeiten und in verschiedenen Positionen im Geheimdienstsystem des britischen Königreiches tätig waren, die aus politischer Überzeugung der Sowjetunion Zugang zu internen Informationen verschafften, wird nur eine Facette dieser

Aktivitäten enthüllt. Die britischen Geheimdienste und ihre amerikanischen Verbündeten mussten mit Kim Philby, der u. a. Verbindungsoffizier des SIS zur CIA in Washington war, und George Blake, der als SIS-Offizier in Westberlin alle Details der Planung und Realisierung des Spionagetunnels in Altglienicke übermittelte, weitere schwere Niederlagen hinnehmen.

Die sowjetischen Geheimdienste führten jahrelang bedeutsame Quellen in der Spionageabwehr der CIA und des FBI. In Heinz Felfe, dem Leiter des Bereiches »Spionageabwehr Sowjetunion« des Bundesnachrichtendienstes, hatte Moskau einen Informanten ersten Ranges. Er berichtete über alle nachrichtendienstlichen Operationen des BND gegen die Sowjetunion im Detail.

An diesen Erfahrungen und Traditionen knüpfte das MfS an. Die HV A besetzte wichtige Quellenpositionen im Bundesnachrichtendienst, im Verfassungsschutz, beim MAD und im Staatsschutz der BRD sowie bei US-Diensten. Daran hatten neben der fachlich zuständigen Abteilung IX weitere Struktureinheiten der HV A, die Abteilungen XV der Bezirksverwaltungen und das enge Zusammenwirken mit Partnern in Abwehrdiensteinheiten des MfS einen entscheidenden Anteil.

Die Aufklärung der DDR vermochte mit ihrer Gegenspionage die Spionagetätigkeit der westlichen Seite über Jahre zu paralysieren. Oft wurden die Informationsflüsse zum Gegner von uns gesteuert. Bis auf wenige Ausnahmen konnte dadurch die Sicherheit unserer operativen Arbeit im Operationsgebiet und der eingesetzten Offiziere und Inoffiziellen Mitarbeiter gewährleistet werden.

Die Gegenspionage von Aufklärung und Abwehr des MfS war die wirksame Reaktion auf massive Spionageangriffe, denen die DDR seit ihrer Geburtsstunde durch westliche Geheimdienste, vor allem der Bundesrepublik Deutschland, ausgesetzt war. Dabei gelang es dem MfS, die Mehrheit der Agenten der westlichen Seite zu enttarnen, sie oft als Doppelagenten gegen ihre bisherigen Auftraggeber einzusetzen oder ihre Informationszugänge einzuschränken.

Wie die bisherigen Beiträge zur Geschichte der Hauptverwaltung A wurde dieser Band 5 »Konterspionage« von Insidern erarbeitet, die viele Jahre auf diesem Gebiet tätig waren. Obwohl den Mitarbeitern des MfS immer wieder ihre Eignung als »Zeitzeugen« bestritten wird, beweisen auch diese Darlegungen die hohe Qualität der historisch korrekten und inhaltsreichen Darstellung der Geschichte der Aufklärungsorgane der DDR. Die Autoren stellen die Strategie des Vorgehens gegen die westlichen Geheimdienste vorwiegend anhand konkreter Vorgänge und operativer Prozesse dar. Das macht den Inhalt des operativen Vorgehens auf der Linie »Gegenspionage« besonders plastisch.

So ist auch dieser Band ein überzeugender Beitrag zur Diskussion, wer die Geschichte wahrhaftiger darstellt: die Verwalter unvollständiger Akten oder jene, die diese Akten mit realer Arbeit füllten.

Zu dieser Wahrheit gehört allerdings auch, dass die westlichen Geheimdienste keineswegs völlig erfolglos waren. Verschiedentlich fügten sie östlichen Nachrichtendiensten ernste Niederlagen zu. Die Mehrzahl der westlichen Erfolge wurde mit Überläufern, also Verrätern, erzielt. Der qualitative Unterschied zu unseren langfristig geführten Quellen bestand darin, das die Überläufer nur das verraten konnten, was ihnen bis zum Zeitpunkt der Flucht bekannt war. Danach versiegte die Quelle. Zudem war es uns möglich, kurzfristig notwendige Veränderungen im Personal, in den Strukturen und im methodischen Vorgehen zu veranlassen.

Der entscheidende Vorteil der Mehrheit der Quellen der sozialistischen Aufklärungsorgane bestand darin, dass sie über viele Jahre fortlaufend und gezielt Informationen erarbeiteten und auf Entwicklungen in ihrem Dienst reagierten bzw. mögliche Veränderungen vorab signalisierten.

Beim Anschluss der DDR an die Bundesrepublik kam es in einigen wenigen Fällen zum Verrat durch verantwortliche Mitarbeiter der HV A. Für den Bereich Gegenspionage betraf dies die Fahnenflucht des einstigen stellvertretenden Leiters der Abteilung IX, Oberst Karl-Christoph Großmann. Wichtige Quellen der Arbeitslinie Gegenspionage wurden durch ihn enttarnt, von der BRD-Justiz angeklagt und zu drastischen Freiheitsstrafen verurteilt. Trotz dieses Verrates stehen die meisten dieser Frauen und Männer noch immer auf unserer Seite im gemeinsamen Kampf für die wahrhaftige Darstellung der DDR und ihrer Sicherheitsorgane.

Das offenbart eine grundsätzlich andere Haltung zu dieser Tätigkeit als die ihrer »Kollegen«. Sie waren im klassischen Sinne

Überzeugungstäter: überzeugt von der Richtigkeit der sozialistischen Idee und unserer Sache.

Der langjährige Chefhistoriker der CIA, Benjamin Fischer, urteilte auf der Konferenz zur Tätigkeit der DDR-Aufklärung im dänischen Odense im November 2007: »Die westliche Seite ist als Sieger aus dem Kalten Krieg hervorgegangen, aber sie hat gleichermaßen den Kampf der Geheimdienste verloren. Indem die CIA es nicht vermochte, in die HV A einzudringen, überließ sie das Gebiet der Gegenspionage den ostdeutschen Operationen.«

Ich möchte den Autoren und allen beteiligten Mitarbeitern der HV A für diesen Beitrag zur Geschichte der HV A meinen persönlichen Dank aussprechen.

Generaloberst a. D. Werner Großmann,
Chef der HV A von 1986 bis 1989

I. Der lange Weg
Zur Gründung der Abteilung IX der HV A

Der Gegenspionage des MfS waren zwei Grundaufgaben gestellt: frühzeitiges und möglichst umfassendes Erkennen der Spionageangriffe gegen die DDR und ihre Verbündeten sowie aktive Mitwirkung bei deren Verhinderung bzw. Paralysierung und nicht zuletzt der Schutz der Mitarbeiter des MfS sowie des IM-Netzes im Operationsgebiet und somit Gewährleistung einer hohen Sicherheit der operativen Prozesse.

Westliche Geheimdienste hatten den Osten Deutschlands und die entstehenden osteuropäischen Volksdemokratien schon unmittelbar nach Ende des II. Weltkrieges als Zielgebiete bestimmt, nachdem durch den Sieg der Antihitlerkoalition über Hitlerdeutschland mit dem herausragenden Anteil der Sowjetunion und den darauf fußenden Beschlüssen der Potsdamer Konferenz offensichtlich wurde, dass dieser Osten Europas dem Einfluss des kapitalistischen Herrschaftssystems entzogen wird.

Die USA als westliche Führungsmacht entwickelten verschiedene Strategien, um ihren wirtschaftlichen, militärischen und politischen Einfluss in Europa durchzusetzen und zu sichern und zugleich den Herrschaftsbereich der Sowjets einzuschränken und zurückzudrängen.

Die Geheimdienste sollten bei der Durchsetzung dieser politischen Strategie eine wichtige Rolle spielen. Im beginnenden Kalten Krieg der Großmächte instrumentalisierten die USA selbst ihre früheren Gegner.

Die Organisation Gehlen hatte schon 1946, verstärkt jedoch nach der Rückkehr Gehlens vom einjährigen Aufenthalt in den USA im Jahre 1947, begonnen, »alte Kameraden« auch im europäischen Osten zu rekrutieren. Der erste Verbindungsoffizier der CIA zu Gehlen schrieb 1948 in einem Bericht an seine Zentrale:

RUSTY (CIA-Deckname für die Organisation Gehlen) decke Ostdeutschland gegenwärtig mit 600 Agenten angemessen ab.[1]

Auch die westlichen Besatzungsmächte hatten frühzeitig ihre Geheimdienste gegen die DDR in Stellung gebracht. Im April 1948 berichtete der Chef der CIA-Station Karlsruhe, Dana Durand, an seine Zentrale, dass die CIA »jedes Ziel in der russischen Zone genau bestimmen und nahezu ohne Verzögerung von einem Agenten unter Beobachtung nehmen lassen« könne.[2]

Nach der Gründung der DDR nahmen die Aktivitäten der westlichen Geheimdienste erheblich zu. Das provozierte Gegenmaßnahmen. Der Innenminister Dr. Karl Steinhoff begründete den Gesetzentwurf zur Bildung eines Ministeriums für Staatssicherheit vor dem Parlament und dem Volk der DDR zu Beginn des Jahres 1950: »In den letzten Monaten erhielten die zuständigen Regierungsstellen in erhöhtem Maße Mitteilungen über Sprengungen in volkseigenen Betrieben und Werken, im Verkehrswesen wie auch volkseigenen Gütern und auf Neubauerngehöften. Ebenso wurde eine Zunahme der Tätigkeit von Spionen, Diversanten und Saboteuren festgestellt.«[3] Die hauptsächlichen Aufgaben dieses Ministeriums sollten darin bestehen, volkseigene Betriebe und Güter sowie Einrichtungen des Verkehrswesens vor Anschlägen zu schützen, die Tätigkeit feindlicher Agenturen, Diversanten, Saboteure und Spione zu zu bekämpfen, die demokratische Entwicklung des Staates zu schützen und eine ungestörte Erfüllung der Wirtschaftspläne zu sichern.

Begünstigt durch die offene Grenze zwischen den beiden deutschen Staaten und die geopolitische Lage Westberlins eskalierte der Krieg der westlichen Geheimdienste gegen die DDR.

Darauf mussten die Sicherheitsorgane der DDR reagieren. Die Entwicklung einer qualifizierten Gegenspionage wurde vor diesem Hintergrund eine zwangsläufige Notwendigkeit.

Die Aufklärung der DDR trat als Außenpolitischer Nachrichtendienst (APN) unter der Tarnbezeichnung »Institut für wirtschafts-wissenschaftliche Forschung« (IWF) im August 1951 ins Leben. Es formierte sich unter diesem Dach die Abteilung I »Gegnerische Geheimdienste und Sicherheit des APN«. Damit waren die zentralen Aufgaben einer aktiven Konterspionage vereint. Gustav Szinda und Markus Wolf leiteten diese Abteilung I.[4] Markus Wolf erinnerte sich später des Beginns: »Eine kleine selbständige Abteilung Abwehr war dafür zuständig, die westlichen Geheimdienste zu beobachten und zu infiltrieren. Sie geriet sofort mit dem seit Februar 1950 bestehenden Ministerium für Staatssicherheit in Konfrontation, das mit einem weitaus personalreicheren Apparat auch auf diesem Gebiet tätig war.«[5]

Als der Außenpolitische Nachrichtendienst 1953 in das MfS eingegliedert wurde, fiel die Entscheidung, diese Aufgabenstellung der Spionageabwehr zu übertragen. Die dafür zuständige Hauptabteilung II entstand im November 1953 aus den bisherigen Abteilungen IV und II der Spionageabwehr. Sie wurde mit der Entwicklung der »Agenturarbeit nach Westdeutschland« und einer »wirksamen äußeren Spionageabwehr« beauftragt.[6]

In der Hauptabteilung II gab es ab 1962 Bemühungen, in den Abteilungen II/2 (deutsche Linie) und II/3 (US-Geheimdienste) Bereiche für »Äußere Abwehr« aufzubauen

Bereits in den Anfangsjahren verzeichnete die Spionageabwehr im MfS Erfolge bei der Enttarnung von Agenten der westlichen Geheimdienste. Das geschah oft auch im Ergebnis qualifizierter Arbeit von Quellen in den Geheimdiensten.

108 BND-Agenten wurden bei der Aktion »Feuerwerk« im Oktober/November 1953 festgenommen, das war eine klassische Konteraktion gegen die BND-Filiale in Berlin (West). Nach der Festnahme des Leiters Werner Haase konnten im Dezember des gleichen Jahres weitere sieben Personen inhaftiert werden. Im Januar 1954 erfolgte die Verhaftung von über 500 Agenten, darunter 277 des BND, 176 von US-Geheimdiensten und 94 des französischen Dienstes.

Im November 1954 wurden bei den Aktionen »Blitz« und »Frühling« 521 Agenten festgenommen, darunter 100 Mitarbeiter westdeutscher Dienste, 188 amerikanischer und 105 britischer Dienste. Bis Ende 1955 wurden im Rahmen der genannten und weiterer Aktionen weit über 1.000 Agenten ausgeschaltet.[7]

In der Zeit der Existenz der DDR konnten rund 5.000 Agenten westlicher Dienste festgenommen und ihrer Strafe zugeführt werden.[8]

Trotz Schwerpunktverlagerung war in der HV A die Orientierung auf westliche Geheimdienste immer präsent. Das wurde nicht zuletzt aus abwehrmäßigen Überlegungen gestützt. Markus Wolf beschreibt in seinen Erinnerungen einige Ausgangspositionen und

-impulse für die Abwehrarbeit im Außenpolitischen Nachrichtendienst. Die Leitung des APN betrachtete die Potenzen der Parteiaufklärung der westdeutschen KPD als eine der wenigen Möglichkeiten, um an die Geheimdienste des Westens heranzukommen. In einer ersten intensiveren Überprüfung dieses Apparates wurde die Quelle »Merkur« der Parteiaufklärung als langjähriger Agent des britischen Geheimdienstes enttarnt. Eine Nutzung als Doppelagent verbot sich, zumal »Merkur« bereits als Student im Auftrag des britischen Geheimdienstes den Kontakt zur Parteiaufklärung gesucht hatte.

Mit Hilfe einer detaillierten Analyse aller Querverbindungen, Konspirationsverletzungen und Verdachtsmomente gelang es, ein ungefähres Bild der Unterwanderung der Parteiaufklärung darzustellen und weitere Doppelagenten zu enttarnen.

Markus Wolf: »Wir unterstellten als schlimmste Möglichkeit die, dass Verfassungsschutz sowie britischer und amerikanischer Geheimdienst erhebliche Teile des Netzes enttarnt hatten und mittels umgedrehter Agenten eventuell bereits bis in die Berliner Zentrale vorgedrungen waren. Es blieb uns folglich nichts anderes übrig, als auf die Parteiaufklärung zu verzichten.«[9]

Im Konferenzband der wissenschaftlichen Tagung zur Geschichte der HV A am 17./18. November 2007 im dänischen Odense sind weitere Aspekte genannt: »1953 war zur Zeit des Entstehens des Außenpolitischen Nachrichtendienstes der Mitarbeiter Gotthold Krauß flüchtig geworden. Das hatte eine stärkere Ausrichtung auf die innere Sicherheit, insbesondere auch im inoffiziellen Netz, zur Folge.

In den Folgejahren wurden die Aktivitäten der Ämter für Verfassungsschutz gegen unsere inoffiziellen Mitarbeiter (IM) spürbar stärker, so dass 1956 eine erste Dienstanweisung des Leiters der HV A zum Schutz der inoffiziellen Mitarbeiter und zur Abwehr geheimdienstlicher Angriffe erging. Darin wurden u. a. eine zentrale Meldepflicht bei Berührung und Kontakt mit westlichen Diensten, die Analyse der geheimdienstlichen Aktivitäten und die notwendigen Maßnahmen des weiteren operativen Vorgehens festgelegt. Das war zugleich der Anfang einer umfassenden Registratur von erkannten Mitarbeitern, Agenten, Objekten und Methoden gegnerischer Dienste, die in der späteren Abteilung IX rechnergestützt ihre Vollendung fand. Die Analyse des gegnerischen Vorgehens wurde stets mit der

Aufgabe verbunden, operatives Ausgangsmaterial für eine offensive Bearbeitung von Mitarbeitern westlicher Dienste zu erhalten.«[10]

Im Jahre 1959 wurde in der HVA ein Sonderreferat gegründet. Dieses befasste sich zunächst mit der Entwicklung von Ausgangsmaterial zur sogenannten Politischen Polizei in den Ländern und Kommunen, also zu den Staatsschutzeinrichtungen. Die Bearbeitung des Bundesamtes für Verfassungsschutz (BfV) und der Landesämter für Verfassungsschutz (LfV) stand damals noch nicht im Zentrum der Vorgangsarbeit.

Unter Federführung des Sonderreferates konnten bereits Anfang der 60er Jahre einige wesentliche Aktionen realisiert werden:

• Die Beschaffung von Topinformationen aus der dem BND unterstellten Zentralstelle für Chiffrierwesen.

Dem BND seinerseits war es gelungen, Teile des Chiffriersystems der HV A, das auch in der einseitigen Funkverbindung mit IM verwandt wurde, zu entschlüsseln. Daraufhin wurde das Chiffriersystem verändert, wodurch langfristig Folgen für die Sicherheit des IM-Netzes verhindert wurden. Die bis dahin jedoch entschlüsselten Funksprüche führten zu Verlusten. So begann beispielsweise die Bearbeitung Guillaumes durch die Gegenseite.

• Einbau von Abhörtechnik im Kölner Gürzenich, einem bekannten Veranstaltungszentrum, als dort eine vom BfV organisierte Konferenz über Sicherheitsmaßnahmen in der Wirtschaft mit Vertretern von Konzernen und Großbetrieben stattfand. Vorträge und Diskussionen konnten in einem PKW, der in der Nähe abgestellt war, vollständig aufgezeichnet werden. Diese Erkenntnisse beeinflussten wesentlich die vorbeugende Arbeit des MfS.

• Werbevorgang gegen einen Mitarbeiter des Bundesamtes für Verfassungsschutz. Eine Quelle hatte darüber informiert, dass die Zielperson neben ihrer Tätigkeit als BfV-Mitarbeiter einen nicht ganz legalen, aber schwunghaften Handel mit Haushalts- und elektronischen Geräten betrieb. Nach einem Kauf durch einen Offizier des Sonderreferats erfolgte eine Verabredung zu einem Treffen in Holland, wobei ein Werbeangebot unterbreitet werden sollte. Bei Kontrollmaßnahmen wurde festgestellt, dass die Zielperson bereits am Vortag mit mehreren Personen und PKW angereist war. Offensichtlich plante das BfV eine Aktion gegen die Mitarbeiter der MfS-Einsatzgruppe. Es gelang, diese rechtzeitig zu warnen und ihre sichere Rückkehr in die DDR zu organisieren.

In der zweiten Hälfte der 60er und Anfang der 70er Jahre entstand im Sonderreferat weiteres Ausgangsmaterial vor allem gegen den Verfassungsschutz. Im Zuge »aktiver Maßnahmen« wurden Aktionen zur Entlarvung ehemaliger Nazis im Personalbestand der Geheimdienste und der Politischen Polizei durchgeführt. Das Sonderreferat führte u. a. den 1961 als Selbstanbieter geworbenen IM »Wieland«, der in der späteren Bearbeitung des BfV eine hervorragende Rolle spielen sollte (*vgl. Kap. III 1. – Operation »Keilkissen«*).

Das Sonderreferat war anfangs in die Abt. I der HV A eingebunden, später dem Stellvertreter des Leiters der HV A, General Hans Fruck, direkt unterstellt. Es zählte etwa 20 Mitarbeiter, die den Kern der 1973 gegründeten Abteilung IX bilden sollten.

Einen anderen, wesentlichen Teil der Abteilung IX bildeten die Mitarbeiter, die aus der Abteilung III – Arbeit mit legal abgedeckten Residenturen außerhalb der Bundesrepublik – kamen. Dort war 1969 im Zusammenhang mit der diplomatischen Anerkennung der DDR das Referat 7 entstanden, das sich später zu einem Stellvertreterbereich der Abteilung entwickellte. Das Referat 7 sicherte Mitarbeiter in den Auslandsvertretungen und leitete in den Residenturen den »Bereich B« an. 1973, als in Chile die Faschisten unter Pinochet putschten, waren Angehörige dieses Referates beteiligt, als die DDR chilenische Bürger vor der Verfolgung rettete, indem sie diese konspirativ außer Landes brachten.[11] Das wurde international anerkennend beobachtet.

Dem Referat gehörten bei der Eingliederung in die Abteilung IX etwa 15 Mitarbeiter an.

Es lag zudem nahe, weitere Sachgebiete/Referate der HV A mit ähnlichem Arbeitsgegenstand in die Abteilung IX zu integrieren. Das betraf

- das Referat zur Bearbeitung des MAD in der Abteilung IV (Militärische Aufklärung);
- Arbeitsgebiete zur Bearbeitung von Dienststellen der Geheimdienste in der BRD und Berlin (West) in der Abteilung XI (USA);
- eine Arbeitsgruppe zum Bundesgrenzschutz in der Abteilung VI (Regimefragen);
- die Arbeitsgruppe zu Fragen des Schutzes und der Sicherheit des IM-Netzes im Stellvertreterbereich von General Hans Fruck.

Von den Abteilungen der HV A erfolgten Versetzungen von Mitarbeitern, zum Teil mit geeigneten Vorgängen zur Entwicklung der Gegenspionage. Die HA II stellte vier mittlere leitende Mitarbeiter mit Erfahrung in der Abwehr von Spionageangriffen bzw. in der Arbeit im Operationsgebiet zur Verfügung.

1974, in ihrem ersten Jahr, zählte die Abteilung IX etwa 60 Mitarbeiter. Sie unterstand dem Leiter der HV A direkt.

Über die Zeit vor der Gründung der Abteilung referierte Werner Großmann auf der wissenschaftlichen Konferenz in Odense.[12] Der Regierungswechsel in Bonn 1969 und die Wahl Willy Brandts zum Bundeskanzler hatten die Chance eines Politikwechsels eröffnet, den Übergang von der Konfrontation der Blöcke hin zur Kooperation. Vor dem Hintergrund beginnender Entspannung zwischen den Besatzungsmächten (Vierseitiges Abkommen zu Berlin 1971, dem ersten Regierungsabkommen der Alliierten seit Beginn des Kalten Krieges) führte die neue Bonner Ostpolitik zu Verträgen mit Moskau und Warschau. 1972 wurde der Grundlagenvertrag zwischen DDR und BRD geschlossen. Im Jahr darauf nahm die UNO die DDR und die BRD als gleichberechtigte Mitglieder auf. Im August 1975 unterzeichneten 35 Staats- und Regierungschefs aus Europa sowie Kanadas und der USA die Schlussakte der Konferenz für Sicherheit und Zusammenarbeit in Europa (KSZE) im finnischen Helsinki.

Diese politische Entspannung führte aber keineswegs zu einer Reduzierung der Geheimdiensttätigkeit. Im Gegenteil. Die neu entstandenen Möglichkeiten in der Kontaktpolitik und im Verbindungswesen wurden intensiv genutzt, um weiter gegen die DDR zu arbeiten. Die Zahl der geheimdienstlichen Anbahnungen und Werbeversuche stieg merklich an.

Das veranlasste den Minister für Staatssicherheit, am 23. April 1973 den Befehl Nr. 14/73 über die Bildung der Abteilung IX in der HV A zu erlassen. Mielke wies an, dass die bisher der HA II und den Abteilungen II der Bezirksverwaltungen übertragene Bearbeitung feindlicher Geheimdienstzentren im Operationsgebiet fortan durch die HV A zu erfolgen habe. Bis zum 1. Juli 1973 sollte ihm ein gemeinsamer Maßnahmeplan der HV A und der HA II vorgelegt werden. *(Faksimile des Befehls in der Anlage II)*

Als Leiter der Abteilung IX wurde Oberst Heinz Geyer eingesetzt. 1977 übernahm Oberst Harry Schütt diese Aufgabe.

Im Zuge der Gründung der Abteilung IX entstanden drei Stellvertreterbereiche:

• **Bereich IX/A**: Bearbeitung westlicher Geheimdienste (illegale Linie), vor allem BND, BfV und LfV, MAD, US-Dienste, Sender *Radio Free Europa/Radio Liberty*, Bundesgrenzschutz und Grenzschutzeinzeldienst, Bundeskriminalamt und Landeskriminalämter mit Schwerpunkt Staatsschutz.

Langjähriger Leiter Oberst Karl Großmann, letzter Leiter Oberst Gunter Nehls.

• **Bereich IX/B**: Schutz und Sicherung der Auslandsvertretungen und Auslandskader der DDR. Langjähriger Leiter Oberst Gotthold Schramm, letzter Leiter Oberst Heinz Mrowitzki.

• **Bereich IX/C**: Auswertung und Analyse. Langjähriger Leiter Oberst Fritz Kobbelt, letzter Leiter Oberst Klaus Eichner.

Die Schwerpunktbestimmung der Abteilung IX wurde von der ersten Stunde an durch folgende Prämissen bestimmt:

• Die Analyse der Tätigkeit der gegnerischen Geheimdienste hatte ergeben, dass eine eventuelle Eskalation des Kalten Krieges zu einem heißen Krieg ohne deren Beteiligung und Mitwirkung nicht möglich war. Informationen aus den Zentren der Geheimdienste besaßen deshalb für die Früherkennung eines möglichen bewaffneten Konfliktes außerordentliche Bedeutung. Mit der offensiven Bearbeitung von Geheimdienstzentralen – unabhängig davon, ob sie äußere oder innere Funktionen hatten – schloss die HV A im System der Früherkennung eine Lücke.

• Spionage gegen die DDR und ihre Auslandsvertretungen sowie gegen befreundete Staaten sollten primär mittels Informationen aus den Geheimdiensten, insbesondere aus deren Zentralen, aufgedeckt werden. Dabei ging es um das Erkennen von Mitteln und Methoden der Dienste, was für die vorbeugende Arbeit der Abwehr außerordentlich wichtig war, aber auch um das Aufspüren geplanter Aktionen, Maßnahmen und Akteure, sprich Agenten, mit denen die Dienste arbeiteten. Als Schwerpunkt wurde der Bundesnachrichtendienst bestimmt.

• Der Schutz des inoffiziellen Netzes, dessen Kernstück das frühzeitige Erkennen gegnerischer Aktionen und Pläne war, bildete die dritte Schwerpunktaufgabe. Im Mittelpunkt standen dabei das Bundesamt und ausgewählte Landesämter für Verfassungsschutz.[13]

Mit der Gründung der Abteilung IX begann ein neuer Abschnitt einer erfolgreichen Konterspionage/Gegenspionage.

Anmerkungen

1 Vgl. »Angriff und Abwehr«, edition ost, Berlin 2007, Seite 711ff.
2 Vgl. Donald P. Steury (Hrsg.), On the Frontlines of the Cold War: Documents on the Intelligence War in Berlin, 1946 to 1961. CIA History Staff/Center for the Study of Intelligence, Washington D.C., 1999, S. 21: Bericht B-226, 8. April 1948
3 Vgl. Herbert Kierstein/Gotthold Schramm »Freischützen des Rechtsstaats«, edition ost, Berlin 2009, S. 52
4 Biographische Angaben s. »Angriff und Abwehr«, a. a. O., S. 427 und 442
5 Vgl. Markus Wolf, »Spionagechef im geheimen Krieg«, Econ Taschenbuch Verlag, 1998, S. 60
6 Vgl. »Die Sicherheit«, edition ost, Berlin 2003, S. 483f.
7 Vgl. »Angriff und Abwehr«, a. a. O., S. 450f.
8 Vgl. »Die Sicherheit«, a. a. O., S. 435, 482, 530
9 Vgl. Markus Wolf, a. a. O., S. 65ff.
10 Vgl. »HV A – Geschichte, Aufgaben, Einsichten. Reader der wissenschaftlichen Konferenz in Odense«, edition ost, Berlin 2008, S. 258
11 Vgl. Gotthold Schramm (Hrsg.), »Flucht vor der Junta«, edition ost, Berlin 2005
12 Vgl. Odense-Reader, a. a. O., S. 21f.
13 a. a. O., S. 261f.

II. West-Zentren der Ost-Spionage im Visier

Die Gefährdung der gesellschaftlichen Entwicklung der DDR infolge der der Aktivitäten von Auslandsnachrichtendiensten der Hauptstaaten der NATO erforderte von der inneren und äußeren Spionageabwehr der DDR von Anfang an eine hohe Konzentration der Ressourcen zur Abwehr dieser Angriffe.

Neben der Identifizierung von Agenten westlicher Geheimdienste durch ein komplexes System von Abwehrmaßnahmen im Inneren der DDR gelang es immer wieder, Quellenpositionen in den Zentren dieser Geheimdienste, in ihrem Agenturnetz, aber auch technische Aufklärungsmöglichkeiten gegen die Zentren und operativen Außenstellen der Auslandsnachrichtendienste erfolgreich zu nutzen.

Die Gegenspionage der DDR konzentrierte sich im hohen Maße auf den Bundesnachrichtendienst der BRD. Das beruhte auf der Analyse der Gefährdungssituation durch die Aktivitäten des BND, aber auch auf der pragmatischen Einschätzung, dass die natürlichen Gegebenheiten des geteilten Landes für offensive Maßnahmen besonders geeignet waren.

Bis zum 13. August 1961 waren Aufklärungs- und Abwehrmaßnahmen gegen die auf dem Territorium der BRD und Westberlins operierenden Geheimdienste der USA, Großbritanniens und Frankreichs relativ gleichwertig in der Aufgabenstellung der Spionageabwehr. Später verlagerte sich der Schwerpunkt immer deutlicher auf die Aktivitäten der Geheimdienste der BRD.

Das widerspiegelte sich auch in Struktur und Aufgabenstellung der Gegenspionage der HV A.

1. Auftrag des BND: »DDR, DDR und nochmals DDR«

In der Spionageabwehr der DDR spielten offensive Maßnahmen gegen die Organisation Gehlen (ORG oder OG) – seit 1956 offiziell Bundesnachrichtendienst (BND) – eine wesentliche Rolle. Die OG stellte als Nachfolgeeinrichtung der faschistischen deutschen Geheimdienste (vor allem Fremde Heere Ost, Amt Ausland/Abwehr, Reichssicherheitshauptamt) eine akute Bedrohung der Sowjetunion und der Staaten in ihrer Einflussspäre dar. Das galt insbesondere für die sowjetische Besatzungszone in Deutschland. Nach gängiger Lesart war dieses Territorium dem Westen gleichsam geraubt und seinem Zugriff gewaltsam entzogen worden. Das sollte korrigiert werden. Der Phase der »Eindämmung des Kommunismus« (*Containment*) folgte die Strategie des Zurückrollens (*Rollback*). Dazu brauchten die USA auch den früheren Feind als Verbündeten.

Im ersten Überprüfungsbericht der USA-Geheimdienste vom 29. Mai 1947 (Bossard-Bericht) konstatierte Washington, dass die Organisation Gehlen bereits »in der Gründungsperiode um die 3.000 Leute von antisowjetischen Bewegungen in Zentraleuropa rekrutiert [habe], die während des Krieges Deutschland unterstützt hatten«.[1]

Ende der 40er, zu Beginn der 50er Jahre platzierte die OG einige Spitzenquellen in Führungsgremien der DDR. Die bekanntesten waren Elli Barczatis, Sachbearbeiterin im Sekretariat von Ministerpräsident Otto Grotewohl (Deckname »Gänseblümchen«), Walter Gramsch, Abteilungsleiter in der Generaldirektion Schifffahrt (Deckname »Brutus«), sowie Hermann Kastner, Vorsitzender der LDPD und stellvertretender Ministerpräsident der DDR (Deckname »Helwig«).

Bei der Bearbeitung der Geheimdienste der BRD und ihrer Dienststellen in Berlin (West) nutzte das MfS die natürlichen Vorteile des geteilten Deutschland – gleiche Sprache, Familienverbindungen, kulturelle Identität, enge, wenn auch widersprüchliche, wirtschaftliche, politische, wissenschaftliche und kulturelle Verbindungen

Dieser »Heimvorteil« galt selbstverständlich auch für die Agenten der westdeutschen Dienste.

Mit der wachsenden Qualität der Aufklärungs- und Abwehrtätigkeit gegen den BND erwarben sich das MfS und die HV A im System der Sicherheitsorgane des Warschauer Vertrages einen guten Ruf. Sie galten bald als Spezialisten für die westdeutschen Dienste.

Bereits im Vorfeld der Bildung der Abteilung IX der HV A kam es zur Entwicklung von bedeutsamen Quellen der Aufklärung der DDR im BND. In der Abteilung IV der HV A war der Kontakt mit dem BND-Mitarbeiter Alfred Spuhler (*Quelle Peter*) aufgenommen worden, und die Abt. XV der Bezirksverwaltung Karl-Marx-Stadt des MfS lancierte die Perspektiv-Quelle »Gisela«, das war Dr. Gabriele Gast, ins Blickfeld des BND. In der Folge erhielt sie, wie erhofft, ein Angebot des BND.

Sukzessive erreichten Bearbeitung und Aufklärung der Spionagetätigkeit des BND gegen die DDR und andere sozialistische Staaten eine völlig neue Qualität.

Die Platzierung von Quellen direkt im Zielobjekt wurde durch verschiedene Maßnahmen begleitet. So gelang es, unter fremder Flagge indirekt Zugang zu Geheiminformationen des BND oder durch qualifizierte Abschöpfkontakte operativ bedeutsame Detailinformationen zu beschaffen. Dazu kamen interessante Informationsergebnisse aus der Arbeit von Doppelagenten (inoffizielle Mitarbeiter Beobachtung [IMB] der HV A und von Diensteinheiten der Abwehr). Bei direkten Kontakten mit Mitarbeitern des BND, etwa bei Treffs im Operationsgebiet oder in Drittländern, konnten wertvolle Erkenntnisse gewonnen werden. Auch die Funkaufklärung des MfS trug ihr Scherflein bei.

Der KGB und andere Bruderorgane lieferten wichtige Details zu konkreten Virgängen, die sie in ihrer oft mit uns abgestimmten operativen Arbeit gewonnen hatten. Informationen der bereits 1961 enttarnten Quelle des KGB, Heinz Felfe, lieferten auch nach seiner Haftentlassung 1969 für die Abteilung IX noch wertvolle Erkenntnisgrundlagen

In der frühen Phase der Bearbeitung des BND gelang der HA II ein spektakulärer Erfolg.

Der BND hatte für seine Mitarbeiter in Postämtern von München und Umgebung Schließfächer eingerichtet, die von diesen für den privaten Verkehr mit Krankenkassen, Versicherungen etc. genutzt wurden. Die Korrespondenz erfolgte zwangsläufig mit Klarnamen.

Die HA II entwickelte den Vorgang »Pyramide«.

IM öffneten mit Nachschlüsselsätzen die Schließfächer und kopierten die Briefe. Der Direktor im BND, Ullrich Woessner, urteilte darüber auf einer Tagung der Birthler-Behörde im November 2001: »Der BND agierte hier in unrichtiger Einschätzung der tatsächlichen Gefährdungslage. Die Gefahr beim infrastrukturellen Einsatz von Postfächern wurde eher auf der offenen Rückseite (Postbediensteter als Agent des MfS) gesehen als auf der mit aufwändiger Schlüsseltechnik gesicherten Vorderseite. [...] Mit einer solchen Dreistigkeit im Vorgehen des MfS konnte man nicht rechnen ...«[3]

In Gerichtsverfahren gegen enttarnte Kundschafter der DDR in Schlüsselbereichen des BND konstatierten die Richter wiederholt, dass der BND »für den Osten offen wie ein Scheunentor, absolut gläsern«[4] gewesen sei.

Aus Sicht der HV A war das ein Lob für ihre Arbeit.

Wem jedoch war dies zu danken, dass der Westen für den Osten »gläsern« war. Hier sollen nachfolgend einige Spitzenquellen herausgestellt werden, auf deren Informationen die erfolgreiche Arbeit auch der Spionageabwehr fußte.

Vorgang GISELA
(Dr. Gabriele Gast, Jahrgang 1943)

Gabriele Gast studierte politische Wissenschaften an der TH Aachen. In jener Zeit engagierte sie sich in der christlichen Studentenbewegung, seit Mitte der 60er Jahre in der CDU sowie im Vorstand der Frauenvereinigung der Union.

Für ihre Dissertation wählte Gabriele Gast das Thema »Die politische Rolle der Frauen in der DDR«. Ihr Doktorvater war Prof. Klaus Mehnert, ein »Ostexperte« und ehemaliger Mitarbeiter des Amtes Ausland/Abwehr der faschistischen Wehrmacht unter Admiral Canaris, einer der Tippgeber des BND für dessen Nachwuchsgewinnung.

Bis 1973 arbeitete Gabriele Gast im Forschungsinstitut für Sicherheit und internationale Fragen in München, einer CSU-nahen »Denkfabrik«. Während ihres Promotionsstudiums bewarb sie sich im Auswärtigen Amt, scheiterte jedoch im Auswahlverfahren. Abgelehnte Bewerber waren für den BND stets interessant. Diesen Umstand nutzte die HV A ebenso wie die Verbindung Mehnerts zum BND. So gelang es, dass Gabriele Gast am 1. November 1973 in Pullach angestellt wurde. Erst später wurde bekannt, dass ein anderer Tippgeber – der Kieler Politikwissenschaftler Prof. Werner Kaltefleiter – den BND ebenfalls auf Gabriele Gast aufmerksam gemacht hatte. Und der BND erhielt auch noch einen dritten Tipp: Als das Forschungsinstitut für Sicherheit und internationale Fragen schloss, an welchem Gabriele Gast tätig gewesen war, machte der scheidende Direktor Kammrath einen hochrangigen BND-Mitarbeiter auf die kluge, engagierte Frau aufmerksam.[4a]

Wie aber war die HV A an sie geraten, sodass eine langfristige Einschleusung im Bundesnachrichtendienst möglich wurde?

Für ihre Dissertation suchte Gabriele Gast auch Archive der DDR auf. 1968 stellten Mitarbeiter der Abteilung XV (Aufklärung) der Bezirksverwaltung Karl-Marx-Stadt des MfS den Kontakt zu ihr her. Es entwickelte sich in der Folgezeit eine enge und tiefe Beziehung zu einem inoffiziellen Mitarbeiter dieser Abteilung, die weitaus komplexer war, um ihn als »Romeo-Vorgang« zu etikettieren. Wesentlich war, dass sich während der Studienaufenthalte in der DDR ihre Weltsicht veränderte. Natürlich waren daran ihre Kontaktpartner nicht unbeteiligt. »Die Menschen in der DDR waren nicht Fremde für mich, es waren Deutsche.«

Die politischen und operativen Bedingungen ihrer Einstellung im BND hat Dr. Gabriele Gast später selbst beschrieben und reflektiert. »Die Idee, meine Einstellung beim BND anzustreben, wurde mir 1971 von meinen HV A-Partnern bei einem Treffen in der DDR unterbreitet. Markus Wolf, der für sein strategisches nachrichtendienstliches Denken gerühmt wurde, sah aufgrund meiner Biographie eine realistische Chance, dass meine Bewerbung in Pullach erfolgreich sein könnte. Ich entstamme einem konservativ-bürgerlichen Elternhaus, war Mitte der 60er Jahre der CDU beigetreten und studierte bei dem renommierten Ostexperten Klaus Mehnert, dem enge Kontakte zum BND nachgesagt wurden. Für Wolf schien es deshalb denkbar, dass Mehnert mich in Pullach als Nachwuchskraft empfehlen könnte, entsprach ich doch dem dortigen personellen Spektrum.

Freilich gab es auch einen kritischen Punkt in meiner Biographie, an dem eine Bewerbung scheitern konnte: Ich hatte verwandtschaftliche Beziehungen in die DDR und war überdies – im übrigen auf Anraten Mehnerts – im Rahmen der Arbeit an meiner Dissertation, die sich mit der politischen Rolle der Frau in der DDR befasste, in den zweiten deutschen Staat gereist. Dort war ich in Kontakt mit der HV A gekommen, was ich allerdings bis zu meiner Verhaftung Ende September 1990 geheim zu halten wusste.

›Was für ein Erfolg, wenn es uns gelänge, in die Höhle des Löwen vorzudringen‹, versuchten meine Partner in Berlin mir ihren Vorschlag schmackhaft zu machen, auf eine Einstellung beim BND hinzuarbeiten.

Doch so faszinierend auch ich diese Idee fand, so maßlos erschrak ich bei der tollkühnen Vorstellung, mich auf die unheimliche und geheimnisumwitterte Nachfolgeorganisation des Nazi-Generals Gehlen einzulassen. Wenn überhaupt, so hatte ich nur Übles und Zwielichtiges darüber gehört. Pullach – das galt als Synonym für die unbewältigte braune Vergangenheit Westdeutschlands. Gehlen hatte zahlreiche Gesinnungsgenossen aus der Hitlerzeit um sich geschart und mit dem Staatssekretär Hans Globke, dem Kommentator der NS-Judengesetze, einen verlängerten Arm ins Kanzleramt Konrad Adenauers.

Pullach trat die freiheitlich-demokratische Grundordnung mit Füßen, indem der Auslandsnachrichtendienst unerlaubt, also illegal, Inlandsaufklärung betrieb. So wurden beispielsweise die oppositionelle Sozialdemokratische Partei konspirativ überwacht und für konservative Kräfte dubiose Dossiers angefertigt.

War nicht auch ich in der 68er Studentenrevolte gegen solche Machenschaften und faschistoide Restaurationsversuche in der Bundesrepublik zu Felde gezogen? Und nun sollte ich, falls es zu einer Einstellung käme, meine ganze Arbeitskraft in eine solche Organisation und deren Ziele einbringen?

›Du glaubst doch nicht im Ernst, der BND habe Skrupel oder gar Ressentiments, Agenten in unsere Reihen einzuschleusen oder unter unseren Mitarbeitern zu gewinnen?‹ Meine Partner versuchten, meine Bedenken zu zerstreuen. In langen Diskussionen ließ ich mich von dem irrwitzigen Vorhaben überzeugen.

Aber wie das hochgesteckte Ziel erreichen? Zwei Jahre lang kreisten unsere Überlegungen um diese Frage, wurden immer neue Pläne geschmiedet und – weil erfolglos – wieder verworfen. Damals konnte man sich nicht direkt beim BND bewerben. Wer das tat, machte sich gleich verdächtig und wurde abgelehnt. Man musste einen indirekten Weg gehen, Kontakt zu Personen suchen, von denen anzunehmen war, dass sie in Verbindung mit Pullach standen und einen dort empfehlen würden. ›Blickfeldarbeit‹ hieß das in der nachrichtendienstlichen Fachsprache.

Dafür kam Mehnert in Frage, auch andere Professoren. Gerade im Universitätsbereich schaute sich der BND inzwischen intensiv nach Nachwuchs um. Nach dem Wechsel zur sozial-liberalen Regierung unter Willy Brandt 1969 und der von Kanzleramtsminister Horst Ehmke (SPD) eingeleiteten Reform hatte Pullach damit begonnen, die aus Wehrmacht und SS übernommenen Offiziere durch Akademiker zu ersetzen.

Doch so sehr ich mich auch um Erweiterung meiner Kontakte an der Universität und auf Parteiebene bemühte, um ins Blickfeld des BND zu geraten, nahm man mich nicht wahr. Wir glaubten schon nicht mehr daran, als es dann doch noch geschah. […]

Pullach lag zwar meinem neuen Wohnsitz zum Greifen nahe, doch trotz des beobachteten heimlichen Kontakts des Institutsleiters zu einem BND-Mitarbeiter, der ihn zu abendlicher Stunde aufsuchte, deutete nichts darauf hin, dass mein Vorgesetzter eventuell meine Vermittlung in Betracht ziehen könnte. Insofern überraschte mich ein geheimnisvoller Anruf im Institut.

›Mein Name ist Grafrath‹, meldete sich eine mir unbekannte Stimme. ›Ich habe gehört, dass Sie sich beruflich verändern wollen. Ich könnte Ihnen ein interessantes Angebot machen. Sie haben doch hoffentlich noch keine neue Arbeitsstelle angenommen?‹

In meinem Kopf begann es blitzschnell zu arbeiten.

Ein mir Unbekannter wusste, dass ich nach einer neuen Arbeitsstelle suchte. Er stellte ein interessantes Angebot in Aussicht, ohne jedoch konkret zu werden. Das klang konspirativ. Der könnte beim Geheimdienst sein, durchzuckte es mich. Verfassungsschutz oder BND.

Ich bemühte mich, meiner Stimme einen unbefangenen Ton zu geben. ›Ja, ich suche eine neue Arbeitsstelle. Ich habe mich noch nicht entschieden.‹

›Das ist gut‹, sagte Grafrath, ›dann sollten Sie sich mein Angebot anhören. Wann können wir uns sehen? Ich komme zu Ihnen.‹

Wir vereinbarten einen Termin.

Grafrath erschien pünktlich. Er zeigte mir einen Dienstausweis, eine kleine rotgepunktete Karte mit aufgedrucktem Bundesadler, auf der sein Name und Dienstgrad vermerkt waren. Darüber stand in fetten Versalien: BUNDESNACHRICHTENDIENST.

Ich atmete tief durch.

Das also war der Moment, auf den wir so lange hingearbeitet hatten. Ich durfte – um Himmels willen – nicht zeigen, wie nervös ich war. Ich musste ruhig bleiben, ganz ruhig.

›Als weltweit tätiger Nachrichtendienst bietet der BND eine Vielfalt interessanter Arbeitsmöglichkeiten‹, begann Grafrath das Gespräch. ›Er sucht deshalb tüchtige Fachleute aus unterschiedlichen Bereichen. Sie sind, soviel ich weiß, DDR-Expertin?‹

›Ja‹, bestätigte ich.

›Dann wären Sie beim BND richtig aufgehoben‹, bemühte sich Grafrath, mein Interesse zu wecken, was unnötig war. ›Die DDR ist unser vorrangiges Beobachtungsgebiet. Mit Ihren einschlägigen Kenntnissen wären Sie für einen Einsatz in der Auswertung der DDR-Politik geradezu prädestiniert. Sie könnten aber auch in der Nachrichtenbeschaffung arbeiten, beispielsweise als Verbindungsführer zu DDR-Quellen. Da wären Sie ein kompetenter Gesprächspartner.‹

Ich nickte. Offenkundig deutete er mein Schweigen als Desinteresse. ›Sie könnten natürlich auch auf einem anderen Gebiet arbeiten. Zum Beispiel Lateinamerika, wenn Sie das interessiert. Oder Afrika. Der BND hat, wie gesagt, viel zu bieten und ist sehr flexibel.‹

Ich gab Grafrath zu verstehen, dass mich eine Tätigkeit in meinem Fachgebiet DDR mehr reizen würde als jene fernen Kontinente.

Diese Frage sei jetzt ohnehin noch nicht zu entscheiden. Er wollte damit nur zeigen, welch große Verwendungsbreite der BND zu bieten habe. ›Er hat Vorzüge, wie man sie in keiner anderen Behörde oder in einem Wirtschaftsunternehmen antrifft‹, fuhr Grafrath selbstbewusst und sicher fort, um mein erkennbar gewecktes Interesse an seiner Behörde noch zu verstärken.

›Könnten Sie sich eine Mitarbeit vorstellen?‹

Und ob ich mir das vorstellen konnte! Nicht in allen Einzelheiten natürlich, dafür kannte ich, trotz meiner Kontakte zur HV A und der intensiven Gespräche mit meinen dortigen Partnern, noch viel zu wenig vom nachrichtendienstlichen Geschäft. Aber in dem jahrelangen Bemühen, ins Blickfeld des BND zu geraten, hatte ich den Gedanken, dort zu arbeiten, längst verinnerlicht. Doch durfte ich dies dem Geheimdienstprofi nicht zeigen. Es hätte womöglich sein Misstrauen geweckt. Vorsichtige Zurückhaltung war geboten.

›Ich glaube schon, dass ich mir eine Tätigkeit im BND vorstellen kann‹, gab ich zögernd zur Antwort. ›Was Sie sagen, klingt interessant. Das könnte eine berufliche Perspektive für mich sein.‹

›Schön‹, erwiderte Grafrath befriedigt. ›Dann schlage ich vor, dass Sie sich beim BND bewerben.‹

Er zog aus seiner Aktentasche ein Bündel Formulare hervor. ›Dies sind die Bewerbungsunterlagen. Schicken Sie sie ausgefüllt bitte an diese Adresse.‹

Er reichte mir eine Visitenkarte. ›Franz Weigel‹, las ich, und ›Postschließfach, München‹. Mehr nicht. (Zu Beginn der 70er Jahre residierte der BND konspirativ in der Heilmanstraße in Pullach. An der Tür stand nicht, was dahinter geschah.)

Anschließend schilderte mir Grafrath das Bewerbungsverfahren beim BND. Mit Beratungsgespräch und Auswahlverfahren würde es fast drei Monate in Anspruch nehmen.

Nachdem Grafrath gegangen war und meine Anspannung sich gelöst hatte, schrieb ich eine geheime Nachricht an die HV A: ›BND hat mir Arbeitsstelle angeboten! Werde mich bewerben!‹

Schon im nächsten Agentenfunk erhielt ich Antwort: ›Wir drücken die Daumen. Treffen uns umgehend in Italien. Teile Ort und Zeit mit.‹

Meine Bewerbung beim BND nahm den von Grafrath beschriebenen Verlauf. Wochen bangen Hoffens vergingen. Endlich fand sich in meiner Post die so ungeduldig erwartete Nachricht aus Pullach: ›Ich freue mich, Ihnen mitteilen zu können, dass Ihre Einstellung in meinen Geschäftsbereich genehmigt wurde.‹«[5]

Dr. Gabriele Gast führte im BND den dienstinternen Arbeitsnamen »Dr. Leinefelder«, im MfS lief der Quellenvorgang unter dem Decknamen »Gisela«.

»Gisela« arbeitete im BND in der Abteilung III – Auswertung, Unterabteilung 3 – Auswertung Politik. Dort verarbeitete sie die Osteuropa betreffenden Informationen aus allen Quellen – von Medienmeldungen über Diplomateninformationen, Quelleninformationen, Materialien der technischen Spionage bis hin zu Informationen der Partnerdienste.

In den Jahren zwischen 1983 und 1987 war sie als leitende Auswerterin im Bereich »Gesamtlage« der Abteilung III tätig. Zu ihren Aufgaben gehörte die Teilnahme an Beratungen mit führenden Vertretern der Partnerdienste des BND; einige Zeit erarbeitete sie den wöchentlichen Lagebericht für den Bundeskanzler, die sogenannte »BK-Lage«. Kopien dieser Lageberichte landeten gleichzeitig bei der HV A, so dass Berlin mitlesen konnte, was der Bundeskanzler in Bonn vom BND auf den Schreibtisch bekam.

Zuletzt war »Gisela« stellvertretende Leiterin des Referats »Auswertung Sowjetunion« im Range einer Regierungsdirektorin. Sie erfuhr im BND durch ihren scharfen analytischen Verstand und durch Eigenständigkeit in ihrer Arbeit eine hohe Wertschätzung.

Diese widerspiegelte sich auch in der Zusammenarbeit mit der HV A. Sie entschied selbständig, welche Informationen sie an die Zentrale übermitteln würde, das geschah sowohl unter den Gesichtspunkten der Qualität als auch ihrer Sicherheit.

Die Analysen der Quelle »Gisela« verschafften der HV A einen komplexen Überblick über das laufende Informationsaufkommen des BND und damit über das Lagebild der DDR und des gesamten Warschauer Vertrags.

Aber darüber hinaus waren sie wertvolle Ausgangspunkte zur Identifizierung von Quellen des BND in der DDR und ihrer Bündnispartner.

Für diese Aufgabe waren die von ihr übermittelten Ausgangsinformationen, die die Grundlage ihrer BND-Analysen bildeten, von besonderem Wert. Die Rohinformationen enthielten Vermerke über die nachrichtendienstlichen Ausgangspunkte einzelner Aussagen, unterschieden z. B. nach Berichten von Diplomaten, Erkenntnissen aus der fernmelde-elektronischen Aufklärung, Partnerdienstmeldungen und nicht zuletzt Informationen von Quellen des BND. Dazu wurden die Bewertungen der Zuverlässigkeit der Quellen und des Informationswertes angegeben. Durch eine qualifizierte Auswertung jeder dieser Teilinformationen und entsprechende Vergleichsarbeiten mit anderen Informationen war es möglich, eine nahezu vollständige Übersicht der Quellen des BND zu erarbeiten und sie zu aktualisieren. Besonderen Wert erhielten ihre Informationen durch die Ergänzungen der Quelle »Peter«, das war Alfred Spuhler. Dieser konnte mit seinen Informationsmöglichkeiten über die Arbeit der Unterabteilung »DDR-operativ« und mit Recherchen im Quellencomputer des BND die von »Gisela« gelieferten Angaben verifizieren und erweitern.

Das alles fand Eingang in ein EDV-Sondersystem des Bereiches IX/C zur Quellenidentifizierung. So fand die Abt. IX durch qualifizierte Vergleichsarbeiten oft entscheidende Ansätze zum Aufspüren von Quellen des BND.

Die Zusammenführung und qualifizierte Bearbeitung der Quellen-Informationen führte dazu, dass das MfS rund 90 Prozent der Agentenverbindungen des BND in der DDR erkennen und unter Kontrolle halten konnte.

Mit der Auflösung der HV A wurde Gabriele Gast von ihrer inoffiziellen Tätigkeit entbunden. Materielle Beweise wurden vernichtet. Der Verrat des Überläufers Karl-Christoph Großmann, stellvertretender Leiter der Abt. IX, enttarnte die Quelle »Gisela«. Er kannte keine konkreten Fakten, verfügte aber aufgrund seiner Leitungsfunktion über entscheidende Identifizierungsmerkmale.

Am 19. Dezember 1991 verurteilte das Bayerische Oberlandesgericht in München Dr. Gabriele Gast zu 6 Jahren und 9 Monaten Haft.[6]

Vorgang PETER
(Alfred Spuhler, Jahrgang 1940)

Alfred Spuhler war Fallschirmspringer der Bundeswehr. Als Einzelkämpfer erhielt er bei einer Spezialeinheit eine Ausbildung zum Fernspäher. 1968 wechselte er von der Bundeswehr zum BND. Dort diente er anfangs in der Abteilung II – Technische Aufklärung – und erhielt umfassenden Einblick in die fernmelde-elektronische Spionage des BND und seiner Partnerdienste gegen die osteuropäischen Staaten. Gleichzeitig erfolgte seine Ausbildung zum Offizier des militärfachlichen Dienstes, letzter Dienstgrad Hauptmann.

Im Laufe der Zeit gewann er die ernüchternde Erkenntnis, dass die von der westlichen Seite geschürte Angst vor einer vermeintlichen militärischen Überlegenheit des Warschauer Paktes haltlos war. Aus dem Osten drohte auch kein Angriff. Wer dies wider besserem Wissen behauptete, log. Die logische Schlussfolgerung: Man musste helfen, dass das militärstrategische Gleichgewicht der beiden Blöcke erhalten blieb. 1972 nahm deshalb Alfred Spuhler Kontakt zur HV A auf und erklärte sich zur Zusammenarbeit bereit. Er war ein »Gesinnungstäter«, wie 2006 ein Münchner Magazin schrieb.

Die Quelle »Peter« berichtete in der ersten Zeit über Interna der fernmelde-elektronischen Spionage des BND und der westlichen Alliierten gegen die Ostblockstaaten. Damit erhielt die Aufklärung der DDR erstmals tieferen Einblick in Struktur, Organisation, Personal, Aufgabenstellung und Ergebnisse der elektronischen Spionagetätigkeit des Westens.

Einige Zeit später erfüllte sich der Wunsch seiner Führungsoffiziere in Berlin. »Peter« wurde in die Abteilung I – Operative Beschaffung – versetzt, und zwar in die Unterabteilung 12 – Aufklärung Sowjetblock. Dort war auch das Herzstück der Spionage des BND gegen die DDR, das Referat 12B (»DDR-operativ«), angesiedelt. »Peter« hatte nunmehr Zugang zu Ergebnissen der Spionagetätigkeit des BND, insbesondere auf militärischem Gebiet. Das betraf beispielsweise die Jahresberichte des Bundesnachrichtendienstes (»Militärischer Lagebericht OST«). Darin waren die Erkenntnisse des BND und westlicher Dienste (sogenannte Partnerdienst-Informationen) über die Streitkräfte der Ostblockstaaten zusammengefasst. Aus diesen Lageberichten erfuhr der Osten, was der Westen über die militärische Stärke des Warschauer Paktes wusste oder auch nicht. Die Fachleute des MfS konnten beispielsweise aus den Lücken des Berichtes schließen, ob und wie gut die Tarnung bestimmter Maßnahmen, Entwicklungen und Veränderungen funktioniert hatte.

Trotz des großen Umfangs und der Bedeutung dieser Jahresberichte waren sie bald nur noch ein Nebenprodukt der Aufklärungsarbeit von Alfred Spuhler. In seiner Funktion und unter Ausnutzung weiterer Möglichkeiten konnte er Stück für Stück das Agentennetz des BND mit Einsatzrichtung DDR aufklären. Dazu kamen Informationen über Quellenpositionen und Werbeoperationen des BND gegen andere sozialistische Staaten.

Nach Presseinformationen über den Prozess gegen Alfred Spuhler 1991 hatte er Zugang zum Quellencomputer des BND und konnte dazu beitragen, dass durch ausgeklügelte Analyse und Vergleichsarbeit rund 300 Agenten des BND mit ihren Klar- und Decknamen in den Staaten des Warschauer Vertrages identifiziert werden konnten.

Natürlich hatte es uns der BND nicht so leicht gemacht, dass dieser Computer gleich die Klarnamen der Agenten ausspuckte. Dort waren pro Informationseingang nur einige indirekte Anhaltspunkte gespeichert. Das betraf solche Angaben wie Thema der Information, Herkunft der Information (mit allgemeinen Formulierungen etwa aus Gesprächen mit Regierungsvertretern der DDR usw.), Zeit der Feststellung, Zeitpunkt der Übermittlung, Bewertung der Information.

Aus dieser Grundstruktur von Angaben, kombiniert mit weiteren Hinweisen aus anderen Informationen, entwickelten wir ein spezielles EDV-System, das uns eine mehrdimensionale Recherche und vielfältige Vergleichskombinationen ermöglichte. Daraus ergaben sich für uns und die Spionageabwehr Ansatzpunkte zur Einengung des möglichen Personenkreises der Quelle und letztlich zu ihrer Identifizierung.

Alfred Spuhler bezog schon bei seiner Entscheidung über die Kontaktaufnahme zur HV A seinen älteren Bruder Ludwig (MfS-Deckname »Florian«) in seine Überlegungen und später auch in die Arbeit mit ein. Beide arbeiteten als Team. Ludwig war nach seinen Worten der »Technische Direktor«, d. h. für den technischen Ablauf der Informationsübermittlung verantwortlich. Das reichte von der fotografischen Sicherung der Dokumente, ihrer sicheren Zwischenlagerung, Verpackung und konspirativen Weiterleitung bis hin zur Entgegennahme von Funksprüchen und der Aufrechterhaltung des Funkverkehrs. Ludwig Spuhler bereitete persönliche Treffs mit dem Instrukteur oder dem Führungsoffizier vor und sicherte diese. Dazu hatten sie ein Ferienhäuschen hinter der Grenze in Österreich entsprechend ausgebaut und gesichert.

Ende 1988 musste die HV A die Verbindung zu »Peter« kurzfristig abbrechen. In Berlin war am 30. November 1988 bekannt geworden, dass der BND einen Hinweis erhalten hatte, dass Informationen aus der BND-Zentrale abflossen. Überprüfungen ergaben, dass ein Mitarbeiter der Bildstelle der HV A, der in die Entwicklung und Fertigung von Abzügen von den Filmen des Vorgangs »Peter« einbezogen war, sich mit einem Probeabzug beim Landesamt für Verfassungsschutz in Berlin (West) angedient hatte. Er plante seine Fahnenflucht.

In diesem Stadium der Informationsverarbeitung, die in der Bildstelle im Beisein des Führungsoffiziers erfolgte, enthielten die fotografierten Dokumente mitunter Hinweise (Exemplar-Nummer, Sichtvermerke von Vorgesetzten o. ä.), die eine Identifizierung der Herkunft ermöglichten. Diese Merkmale konnten erst nach der Entwicklung auf den Kopien vom Führungsoffizier unkenntlich gemacht werden.

Die Sicherheitsabteilung des BND konnte zunächst keine eindeutige Zuordnung vornehmen, grenzte aber den in Frage kommenden Mitarbeiterkreis durch einen Komplex von Maßnahmen immer weiter ein.

Ludwig Spuhler berichtete später über die letzte Phase ihrer Überwachung: »Nach einem normalen Urlaub besuchte ich erstmals wieder unser Wochenendhaus in Thiersee. Dort herrschte leichte Aufregung. Der Nachbar berichtete mir, dass in einem freistehenden Wochenendhaus in der Nachbarschaft sich etliche Menschen eingemietet hatten, die sich recht eigenartig benähmen. In der kleinen Siedlung fiel jeder Fremde ohnehin sofort auf. Zur Erklärung der beachtlichen und per Funk gesteuerten Videotechnik hieß es, das geschähe zu Forschungszwecken.«

Bei Kontrollen entdeckten die Gebrüder Spuhler in der Nähe ihres Zaunes technisches Gerät, das als Bewegungsmelder identifiziert wurde. Die Brüder beschlossen, dass Alfred das Gerät dem Sicherheitsdienst des BND übergeben sollte. Dort löste das wohl keine große Überraschung aus.

Schon in den Wochen zuvor hatte Ludwig wiederholt recht dilettantisch durchgeführte Observationen registriert. Bei aller Belastung entbehrte das auch nicht einer gewissen Komik. Sein Urteil: »Vielleicht sollten sich die Leute überlegen, ob sie ihre Observationserfahrungen nicht besser einem zivilen Sicherheitsdienst anböten, als Nachtwächter schienen sie besser geeignet.«

Ende November 1989 wurden die Brüder verhaftet. Im September 1991 verkündete der Vorsitzende Richter des Bayerischen Obersten Landesgerichts das Urteil: 10 Jahre für Alfred sowie 5 Jahre und 6 Monate für Ludwig Spuhler.

In seinen Schlussbemerkungen im Prozess erklärte Alfred Spuhler, dass er im vollen Bewusstsein der Konsequenzen auch heute diese Entscheidung noch einmal treffen würde.[7]

Anderthalb Jahrzehnte nach der Urteilsverkündung hieß es im *Focus* 24/2006: »Alfred Spuhler übertraf alle: die Ostagentin Gabriele Gast, die Spione beim Verfassungsschutz, Klaus Kuron und Hansjoachim Tiedge, und sogar den Top-Spion im Kanzleramt, Günter Guillaume – niemand lieferte so umfangreiches Material wie ›Peter‹.«

Unter »fremder Flagge«

Einige Vorgänge unter »fremder Flagge« brachten der HV A über Jahre Informationen aus dem Führungsbereich des BND.

Vorgang SCHWARZ
(Dr. habil Gerhard Baumann, Publizist, Jahrgang 1912)

Dr. Gerhard Baumann war auf dem Gebiet der Militär- und Sicherheitspolitik für mehrere rechtskonservative Medien und Forschungseinrichtungen tätig. Seine »Qualifikation« hatte er seit 1940 als Mitarbeiter im Apparat der psychologischen Kriegsführung der faschistischen Wehrmacht erworben. 1941 erschien sein Buch: »Grundlagen und Praxis der internationalen Propaganda«, das im *Völkischen Beobachter* besonders gewürdigt wurde. Ihn verband eine langjährige und enge Freundschaft mit dem Regierungsdirektor im BND, Dr. Kurt Weiß alias »Winterstein«. Dieser fütterte Baumann (wie auch andere politische Freunde, so den CDU-Bundestagsabgeordneten Dr. Marx) regelmäßig mit internen Informationen aus der BND-Zentrale. Dazu war er durch seine langjährigen Führungspositionen, u. a. als Leiter der Sicherheitsabteilung und später Leiter der Schulen des BND in der Lage.

Zum Kreis »alter Kameraden« gehörte auch Dr. Paul Münstermann (BND-Deckname »Dr. Heidecker«), der seit 1984 Leiter der Sicherheitsabteilung und ab April 1986 Vizepräsident des BND war.

Neben diesen freundschaftlichen Verbindungen gab es auch dienstliche. Der BND führte Dr. Baumann, Chefredakteur des Organs des Verbandes der deutschen Soldaten *Soldat im Volk* als Presse-Sonderverbindung mit dem Decknamen »Bally«.

Dr. Baumann wurde von der Abteilung XV der Bezirksverwaltung Leipzig von 1958 bis 1988 als Quellenvorgang »unter fremder Flagge« unter dem Decknamen »Schwarz« geführt. Und zwar glaubte dieser, er spräche mit dem französischen Geheimdienst, konkret dem »Büro des französischen Präsidenten«. »Im Juni 1985 schlug die Stasi Baumann im Zürcher Grand Hotel Dolder sogar zum ›Ritter der Ehrenlegion‹«, wusste der *Spiegel* 50/1994 zu berichten.

In der Endphase gab es Planungen, über ihn einen Werber an einen leitenden BND-Mitarbeiter heranzuführen.

Im Dezember 1994 erhob der Generalbundesanwalt Anklage gegen Baumann wegen geheimdienstlicher Tätigkeit gegen die Bundesrepublik Deutschland für den Geheimdienst einer fremden Macht. In der Anklage wurde die Rolle des im Januar 1994 verstorbenen BND-Mitarbeiters Dr. Kurt Weiß als Informationsquelle für Baumann besonders hervorgehoben. Der Generalbundesanwalt stellte fest: »Der Bundesnachrichtendienst geht von einem Originalabfluss von ND-Arbeitsunterlagen in erheblichem Umfang aus, die zur aktuellen Zeit ›VS-Vertraulich‹ nicht selten ›VS-Geheim‹ eingestuft waren.«

Dr. Gerhard Baumann starb noch vor Eröffnung des Hauptverfahrens 1995. Angeblich füllten seine Berichte 31 Aktenordner, wie das Hamburger Nachrichtenmagazin berichtete.

Den Vorgang »Schwarz« würdigte der Direktor im BND, Ullrich Woessner, auf einer Tagung der Birthler-Behörde im November 2001: »›Schwarz‹ hatte hohe Bedeutung für das MfS, weil er als agiler Journalist mit hilfreichen Zugängen zum BND, zur Bundeswehr und zu politischen Vereinigungen befähigt war, die Inhalte seiner politischen Abschöpfungsgespräche umfassend weiterzuberichten.«[8]

Vorgang BINGEN

Die Quelle »Bingen« wurde Mitte der 70er Jahre in polnischen Emigranten-Kreisen unter der Flagge einer CIA-Verbindung geworben. Er hatte Zugang zum BND-Objekt FORUM in München, Elsenheimer Straße 59, dem Sitz des BND-Referates *Emigration*. Nicht wenige seiner Detailinformationen stammten aus den Papierkörben des Leiters und der Mitarbeiter des Referates.

Diese Informationen waren so ergiebig, dass die HV A damit später einen detailreichen Artikel in der außenpolitischen Wochenzeitschrift *Horizont* gestaltete, mit dem 1981 einige Hintergründe der nachrichtendienstlichen Aktivitäten gegen die VR Polen offengelegt wurden. Der Artikel enthielt Klar- und Decknamen vom Leiter und allen BND-Mitarbeitern des Referates, Informationen über Agentennetze in der polnischen Emigration in London, Rom (einschließlich Vatikan), Paris, Stockholm, New York bis nach Rio de Janeiro und demonstrierte die umfassenden Informationsinteressen und -möglichkeiten des BND in Bezug auf Polen.[9]

Die Wirkung dieser Veröffentlichung, aus deren Anlage jedem Leser klar wurde, dass hier internes Material des MfS veröffentlicht wurde, war so durchschlagend, dass BND-Präsident Kinkel 1982 die Auflösung des Referates *Emigration* verfügte.

Die Quelle dieser Informationen, BINGEN, war Ende der 70er Jahre in Pension gegangen. Vor der Veröffentlichung der Artikel hatte die Abteilung IX der HV A versucht, den angeschlagenen Referatsleiter Dr. Diethelm Keil zu werben. Dafür wurde ein Doppelagent, der für das MfS und zugleich ohne Wissen des MfS für die CIA arbeitete, eingesetzt. Die Anbahnung scheiterte unter diesen Bedingungen, der Doppelagent wurde in der DDR verurteilt. Aber unter dieser Konstellation war der Weg frei, das Material über die BND-Aktivitäten in und mit der antisozialistischen polnischen Emigration zu publizieren, ohne die Quelle nachträglich zu gefährden.[10]

Quelleninformationen aus der Zentrale und aus operativen Außenstellen, Ergebnisse der Funkaufklärung, Recherchen vor Ort, Vergleichsarbeiten aus den wechselnden Besetzungen der BND-Residenturen im Ausland und andere Quellen erbrachten für die Abteilung IX eine wachsende Anzahl von Detailinformationen über Mitarbeiter des BND. Dazu kamen Bewertungen von BND-Führungsoffizieren aus IMB-Vorgängen, einschließlich von Hinweisen über Dienstvergehen in Fragen der Sicherheit (Schwatzhaftigkeit, Nachlässigkeit im Umgang mit Unterlagen etc.).

Aus diesen Dossierangaben schälten sich mit der Zeit einige Kandidaten heraus, bei denen eine Chance bestand, sie mit dem vorhandenen Wissen zu einer Zusammenarbeit zu bewegen.

Die HV A startete einige Operationen mit diesem Ziel. Diese blieben aber ohne Erfolg.

Desinformationen im Einsatz gegen den BND

Täuschung und geschicktes Lancieren von Desinformationen gehörten im heißen und im Kalten Krieg zum Standardrepertoire der Geheimdienste. Sie dienten zur Irreführung der anderen Seite, um diese auf eine falsche Spur oder aus der Reserve zu locken. Im Sprachgebrauch des MfS hieß das »Einsatz von politisch-aktiven Maßnahmen«.

Aktionen dieser Art gegen den BND dienten dem speziellen Ziel, seine Führungskräfte auf die Beseitigung oder Abminderung der politischen Folgen realer und vorgetäuschter innerdienstlicher Widersprüche oder scheinbarer Sicherheitslücken im Apparat des Geheimdienstes zu fixieren. Eine der wirkungsvollsten Aktionen auf diesem Feld war die Operation „Neue Nachhut«[11].

Welche Ausgangsbedingungen konnten wir für diese Desinformations-Operation nutzen?

Mit der sozial-liberalen Koalition unter Bundeskanzler Willy Brandt veränderte sich auch für den BND das politische Umfeld. Die neue Ostpolitik der Regierung Brandt war vielen alten Kadern des BND suspekt. Fast zeitgleich schied Gehlen als Präsident des BND aus dem aktiven Dienst aus. Der neue Chef des Bundeskanzleramtes, Horst Ehmke (SPD), hatte weitreichende Reformen des BND gefordert, er wollte die Inlandsaktivitäten des Geheimdienstes einschränken und mehr Transparenz durchsetzen.

Es lagen der HV A Informationen vor, dass sich ehemalige Mitarbeiter der faschistischen Abwehr (Amt Ausland/Abwehr) regelmäßig in der Bundesrepublik oder in Frankreich trafen und ein eigenes Publikationsorgan (*Die Nachhut*) herausgaben. Da sich die Organisation sukzessive auflöste, spielte sie in der öffentlichen Wahrnehmung kaum noch eine Rolle.

Zunehmend erhielten wir gesicherte Informationen aus dem BND auch zu scheinbar nebensächlichen Kleinigkeiten. Dazu gehörten auch die »Hausmitteilungen« des Personalrats des BND. In diesen Hausmitteilungen lasen wir von den Sorgen und Beschwerden der Mitarbeiter.

Quellen der politischen Aufklärung berichteten über politische Differenzen der Parteien bei der Bewertung des BND. In Führungskreisen des BND formierte sich Widerstand gegen die Versuche der regierenden SPD, Einfluss auf die Arbeit des BND zu nehmen. Man sprach von einer CSU-Seilschaft, die das Andenken an General Gehlen hochhalten wolle.

Mit solchen Informationen publizierten wir eine *Neue Nachhut*. Sie hatte den Gestus einer internen BND-Zeitschrift, die von oppositionellen Geheimdienstlern in Pullach oder ihnen nahestehenden Kreisen herausgegeben wurde. Im Impressum stand: »Internes, nicht öffentliches Informationsorgan; Herausgeber: Abgeschaltete Mitarbeiter des BND (AbMa) München.«

In unserem Verteilersystem befanden sich leitende und ehemalige BND-Mitarbeiter einschließlich Reinhard Gehlen, führende Politiker aller Bundestagsparteien, Journalisten und andere Multiplikatoren.

Zum 75. Geburtstag Gehlens produzierten wir 1977 eine Sonderausgabe der *Neuen Nachhut*, und nach seinem Tode im Juni 1979 erschien ein Nachruf auf den »legendären General« im Blatt.

Die *Neue Nachhut* suggerierte über Jahre, dass es konspirativen rechtskonservativen Widerstand in der Führung des BND gäbe. Diese Vorstellung provozierte immer wieder Überprüfungen und Nachforschungen und schürte Zweifel an der Zuverlässigkeit des BND in Kreisen der Regierung. *(Faksimile zweier Ausgaben der »Neuen Nachhut« in Anlage III am Ende des Buches)*

Aber auch Totalfälschungen gehörten im Kampf der Geheimdienste zu den möglichen Einsatzmitteln. So hatte die HV A Anfang der 80er Jahre die Fälschung einer Briefmarke der Bundespost mit dem Konterfei von Heinz Felfe, dem bedeutendsten Kundschafter des KGB im BND, entworfen. Sie sollte in der BRD als Originalbriefmarke der Deutschen Bundespost in Umlauf gebracht werden. Die Gründe, warum diese Maßnahme nicht realisiert wurde, sind nicht mehr zu ermitteln. *(Faksimile der Felfe-Briefmarke in Anlage IV am Ende des Buches)*

Werbeversuche des BND mit der »Brechstange«

In den 80er Jahren unternahm der BND große Anstrengungen, das von der Regierung geforderte Informationsaufkommen über die DDR quantitativ und qualitativ zu verbessern. Pullach setzte auf eine Massierung der Quellenwerbung. Offensichtlich bedienten die fernmelde-elektronische Aufklärung und die Abschöpfinformationen aus BND-Residenturen den Aufklärungsauftrag der Bundesregierung nur ungenügend.

Kurzfristig hoffte man die Quellenbasis mit strukturellen Veränderungen, personeller Verstärkung und mit konzeptionellen Neuansätzen (»Umweganbahnung«) verbessern zu können.

Das Ergebnis dieser Bemühungen charakterisierte der Geheimdienstexperte Erich Schmidt-Eenboom auf der bereits erwähnten Konferenz an der Süddänischen Universität Odense im November 2007. »Insgesamt verfügte der BND in dieser Zeit über ca. 180 Agenten, die gegen die DDR arbeiteten. Nach übereinstimmender Aussage von MfS-General Harry Schütt und leitenden BND-Beamten waren davon ca. 90 Prozent Doppelspiele des MfS. In Pullach war jede Quelle und ihr Meldeaufkommen einer genauen Prüfung unterzogen worden. Dabei stellte sich heraus, dass von etwa 180 Agenten nur ca. 20 unerkannt vom MfS tätig waren, darunter zwei bis drei gute Innenquellen.«[13] Das also war das Ergebnis der von der Leitung des BND geforderten »wirksamen Erweiterung« des Agentennetzes in der DDR, vor allem durch Werbung von DDR-Bürgern in Spitzenpositionen von Politik, Wirtschaft, Militär und Sicherheitsapparat.

Zu den forcierten BND-Aktivitäten gehörten auch geheimdienstliche Angriffe gegen hauptamtliche Mitarbeiter das MfS in neuen Maßstäben.

Nach Stillers Verrat wurde es einige Zeit Praxis von BND und Verfassungsschutz, Reisekadern der DDR oder langfristig eingesetzten Auslandskadern einen gefälschten Suchauftrag des MfS mit Angaben über eine angebliche Erfassung als IM einer MfS-Diensteinheit vorzulegen – ein solcher Suchzettel (F-10) diente zur Erstüberprüfung im MfS, ob eine Person für eine Diensteinheit »erfasst«, also registriert war. Den solcherart vom BND angesprochenen Zielpersonen wurden strafrechtliche Konsequenzen angedroht bzw. als Alternative eine Kooperation mit den Geheimdiensten der BRD vorgeschlagen: sie wurden also erpresst.

Eine der angesprochenen Zielpersonen war der Stellvertretende Leiter einer Abteilung der Wissenschaftlich-Technischen Aufklärung der HV A Christian St., über den das BfV Angaben vom fahnenflüchtigen Werner Stiller erhalten hatte.

Im Frühjahr 1982 erhielt die Sekretärin der Abteilung auf dem Diensttelefon den Anruf eines Unbekannten, der Christian St. sprechen und ihm Grüße von einer früheren Quelle der Abteilung ausrichten wollte. Diese Quelle war nach Stillers Verrat verhaftet worden, konnte aber fliehen und in die DDR einreisen, wo der Mann sich aber nicht einleben konnte. Mit Hilfe der CIA ließ er sich über Bulgarien und Österreich in den Westen ausschleusen. Das war also eine ziemlich dubiose Referenz für eine Kontaktaufnahme. Trotzdem entschied die Leitung der HV A, sich auf ein Spiel mit einem westlichen Dienst in engen Grenzen einzulassen. St. wurde nach Wien zu einem Treffen eingeladen. Durch Quelleninformationen war uns jedoch bekannt geworden, dass das BfV eine größere Aktion plante, die zeitlich mit dem vereinbarten Termin zusammenfiel. Klaus Kuron bestätigte das. Derart gewarnt, ließen wir unseren Genossen nicht in die Falle laufen. Später wurde durch Hansjoachim Tiedge bekannt, dass ein Hubschrauber bereitstand, um Christian St. ausfliegen zu lassen.

Das Ministerium für Auswärtige Angelegenheiten der DDR informierte das Außenministerium in Wien über die geplante Aktion des Verfassungsschutzes auf dem Territorium Österreichs, die ohne Kenntnis der dortigen Behörden stattfinden sollte. Das führte zu einem geharnischten Protest Österreichs in Bonn.[14]

Die HV A und die Spionageabwehr registrierten in der zweiten Hälfte der 80er Jahre 17 Fälle der versuchten Kontaktaufnahme zu hauptamtlichen Mitarbeitern des MfS. Meist geschah das in schriftlicher Form. Die Briefe enthielten Aufforderungen zum Verrat mit verlockenden Angeboten, es wurden Summen von 150.000 bis zu einer Million DM geboten. In einigen Fällen erfolgten bereits Anzahlungen bis zu 1.000 DM.

Die Anschreiben hatten in der Regel folgenden Inhalt: »Wir geben Ihnen die Möglichkeit, ein neues Leben zu beginnen. Sollten Sie sich mit dem Gedanken tragen, die DDR verlassen zu wollen, so erhalten Sie durch uns die Möglichkeit, in einem Land der westlichen Welt Ihrer Wahl eine neue Heimat zu finden. Dabei werden wir Sie mit xxxx D-Mark oder in vergleichbarer Höhe in der Währung des Landes, das Sie als künftigen Wohnsitz wählen, unterstützen.

Als Gegenleistung erwarten wir die Übergabe von Informationen, Dokumenten oder anderer wichtiger Unterlagen.

Wir überlassen alle weiteren Entscheidungen Ihnen, insbesondere wann Sie diesen Schritt unternehmen. Zur Verbindungsaufnahme erhalten Sie die nachgenannte Adresse.

Die Telefonnummer, über die Sie uns ebenfalls erreichen können, sollten Sie aus Sicherheitsgründen nur außerhalb der DDR benutzen.

Mit den besten Wünschen für eine gedeihliche Zusammenarbeit

Ihr Bundesnachrichtendienst.«[15]

Der BND setzte für diese Aktion Kuriere in völlig unprofessioneller Form ein, die mit nachlässig gefälschten Reisepapieren ausgerüstet waren. Im Dezember 1987 wurde ein Kurier festgenommen. Damit war die ganze BND-Aktion beendet. Sie scheiterte auch deshalb, weil alle betroffenen Mitarbeiter des MfS sich sofort an ihre Vorgesetzten gewandt hatten. Gemeinsam wurden Maßnahmen zum Schutz vor möglichen weiteren Angriffen beraten.[16]

Es zeugte von keiner großen Sachkenntnis beim BND über die Verfasstheit des MfS, wenn man ernsthaft hoffte, auf diese Weise Quellen zu gewinnen. Es entsprach aber durchaus der Vorstellungswelt des Westens, dass alles käuflich sei, auch Mitarbeiter eines gegnerischen Dienstes.

Hilfe für Bruderorgane

Unsere Partner in den Aufklärungs- und Abwehrorganen der verbündeten sozialistischen Länder gingen – ohne Kenntnis der konkreten Quellenlage – davon aus, dass die Aufklärung der DDR die besten Voraussetzungen hatte, Geheimdienste der Bundesrepublik zu bearbeiten. Darauf setzten sie, und sie profitierten auch davon.

Agentenpositionen des BND in Einrichtungen dieser Länder wurden von uns identifiziert und mit abgestimmten Maßnahmen aufgeklärt und bearbeitet.

In einigen Fällen wurden auch Hinweise über Abhörmaßnahmen gegen Objekte oder Mitarbeiter von Auslandsvertretungen sozialistischer Staaten in der Bundesrepublik übermittelt.

Mit dem Komitee für Staatssicherheit (KfS) der UdSSR identifizierten wir den Residenten des BND in Moskau. Der frühere Luftwaffenattaché Hans-Joachim Barakling war seit 1988 als Repräsentant der Lufthansa in Moskau eingesetzt. Wir konnten den Verdacht des KfS auf seine BND-Anbindung durch entsprechende Quelleninformationen bestätigen.

Das betraf auch Peter von Seydlitz, der in Moskau als Korrespondent für BRD-Medien arbeitete. Dessen Anbindung an den BND wurde von unseren Quellen untersucht und bestätigt.

Ein intensiver Informationsaustausch bestand in den 80er Jahren über BND-Aktivitäten gegen das sowjetische Generalkonsulat in Salzburg.

Die polnische Abwehr bearbeitete einen Vorgang zur Klärung des Verdachts, dass ein hochrangiger polnischer Diplomat für den BND tätig sei. Die Anhaltspunkte, die uns mit Bitte um Unterstützung übermittelt wurden, reichten jedoch nicht aus, um mit Hilfe unserer Quellen die Verdachtsperson zu identifizieren.

Mit den ungarischen Partnern bearbeiteten wir gemeinsam mehrere Verdachtsfälle. Ein Vorgang betraf einen Mitarbeiter des ungarischen Außenministeriums, der im Bereich der Abrüstungsverhandlungen tätig war. Die Ungarn vermuteten sowohl Kontakte zur CIA als auch zum BND. Entsprechende Informationseingänge beim BND konnten wir bestätigen, die Quelle jedoch nicht näher identifizieren. Gemeinsam mit den ungarischen Partnern hielten wir über längere Zeit die Tätigkeit eines Ex-Vertreters des ungarischen

Luftfahrtunternehmens MALEV in der BRD, der vom BND überworben worden war, unter Kontrolle.

Auch die bulgarischen Sicherheitsorgane kooperierten mit der Abteilung IX zur Identifizierung einer BND-Quelle. Die Person hatte während eines Wien-Besuches Kontakt mit einem Firmenvertreter. Wir konnten nachweisen, dass die betreffende Consulting-Firma ein Tarnunternehmen des BND war.

2. Der Hauptfeind »US Intelligence Community«

In der Abteilung IX hieß es: Unser Hauptfeind sind die USA, unser Hauptoperationsgebiet die BRD und Westberlin. Entsprechend waren auch die operativen Maßnahmen zur Aufklärung und Bearbeitung der »nichtdeutschen« Geheimdienste (Referat IX/A/3 und Referat IX/A/5) ausgerichtet.

Die HV A hatte allerdings keine Illusionen über ihre Möglichkeiten. Qualifizierte Werbeoperationen gegen Mitarbeiter der US-Geheimdienste und nachrichtendienstliche Operationen gegen Geheimdienste auf dem Territorium der USA waren kaum denkbar, die personellen und materiellen Ressourcen der HV A dafür einfach zu gering.

Aus diesen Gründen konzentrierten wir uns auf die Bearbeitung der zahlreichen Dienststellen und Objekte sowie Konzentrationen von US-Geheimdienstlern in der BRD und Westberlin sowie die Identifizierung, Aufklärung und Bearbeitung von Mitarbeitern der Auslandsresidenturen in Drittländern.

In den Hauptoperationsgebieten BRD und Berlin standen sich die nachrichtendienstlichen Kontingente Ost und West direkt gegenüber. Allein die ideale Lage der »Frontstadt Berlin« bot beste Bedingungen für Spionage, Gegenspionage und operative Spiele wie kaum ein anderer Ort auf der Welt. In Spitzenzeiten waren bis zu 1.000 Mitarbeiter der CIA allein in der BRD und in Westberlin tätig. Hinzu kamen Tausende Mitarbeiter militärischer Geheimdienste der USA, die in mehr als 200 Objekten in 75 Orten der Bundesrepublik stationiert waren.

Wir konzentrierten uns nicht allein auf die CIA, obwohl die Aufklärung und Bearbeitung der CIA-Residenturen in der US-Botschaft in Bad Godesberg und ihrer Außenstellen in den Generalkonsulaten sowie in militärischen Objekten einen bedeutenden Schwerpunkt der Arbeit bildeten. Da jedoch auch Dienststellen der militärischen Geheimdienste aktiv gegen die DDR arbeiteten und von ihnen eine reale Bedrohung der Sicherheitslage der DDR ausging, wurden auch sie von uns bearbeitet.

All diese Strukturen konzentrierten sich in Westberlin.

Aufgrund der völkerrechtlichen Anerkennung war es in den frühen 70er Jahren möglich, dass die DDR Auslandsvertretungen in aller Welt einrichtete. Dort trafen unsere Diplomaten wesentlich häufiger als in der DDR auf US-Vertreter. Außerdem konnte die HV A nunmehr eigene Mitarbeiter unter diplomatischem Schutz gleichsam »in Stellung« bringen.

Nach Einrichtung der Botschaft der USA in der DDR-Hauptstadt orientierten wir uns in Zusammenarbeit mit der Spionageabwehr des MfS auf die Aufklärung und Bearbeitung der dortigen CIA-Residentur. Deren logistische und technische Basis befand sich in Westberlin. Selbst für Telefonate fuhren die Mitarbeiter in die Clay-Allee im Grunewald. Das schränkte unsere Möglichkeiten der Kontrolle und Bearbeitung nicht unwesentlich ein.

Trotz umfangreicher Bemühungen gelang es der Spionageabwehr des MfS bzw. der Gegenspionage der HV A in keinem Fall, einen Mitarbeiter der CIA als Quelle zu werben.

Hingegen verlangten die Kontakt- und Werbeaktivitäten der US-Dienste gegenüber DDR-Bürgern insbesondere in Drittländern größte Aufmerksamkeit. Die Mehrheit der attackierten Personen offenbarte sich den Vertretern des MfS und halfen, sofern die entsprechenden Voraussetzungen bestanden, bei der Aufklärung der Ziele der USA-Geheimdienste. Hauptergebnisse dieser nicht unumstrittenen Maßnahmen waren aktuelle Erkenntnisse zur Auftragslage, zu den Informationsschwerpunkten und zum Verbindungssystem der Dienste und Detailergebnisse bei der Identifizierung und Aufklärung von Führungsoffizieren.

Über die Ergebnisse dieser Arbeitsrichtung veröffentlichte die *Süddeutsche Zeitung* im April 1992 einen *dpa*-Bericht aus Washington. »Der ostdeutsche Staatssicherheitsdienst (Stasi) nötigt seinen US-Kollegen von der CIA auch nach seinem Ende noch Respekt ab: Er sei der beste der Welt gewesen. Das berichtet das Nachrichtenmagazin *U.S. News and World Report*. Beim Durchkämmen der Stasi-Akten hätten CIA-Spezialisten festgestellt, dass jeder einzelne US-Spion in der DDR entweder von vornherein ein Doppelagent war oder umgedreht wurde.«[17]

Der langjährige Chefhistoriker der CIA, Benjamin Fischer, bestätigte auf der Konferenz in Odense 2008: »Aus mehreren Quellen – so von Bob Inman, damals stellvertretender Direktor der Zentralen Aufklärung vor einem Untersuchungsausschuss des Kongresses – wurde bestätigt, dass alle CIA-Quellen, die gegen die DDR tätig waren, vom MfS als Doppelagenten gegengesteuert waren.«[18]

Die Zusammenarbeit mit den IMB wurde bei der Auflösung des MfS 1989/90 von Seiten des MfS beendet.

Gesprächsaufklärung der CIA

Von den zwischen 1977 und 1986 in der DDR festgenommenen Spionen waren 18 Prozent für die US-Geheimdienste tätig. 58 Prozent der Verhafteten waren Agenten des BND. Diese statistischen Angaben signalisierten:

1. Die Amerikaner gingen von der klassischen Agentenwerbung zur aktiven Gesprächsaufklärung insbesondere durch Mitarbeiter der CIA-Residenturen über. Speziell ausgebildete CIA-Mitarbeiter führten unter diplomatischer Abdeckung umfangreiche offizielle politische Informationskontakte, dabei konzentrierten sie sich insbesondere auf Vertreter der politischen Opposition in der DDR.

2. Sie nutzten zunehmend die wachsenden Möglichkeiten der fernmelde-elektronischen Aufklärung. Ohne Risiko gewann man auf diese Weise Informationen, die der politischen, ökonomischen und militärischen Aufklärung dienten.

3. Die Leitung des MfS akzeptierte zunehmend eine von uns vertretene Abwehrstrategie, die darauf setzte, dass erkannte Spione nicht mehr als gefährlich betrachtet wurden, da ihr Handeln kontrollier- und steuerbar war. Damit wurden strafprozessuale Maßnahmen nur noch in Einzelfällen notwendig.[19]

Mit Einrichtung einer Botschaft der USA in Berlin gab es auch eine Residentur der CIA in der DDR. Die Mitarbeiter der Residentur waren formal in die verschiedenen Abteilungen und Bereiche der Vertretung integriert, die Residentur hatte keine feste Struktur. Es gab einen Residenten, zwei bis vier operative Mitarbeiter, eine Sekretärin und einen Chiffreur.

Bei der Aufklärung dieser CIA-Mitarbeiter und ihrer Partner in der Westberliner Residentur arbeiteten die Spionageabwehr und die

Abteilung IX der HV A eng zusammen. Es war absehbar, dass die direkte Ansprache eines Geheimdienstmitarbeiters nur unter ganz günstigen Bedingungen Erfolg versprechend schien. Deshalb versuchten wir, auf Umwegen zum Ziel zu kommen. Dabei boten sich Familienangehörige, insbesondere die Ehepartner, an. Es waren viele junge und dynamische Mitarbeiter der CIA nach Deutschland gekommen, die hier oft den Partner fürs Leben fanden. Das erleichterte uns die Arbeit. Sofern es sich um eine Deutsche handelte, konnten wir auch noch deren verwandtschaftliche Beziehungen aufklären. Die Verbindungen zur Familie und zu Freunden blieben auch bei der Versetzung des Ehemannes, etwa in die Zentrale, bestehen. Zielkontrollen bei Post und Telefon brachten bisweilen erstaunliche Ergebnisse. Außerdem bestanden mitunter Rückverbindungen in die DDR, die operativ genutzt werden konnten.

Bei deutschen Familienangehörigen solcher Geheimdienstmitarbeiter nutzten wir den Datenspeicher der Hauptabteilung VI des MfS (Sicherung Reiseverkehr), in welchem die Personendaten aller ein- und ausreisenden Bürger westlicher Staaten erfasst wurden. Wir erhielten oft lange Computerausdrucke mit Personendaten, die z. B. den gleichen Familiennamen wie den Geburtsnamen der Ehefrau eines CIA-Mitarbeiters führten. Wir untersuchten, ob sich unter diesen Reisenden eventuell Verwandte der Ehefrau oder eines anderen Familienangehörigen deutscher Herkunft befanden.

Wir stellten fest, dass es einen Stamm von Mitarbeitern der CIA gab, die einer speziellen Rotation unterworfen waren. Sie wechselten vorwiegend in Dienststellen und Auslandsresidenturen im deutschsprachigen Raum. So tauchten sie immer wieder in Berlin, Bonn, München, Hamburg, Wien, ab und an auch in Genf, auf. Die Rotation wurde allenfalls von kurzen Aufenthalten in der CIA-Zentrale unterbrochen. Da das Residenturen betraf, in denen für uns gute Aufklärungsmöglichkeiten bestanden, wuchs unser Wissen über diesen Personenkreis stetig. Bei Auflösung der HV A umfasste die Datenbank erkannter Mitarbeiter der CIA etwa 5.000 Personen. Zu rund 800 Mitarbeitern gab es Dossierangaben und ausführlichere Personeninformationen.

Petra Muttke, Krankenschwester aus Westberlin, soll hier als Besipiel dienen. Sie heiratete Thomas Fosnacht, der operativer Mitarbeiter der CIA war. Als sie sich kennenlernten, arbeitete Petra Muttke in einem Krankenhaus in Steglitz. Schon bald kam es zu ehelichen Problemen, weil sie sich vernachlässigt fühlte. Fosnacht wurde an die CIA-Residentur in Wien versetzt, sie bekam einen Job bei einer Spezialorganisation der UNO. Die bulgarischen Sicherheitsorgane machten sich dort an sie heran, doch ihr »Romeo« schien mit dieser Aufgabe überfordert. Sie schickten uns Unterlagen und baten, einen ihrer Mitarbeiter zu ersetzten. Durch die Unterlagen der bulgarischen Landessicherheitsorgane klärten wir die Identität von Mrs. Fosnacht eindeutig, ermittelten ihre Familienangehörigen in Westberlin und nahmen diese unter Kontrolle.

Diese günstigen Umstände führten zum Bearbeitungsvorgang »Fasching«.

Werbeversuch Vorgang »Engel«

Eine wichtige Zielperson war die Mitarbeiterin der CIA Karyl M. Seljak. Bei ihr waren die Konstellationen so günstig wie bei keinem anderen Geheimdienstmitarbeiter vor und nach ihr. Von 1985 bis 1987 war Karyl M. Seljak als Chief of Station der CIA-Residentur in der DDR tätig. Offiziell war sie als 2. Sekretär in der Politischen Abteilung der Botschaft der USA in der DDR akkreditiert.

1945 in Montana geboren, studierte Seljak am Whitworth College und an der University of Montana. Anfang der 70er Jahre nahm sie ihre Tätigkeit bei der CIA auf. Bei Auslandseinsätzen in Österreich geriet sie in unser Blickfeld. Als Mrs. Seljak in die DDR kam, wurde sie bereits erwartet.

Während ihrer Tätigkeit als operative Mitarbeiterin der CIA-Residentur in Wien war sie von den ungarischen Sicherheitsorgane offensiv bearbeitet worden. Sie besaß die nicht ganz professionelle Angewohnheit, operative Treffs mit Quellen in ihrer eigenen Wohnung durchzuführen. Die ungarischen Kollegen hatten sich diese Angewohnheit zunutze gemacht und ihre Wohnung mit operativer Technik ausgestattet. Ein Observationsteam widmete sich ausschließlich der Beobachtung und Kontrolle von Mrs. Seljak. Treffs und operative Maßnahmen wurden auf Video dokumentiert, ihre Agenten und Kontaktleute identifiziert. Zu diesen gehörte die Mitarbeiterin der Internationalen Atomenergiekommission Maria Hagen.

Das KGB wünschte das Material über Seljaks unprofessionelle Arbeitsweise als sie belastendes Kompromat einzusetzen. Durch die Spionageabwehr der DDR war zudem Material über ihre Aktionen in der DDR zugeliefert worden. Gemeinsam erstellten wir ein Video, das alle operativen Fehler und ihr komplettes Agentennetz in Österreich dokumentierte. Damit wollte das KGB Mrs. Seljak überzeugen, auch für unsere Seite zu arbeiten. Der Vorgang erhielt die Deckbezeichnung »Engel«.

Kurz vor Ende ihres Einsatzes in der DDR luden wir Mrs. Seljak über einen Mittelsmann in ein bekanntes und sehr teures Berliner Restaurant ein, wo Mitarbeiter des KGB, des MfS und der ungarischen Aufklärung sie erwarteten. Als ihr das offenbar wurde, wollte sie das Lokal verlassen. Das konnte verhindert werden. Das Fachgespräch verlief recht einseitig, und das Video führte allenfalls dazu, dass ihr Gesicht aschfahl wurde. Danach fuhr sie nach Hause, um sich vom Schock zu erholen.

Wie wir mit Hilfe unserer operativen Technik in ihrer Wohnung feststellten, lief Mrs. Seljak etwa eine Stunde in ihrem Wohnzimmer nervös auf und ab. Als sie schließlich zum Hörer griff, eine bestimmte Nummer in Westberlin wählte und nach dem Telefonat mit Vollgas über den Grenzübergang in der Friedrichstraße in den Westteil der Stadt fuhr, wussten alle Beteiligten, dass sie über den Werbeversuch Meldung machen würde.

Interessant für uns war die Tatsache, dass Mrs. Seljak abweichend von der CIA-internen Weisung bei »Feindkontakten« nicht sofort aus Berlin abgezogen wurde. Sie blieb die restlichen Monate im Einsatz und kehrte planmäßig in die USA zurück. Allerdings kam sie nach unseren Erkenntnissen bis Ende der 80er Jahre nicht mehr im Ausland zum Einsatz.

Es gab aber noch mehrere Nachspiele.

Die Technik der Ungarn in der Wiener Wohnung von Mrs. Seljak ging auf ihren Nachmieter James Strong über, der aus der CIA-Residentur Bonn kam. Ihr Agentennetz in Wien übernahm der operative CIA-Mitarbeiter John K. Berg (später wurde er stellvertretender Leiter der CIA-Residentur in Berlin). Nachdem das KGB in Berlin bei Seljak nicht erfolgreich war, versuchten es die Ungarn bei Berg in Wien. Sie lauerten ihn in einer Tiefgarage auf und präsentierten ihm eine nachgemachte Wiener Tageszeitung, in deren Leitartikel die Enttarnung seines kompletten Agentennetzes mitgeteilt wurde. Die ungarischen Kollegen stellten ihm die Frage, ob ihm eine solche Kolumne gefallen würde, oder ob er mit ihnen kooperieren wolle. Die Brechstangenmethode zog bei Berg nicht. Er ließ die Ungarn stehen und verabschiedete sich mit dem »Stinkefinger«.

Der Artikel wurde natürlich nie veröffentlicht. Die Amerikaner entdeckten bei der Suche nach den Quellen dieser Information die operative Technik in Bergs Wohnung.

Die gesprächige Opposition in der DDR

Wie bereits erwähnt, waren wir bei der Bearbeitung der CIA-Residentur in Ostberlin mit Entwicklungen konfrontiert, die auf Veränderungen in der nachrichtendienstlichen Methodik hinwiesen. Die Anzahl von Handlungen, die der klassischen Werbung und Führung von Agenten zuzuordnen war, ging immer mehr zurück. Dafür verstärkten die erkannten Mitarbeiter der Residentur ihre politischen und persönlichen Kontakte zu einem breiten Spektrum von Kontaktpersonen in der DDR bzw. auch von ausländischen Bürgern in der DDR.

Unsere Analyse ergab, dass speziell ausgebildete »Gesprächsaufklärer« zunehmend in der Residentur dominierten. Nicht wenige von ihnen kehrten nach Beendigung des diplomatischen Einsatzes mit vielfältigen Vorwänden für bestimmte Zeiträume angeblich besuchsweise oder zu Studienzwecken in die DDR zurück und pflegten die früher entstandenen Kontakte auch weiterhin.

Ein klassisches Beispiel waren die Kontakte der Vertreter der US-Botschaft mit führenden Vertretern der politischen Opposition in der DDR, die zu wortreichen Gesprächsquellen für die CIA wurden.

Dem kam entgegen, dass in den 80er Jahren diese Personen selbst Verbindungen zu diplomatischen Vertretungen und Journalisten ausländischer Medien knüpften. Die Dienste westlicher Länder ihrerseits waren daran interessiert, oppositionelle Kräfte als ständige Gesprächs- und Auskunftspartner zu gewinnen. Sie gingen berechtigterweise davon aus, dass dort ein Potenzial lag, welches man zur Analyse der inneren Lage in der DDR gebrauchen konnte.

Die Kontaktpartner aus der Opposition waren ihrerseits daran interessiert, über diese Kontakte politische und materielle Unterstützung aus dem Westen zu bekommen, ihre öffentliche Präsenz und Anerkennung zu erhöhen und sich geschützte Verbindungswege nach dem Westen zu erschließen.

Die Entwicklung solcher Beziehungen hatte bald einen hohen Stellenwert bei den Residenturen westlicher Geheimdienste, vor allem der CIA. Sie setzten dafür nachrichtendienstlich ausgebildete Gesprächsaufklärer ein, die in Abstimmung mit der Leitung der Botschaften fast ausschließlich solche Kontakte pflegten. Beim Besuch eines stellvertretenden US-Außenministers wurde sogar eine Gesprächsrunde mit Vertretern oppositioneller kirchlicher Kreise durch die CIA-Residentur vorbereitet und realisiert.

Seit Mitte der 80er Jahre vollzogen sich im Kontext dieser Schwerpunktverlagerung stetig Struktur- und Aufgabenveränderungen in der CIA-Residentur. Die Zahl der Mitarbeiter, welche Aufgaben der nachrichtendienstlichen Führung von Agenten wahrnahmen, ging zurück, die der politischen Gesprächsaufklärung nahm zu. Das war logisch. Wenn man Partner hatte, die freiwillig Informationen preisgaben und Instruktionen entgegennahmen, dann brauchte man weder verpflichtete Agenten noch ein nachrichtendienstliches Verbindungssystem. Unbeantwortet sind die Fragen, ob die DDR-Gesprächspartner wirklich in allen Situationen geglaubt haben, es mit »normalen« Diplomaten zu tun gehabt zu haben? Hatten sie keine Zweifel?

Den Mitarbeitern der Spionageabwehr und der HV A hingegen war klar, dass über diese Verbindungen die CIA sich exaktes Wissen über die politische Entwicklung in der DDR verschaffte. Sie erfuhren dadurch, welche Bedeutung den oppositionellen Gruppen beizumessen war und wie die DDR-Führung mit diesen umging. Sie wussten bald, wer die führenden Köpfe der Bewegung waren, welche politischen Zielen sie verfolgten, welches politische Gewicht sie perspektivisch besaßen. Die CIA verschaffte sich auf diesem Wege Einsichten in die Zusammenarbeit von Staat und Kirche, erfuhren die Haltung der Kirchenführer und wer in der Kirche die oppositionellen Gruppen oder einzelne Vertreter der Opposition unterstützte und wer nicht.

Eine für die CIA nicht unwesentliche Frage war, wer Honeckers Nachfolge antreten würde und ob damit politische Veränderungen einhergehen würde. Eine andere war die nach der Zusammenarbeit mit der BRD und deren Perspektive.

Die Spionageabwehr bezeichnete diese Form der Geheimdienst-Verbindungen als »Abschöpfungs- und Einflusskontakte«.

Eine Vorstellung von der Intensität dieser Kontaktarbeit gewannen wir 1987, als der CIA-Mitarbeiter Brian Michael Quigley und der Gesprächsaufklärer Gregory Sandford ihre Arbeit in Berlin beendete. In ihrem Abschlussbericht waren fast 200 DDR-Bürger ausgewiesen, zu denen sie stabile Kontakte hatten. Ein Viertel davon waren Vertreter des Staats und von Parteien, waren Wissenschaftler und Medienvertreter; etwa 30 Prozent waren Kunst- und Kulturschaffende, rund 22 Prozent Funktionsträger von Kirchen und Religionsgemeinschaften, etwa 23 Prozent der Gesprächspartner kamen aus anderen gesellschaftlichen Bereichen.

Rund 15 Prozent der Gesprächspartner rechnete das MfS zum aktiven Kern der oppositionellen Bewegungen in der DDR.

Zu diesen gehörte Pfarrer Rainer Eppelmann. Die Verbindung zu ihm ging über Jahre, die Mitarbeiter der CIA-Residentur und der US-Botschaft wechselten.

Von 1978 bis 1983 sprach Walter E. Andrusyszyn (MfS-Deckname »Orion«), ein Karrierediplomat, mit ihm. Dann folgte bis 1987 Brian Michael Quigley (MfS-Deckname »Omega«), ein CIA-Mitarbeiter. Von 1984 bis 1988 war der Gesprächsaufklärer Gregory W. Sandford (MfS-Deckname »Mustang«) für Eppelmann zuständig. Parallel dazu beschäftigten sich von 1985 bis 1990 der Karrierediplomat Robert J. Greenwald (MfS-Deckname »Cäsar«) und von 1987 bis 1990 der Gesprächsaufklärer Imre E. Lipping (MfS-Deckname »Aufklärer«) mit ihm.[20]

Eppelmann wurde in der Endphase der DDR fast ausschließlich durch Imre Elmarowitsch Lipping betreut. Lipping handelte in Abstimmung mit Ralph Morton, einem SIS-Mitarbeiter an der britischen Botschaft, und Madame Rousseau, die als Angehörige des französischen Geheimdienstes DGSE an der Botschaft der Republik Frankreich tätig war. Zur Intensivierung der Kontakte bekam Eppelmann Einladungen zu Veranstaltungen in westlichen Botschaften, er besuchte Lipping auch in dessen Residenz.

Lipping wurde von der Spionageabwehr kontrolliert.

Nach Erkenntnissen der Spionageabwehr wurden mit Eppelmann ausführliche Gespräche geführt, die vorwiegend die oppositionelle Bürgerbewegung und die innere Lage der evangelischen Kirche betrafen. Dabei wurde selbstverständlich auch über Personen gesprochen. Der Eppelmann-Vorgang soll bei der CIA unter dem Decknamen »Ölzweig« geführt worden sein.[21]

Der Leiter der HA II, der Spionageabwehr, Generalleutnant Günther Kratsch, erinnerte sich später: »Es war meine Pflicht, Minister Mielke über die ständigen Kontakte des Herrn Rainer Eppelmann zu Mitarbeitern des amerikanischen Geheimdienstes zu informieren. Bei den schriftlichen Informationen enthielt ich mich jedweden Vorschlags. In solchen Fällen suchte Mielke dann das persönliche Gespräch, um von mir weitergehende Meinungen zu hören. Mielke meinte, Eppelmann wegen Verdachts der Spionage vorläufig festzunehmen und diese Tatsache in die Öffentlichkeit zu bringen. Dafür war die Zustimmung Honeckers erforderlich. Ich sollte eine solche Vorlage für die obligatorische Dienstagsberatung nach der Politbürositzung ausarbeiten.

Ich habe mich seiner Meinung, auch wenn er sie später mehrmals wiederholte, nicht angeschlossen. Die Gründe dafür waren der zu erwartende Druck auf die DDR mit der Frage, ob denn die biederen Diplomaten tatsächlich Geheimdienstmitarbeiter seien, die DDR einen Regimekritiker nur mundtot machen wolle und darum Diplomaten zu Geheimdienstmitarbeitern umfunktioniere. Nach meiner Meinung hätte eine solche gravierende Maßnahme sich auch dynamisch auf die Oppositionsbewegung in der DDR ausgewirkt. Das Verhältnis zur evangelischen Kirche in der DDR wäre zusätzlich belastet worden. Ich arbeitete also keine Vorlage für eine vorläufige Festnahme wegen Geheimdienstverbindungen aus. Und so kam es auch nicht zu einem Entscheidungsgespräch zwischen Honecker und Mielke mit dem zugrunde liegenden Sachverhalt.

Ich schlug Mielke in einer Beratung vor, mit Eppelmann das politische Gespräch im Beisein von Zeugen, die er selbst benennen sollte, zu suchen, um ihm zu sagen, dass seine amerikanischen Gesprächspartner Mitarbeiter des Geheimdienstes sind. Für die Informationen, die er ihnen übergibt, trägt er die volle Verantwortung, vor allem auch gegenüber seinen eigenen Mitstreitern.

Aufgeschriebene Staatsgeheimnisse konnte Eppelmann zu dieser Zeit nicht preisgeben, deshalb war ich für Offenheit ihm gegenüber. Mielke lehnte ab. Er wollte sich den möglichen Spionagefall warm halten.

Ich hielt es für angebracht, den Leiter der HA XX, der für Eppelmann zuständig war, über unsere Erkenntnisse zu informieren. Ihm wurde freigestellt, die Geheimdienstverbindung nach eigenem Ermessen zu bewerten mit der Einschränkung, dass ich gegen ein Ermittlungsverfahren mit geheimdienstlichem Hintergrund bin. Ich informierte ihn auch über meine ablehnende Haltung gegenüber Mielke in dieser Frage. Der Leiter der HA XX hatte keine andere Meinung. So blieb Herr Eppelmann wenigstens wegen seiner Geheimdienstverbindung ohne Belästigung.«[22]

Einiges Kopfzerbrechen bereitete uns die Tatsache, dass im April 1989 Vernon Walters Botschafter in Bonn wurde. Der Drei-Sterne-General war ein Aktivist der US-Geheimdienste im Kalten Krieg und galt als *trouble-shouter*, also als einer, der ins Gefecht geschickt wurde, wenn dieses heiß zu werden drohte. Walters selbst hatte in einem Zeitungs-Interview Anfang 1989 erklärt: »Ich werde nicht geschickt, wenn ein Erfolg wahrscheinlich ist. Eine meiner Hauptaufgaben ist es, die Letzte Ölung zu geben, kurz bevor der Patient stirbt.«[23]

Nun waren aber weder die Bundesrepublik Deutschland noch die atlantischen Beziehungen der BRD zu den USA in einem Stadium, das der letzten Ölung bedurfte.

Erst im Nachhinein wurde deutlich, dass General Walters eine Schlüsselposition bei der Durchsetzung der »Grand Strategy« des USA-Imperialismus übernahm: Er war zur Zerschlagung des real existierenden Sozialismus in Europa eingesetzt worden.

Als 1991 die Fahne mit Hammer und Sichel vom Kreml eingeholt war, begab sich Walters wieder auf seinen Ruhesitz nach Florida und konnte melden: »Mission accomplished«.[24]

Post- und Telefonkontrolle

Wir besaßen eine relativ gute Übersicht über Struktur und personelle Besetzung der Post- und Telefonkontrolle der US-Geheimdienste in Westberlin. Die Einheit trug die Tarnbezeichnung »Special Information Support Company« (SISCO), eine zweite Dienststelle in München koordinierte die Aktivitäten.

Wir besaßen etwa 100 relativ umfangreiche Unterlagen über das dort tätige Personal. Das ethnische und nationale Konfliktpotenzial bot interessante Ansatzmöglichkeiten zur operativen Bearbeitung.

SISCO betrieb in Westberlin zwei große Objekte. Das eine befand sich im Hauptpostamt Winterfeldtstraße, das andere auf dem Flughafen Tempelhof am Columbia-Damm. Verbindungspersonen in den Postämtern selektierten die ein- und ausgehende Post und verbrachten sie in das zentrale Objekt. Dort wurden die Briefe geöffnet, kopiert, wieder verschlossen und zurück in den normalen Arbeitskreislauf der Bundespost gebracht.

Für Westberlin charakteristisch war der Umstand, dass deutsche Dienste keine eigenen Dienststellen der Post- und Telefonkontrolle unterhalten durften. Sie mussten Anträge an die amerikanischen Verbindungsoffiziere stellen und erhielten über diese auch die Ergebnisse, vermutlich ausgewählt nach den US-amerikanischen Interessen.

Im Dezember 1957 veröffentlichte *Neues Deutschland* eine Liste von elf Mitarbeitern der Telefonabhörzentale in der Winterfeldtstraße.[25]

Der geheimdienstliche Charakter dieser Einheiten wurde auch durch die Tatsache bestätigt, dass nach der Herstellung der staatlichen Einheit nicht wenige Zivilangestellte beim Arbeitsgericht auf Übernahme in den Verfassungsschutz klagten.[26]

Fernmelde- und elektronische Spionage

Aufgaben der technischen Aufklärung gehörten von Anfang an zu den Aktivitäten der US-Geheimdienste in Deutschland. Während es sich anfänglich vorwiegend um die Erfassung von Funkverkehr und die Versuche seiner Dechiffrierung sowie um Aufklärungsflüge zur Bildaufklärung handelte, spielten später geheime Angriffe gegen die Nachrichtenverbindungen über Kabel sowie andere Methoden unter Einsatz von Hochleistungstechnik eine größere Rolle.

Allein für die Stationen der fernmelde- und elektronischen Aufklärung in Westberlin und entlang der Grenze der BRD zur DDR und CSSR wurden von den US-Geheimdiensten bis 1990 jährlich rund eine Milliarde Dollar ausgegeben.[27] Die *Field Station Berlin* auf dem Teufelsberg in Westberlin gehörte zu den bedeutendsten Stationen der fernmelde- und elektronischen Spionage der USA-Geheimdienste in Europa.

Die geographische Lage des 115 Meter hohen Trümmerberges im Grunewald und sein physikalisches Umfeld boten nach Aussagen der Experten besonders günstige Bedingungen. Im Zusammenwirken mit anderen Anlagen waren die US-Geheimdienste in der Lage, von Westberlin aus elektronische Emissionen von Waffen und Waffenleitsystemen festzustellen sowie den Funkverkehr unterschiedlicher Reichweite bis in Tiefen von 300 km in die osteuropäischen Staaten abzuhören.

Außerdem wurden von diesen Objekten Troposcatter-Verbindungen erfasst und ausgewertet. Das ist jener Funkverkehr, der die stratosphärische Streustrahlung nutzt. So kommunizierte das Hauptquartier des Warschauer Vertrages mit dem Generalstab der sowjetischen Streitkräfte. Auch die sowjetischen Satellitenfunkverbindungen wurden erfasst und ausgewertet.

Das Team »Blitz-Paul«

Der HV A gelang es mit Hilfe eines türkischen Zivilangestellten, in US-Objekte in Westberlin einzudringen. Hüseyin Yildirim (MfS-Deckname »Blitz«) nahm Kontakt zu James W. Hall III auf, einem Mitarbeiter des *Intelligence and Security Command* (INSCOM). Hall arbeitete auf dem Teufelsberg. Der Unteroffizier war ein ausgezeichneter Analytiker und genoss in seiner Einheit einen guten Ruf. Hall suchte nach Möglichkeiten, seine finanzielle Situation zu verbessern. Er wollte sich innerhalb einer überschaubaren Zeit ein finanzielles Polster schaffen, das ihm später einen sorgenfreien Lebensabend in den USA sicherte. Aktuell brauchte er viel Geld, um seinen Flugschein zu finanzieren. IM Blitz spürte mit seinem Sinn für Geschäfte seine Chance und warb Hall (»Paul«) an.

Die Arbeit mit der neuen Quelle verlief außerordentlich erfolgreich. Peter Wyden erwähnte in einer Fußnote seines 1989 erschienenen Buches (*»Wall: The inside story of divided Berlin«*) den Vorgang Hall und verweist darauf, dass – ähnlich wie beim Berlin-Tunnel – die Wirksamkeit der Station Teufelsberg durch die Arbeit von James W. Hall III mit der Übermittlung von Geheimnissen der elektronischen Spionage zumindest eingeschränkt worden war. Nach Wydens Angaben hat ein Programm, das Hall uns übergeben haben soll, die USA Hunderte von Millionen Dollar gekostet.[28]

Unsere Quelle war auch deshalb so erfolgreich, weil neben seiner persönlichen Pfiffigkeit die Einhaltung der Sicherheitsbestimmungen in allen Objekten, in denen er tätig war, leicht umgangen werden konnten. Für den unmittelbaren Transport der Dokumente aus seinem Dienstzimmer bekam Hall von uns eine zu einem Container umgebaute Sporttasche, wie sie fast jeder US-Soldat mit sich herumschleppte. Das Versteck nahm die oft umfangreichen Dokumentenstöße auf, einige verschwitzte Sportsachen darauf und fertig war die geheimdienstliche Tarnung.

Unter den uns von Hall übergebenen Kopien befand sich ein sehr umfangreiches Dokument mit der Bezeichnung *National SIGINT Requirements List* (NSRL). Dabei handelte es sich um eine weltweite Wunschliste der Intelligence Community für die fernmelde- und elektronische Aufklärung. Federführend für dieses Dokument war der zentrale Geheimdienst für die elektronische Aufklärung, die *National Security Agency* (NSA). In ihm wurden akribisch die Interessen aller US-Geheimdienste, aber auch die Wünsche anderer Regierungsorgane, so des Weißen Hauses, des Außen- und des Energieministeriums an spezifischen Informationen aus bestimmten Regionen und Ländern festgehalten. Detailliert wurde aufgeführt, was man wissen wollte: über die Außen-, die Innen- und die Wirtschaftspolitik des jeweiligen Staates, über Vorkommen strategischer Rohstoffe, die Streitkräfte, den Besitz an Massenvernichtungswaffen, die Grundlagenforschung (vor allem auf jenen Feldern, auf denen auch für die Vereinigten Staaten Überraschungseffekte durch potenzielle Gegner oder Partner entstehen konnten), Auskünfte über spezielle Rüstungen, die Energiepolitik, dabei interessierte besonders die Forschung bei der Kernenergie, sowie Informationen über die Tätigkeit der Geheimdienste dieser Länder.

Außerdem enthielt das Dokument länderübergreifende Aufgabenstellungen, so die Aufklärung des internationalen Terrorismus oder die Kontrolle der Nichtweiterverbreitung von Massenvernichtungswaffen (*Non-Proliferation*).

Interessant war für uns auch, dass die NSA als »federführendes Organ« für diese Liste in einem besonderen Punkt gegenwärtige und künftige Möglichkeiten der Informationsbeschaffung mittels der fernmelde- und elektronischen Aufklärung bewertete.

Friedrich Wilhelm Schlomann schrieb in seinem im August 1994 aktualisierten Buch »Die Maulwürfe«: »Den größten Schaden wird der US-Armeeoffizier James W. Hall hervorgerufen haben, der sich in der zentralen Station der fernmelde-elektronischen Ausspähung der USA auf dem 115 Meter hohen Teufelsberg in West-Berlin befand. [...] Aus seinen Einsatzorten in der Bundesrepublik – dem Befehlszentrum in Stuttgart-Vaihingen ? – (*Schlomanns Fragezeichen ist berechtigt: Hall war dort nie eingesetzt – d. Hrsg.*) verriet er insbesondere das 47seitige Papier ›Canopy Wing‹: Dieses sollte Möglichkeiten ausarbeiten, ›dem sowjetischen Oberkommando die Fähigkeit zu nehmen, effektiv konventionelle Hochfrequenz-Verbindungen zur Führung und Kontrolle der Streitkräfte einzusetzen‹ – was bedeutete, dass im Kriegsfalle der Funkverkehr der sowjetischen Führung derart massiv gestört werden würde, dass keine Kontakte mehr zu ihren Atom-U-Booten und strategischen Raketen-Einheiten möglich gewesen wären! Ein Plan, dessen Brisanz naturgemäß die Führung des MfS, aber gewiss noch mehr diejenige der sowjetischen Geheimdienste interessierte!«[29]

Schlomann umgeht bei dieser Darstellung ein bedeutendes historisches Faktum. Die Gruppe, die »Canopy Wing« erarbeitete, wurde von der US-Regierung 1985 einberufen. In Moskau war Gorbatschow Generalsekretär geworden und hatte einen Politikwechsel eingeleitet. Unabhängig davon, wie er heute beurteilt wird: Der erste Mann der Sowjetunion hatte die Vision einer menschlichen Gesellschaft ohne Atomwaffen bis zur Jahrtausendwende in die Diskussion gebracht, er wollte die Blockkonfrontation überwinden. Und genau zu diesem Zeitpunkt wurden die qualifiziertesten Analytiker und Praktiker der US-Geheimdienste und des Pentagon beauftragt, alle Möglichkeiten der modernen elektronischen Kampfführung mit dem Ziel zu prüfen, ob ein atomarer Enthauptungsschlag gegen die Führungszentren der UdSSR und des Warschauer Vertrages machbar sei.[30]

James W. Hall gehörte zum Kreis der Auserwählten. Als er nach wochenlanger Abwesenheit eine Kopie des Dokumentes vorlegte, rieselte es uns eiskalt über den Rücken. Nicht nur deshalb, weil wir noch nie zuvor ein Dokument mit so vielen Geheimhaltungsvermerken und Schutzwörtern der höchsten geheimdienstlichen

Sicherheitsstufe innerhalb der Intelligence Community in der Hand hielten. Sondern weil wir noch nie ein derart offensichtliches Material der aktiven Kriegsvorbereitung, die Erwägung einer Aggression gegen den Warschauer Vertrag gesehen hatten. Hier ging es nicht mehr um eine Verteidigungsplanung. Die Aufgabe war von den Vereinigten Stabschefs der USA klar gestellt: Zur Vorbereitung eines Angriffs durch die NATO mussten die Führungszentren des Gegners aufgeklärt, durch elektronische Maßnahmen arbeitsunfähig oder durch selektiven Waffeneinsatz zerstört sein! Der atomare Gegenschlag der sowjetischen Seite sollte damit verhindert, ein Kernwaffenkrieg wieder führbar und gewinnbar werden.

Das Dokument bilanzierte die bisherigen Möglichkeiten der Elektronischen Kampfführung und die technischen und softwareseitigen Anforderungen an weitere Entwicklungen zur Vorbereitung bzw. Unterstützung eines nuklearen Erstschlages/Enthauptungsschlages gegen den Generalstab der UdSSR sowie gegen das Oberkommando des Warschauer Vertrages.

Die Fähigkeit des Warschauer Vertrages zur Abwehr eines Angriffs und zur Auslösung eines atomaren Gegenschlages sollte ausgeschaltet werden. Dazu wurden konkrete Aufgaben gestellt:

- Identifizierung der Führungs- und der Ausweichstellen im Spannungsfall;
- Aufklärung von Standorten, Strukturen, Personal, technischen Ausrüstungen mit exakten Parametern und Zielkoordinaten;
- Möglichkeiten der Störung des normalen Betriebes, u. a. durch Kurzschlüsse mit Hilfe von mikroskopischen Kohlenstofffasern (eine Methode übrigens, die auch 1999 beim Angriffskrieg der NATO gegen Jugoslawien eingesetzt wurde) oder durch Einsatz von chemischen Kampfstoffen;
- elektronische Blockierung der Arbeit unmittelbar vor dem Schlag, damit keine Gegenreaktionen möglich sind;
- Anforderungen an den Einsatz verschiedener Waffensysteme zur Zerstörung von Führungsstellen und anderer Einrichtungen (einschließlich punktgenauer Zielsucheinrichtungen für Waffensysteme, die gegen »gehärtete« Bunkersysteme einsetzbar sind);
- Möglichkeiten der Täuschung/Fälschung (u. a. mit Hilfe der Computersimulation ein zeitechtes Einschalten in Befehlsübermittlungen, etwa im Funkverkehr zwischen Flugzeug und Bodenstation oder zwischen Leitstelle und U-Boot, zu erreichen).

Die Arbeitsgruppe veranschlagte für all diese Projekte einen Finanzbedarf von 14,5 Milliarden Dollar an Investitions-, Betriebs- und Wartungskosten sowie den Einsatz von rund 1.570 Personen.[31] *(Faksimile des Schreibens von Generaloberst Wolf an Generalleutnant Neiber mit Kurzauskunft zu diesem Dokument in Anlage V am Ende des Buches)*

Nach den Rotationsregeln der US-Streitkräfte musste unsere Quelle »Paul« 1988 erneut einen Einsatz in den USA absolvieren. Gleichzeitig hatten wir Ende 1987 den Instrukteur/Kurier »Blitz« offiziell von der Zusammenarbeit mit uns entpflichtet, da er nach Florida verziehen wollte. Die Entpflichtung enthielt das strikte Verbot, in irgendeiner Form Kontakt zu James Hall aufzunehmen. Jedoch brauchten wir für eventuell notwendige Kontakte zu »Paul« eine Alternative. Wir entschieden uns für den IM »Hagen«, einen Englisch-Dozenten an der Humboldt-Universität. Diesen Manfred Severin hatten wir für Kontaktarbeit mit US-Bürgern in Westberlin vorbereitet.

Die US-Wissenschaftlerin Professor Kristie Macrakis beschreibt den Sachverhalt in ihrem 2009 in München erschienenen Buch »Die Stasi-Geheimnisse. Methoden und Technik der DDR-Spionage«: »Nicht Halls Habgier oder Yildirims unkontrollierbare Persönlichkeit oder gar die gute Arbeit der Spionageabwehr waren es, die Halls Spionagekarriere beendeten. Im Jahre 1986 wurde ein niedrigrangiger ostdeutscher Ausbilder für eine Operation nach Westberlin geschickt. Wie viele andere Ostdeutsche, die von den in West-Berlin glänzenden Früchten des Kapitalismus gekostet hatten, betrat der Stasi-Ausbilder ein Warenhaus und wollte all die angebotenen Konsumgüter dann auch haben. Weil das MfS ihm nur einen bescheidenen Spesenbetrag gegeben hatte, verhalf er sich einfach selbst zu dem, was er hätte kaufen wollen.

Doch der 52-jährige Mann mit schütterem Haar stellte sich beim Diebstahl nicht besonders geschickt an. Ein Ladendetektiv schnappte ihn sich sofort und nahm ihn in Gewahrsam. Während des Gesprächs bat der Mann, bei dem es sich um Professor Manfred Severin handelte, der Englisch und Sprachwissenschaften an der Humboldt-Universität lehrte, mit dem Staatsschutz reden zu dürfen, und erzählte dann, wer er war und dass er den Zwischenfall absichtlich herbeigeführt habe, um eine ›Gelegenheit zu einen Gespräch‹ zu bekommen.«

Kristie Macrakis beschreibt dann den Weg des Verräters vom Staatsschutz zur CIA und von dort zur Spionageabwehr der US-Streitkräfte, der *Foreign Counterintelligence Activity* (FCA), wo er den Decknamen »Canna Clay« erhielt. Die Amerikaner wollten seine Fluchtpläne mit gesamter Familie aber nur unterstützen, wenn er für sie etwas »wirklich Großes« bieten könnte. Die amerikanische Spionageabwehr hörte fast zwei Jahre nichts mehr von ihrer neuen Quelle.

»Am 22. August 1988 wählte Severin aus heiterem Himmel die Telefonnummer, die er von den FCA-Offizieren erhalten hatte. Diesmal hatte er ›etwas Bedeutendes‹. Zwei FCA-Agenten holten ihn an einer Straßenecke in Westberlin ab und befragten ihn im Auto. Clay erzählte seinen neuen Herren aufgeregt, dass er vom MfS berufen worden war, im Januar und Juli 1988 als Dolmetscher an geheimen Treffen in einem Ostberliner Unterschlupf teilzunehmen. Die zwei Führungsoffiziere – Wolfgang und Horst – hätten einen amerikanischen Soldaten befragt, der für Ostdeutschland spionierte. Der nicht identifizierte Soldat mit dem Decknamen ›Paul‹ habe geheime Dokumente aus dem Büro übergeben und die Aktivitäten seiner Geheimdiensteinheit und seine dortigen Aufgaben beschrieben. Severin wusste, dass der Soldat ein Funkspezialist für den Geheimdienst gewesen war, und gab genug andere Einzelheiten preis, sodass die FCA den Mann rasch identifizieren konnte: James W. Hall III.«

Die Historikerin beschreibt dann weiter, wie Severin einbezogen wurde, um Hall in den USA eine Falle zu stellen, damit Beweise für ein Verfahren gegen Hall erarbeitet werden konnten – Beweise, die durch rechtswidrige, konspirative Maßnahmen erlangt wurden.[32]

Hall und Yildirim wurden im Dezember 1988 verhaftet, Hall von einem Militärgericht zu 40 Jahren Haft und Yildirim von einem Zivilgericht zu lebenslanger Haft ohne Möglichkeit der Bewährung verurteilt.

Den Bemühungen eines engagierten Anwaltes gelang es, dass Yildirim nach zwölf Jahren Haft an die Türkei überstellt wurde. Von dort konnte er nach Deutschland ausreisen.

Jeffrey Carney, Angehöriger der US-Luftwaffe, diente ab 1983, nach einer Sprachausbildung in Deutsch an der Sprachenschule der US-Streitkräfte in Monterey/Kalifornien, in der Dienststelle der fernmelde- und elektronischen Spionage der US-Luftstreitkräfte in Berlin-Marienfelde, Diedersdorfer Weg (6912th Electronic Security Group).

Im Oktober 1983 suchte er bei Vertretern der DDR-Aufklärung um Asyl nach. Die für die US-Streitkräfte der USA zuständige Abteilung XI der HV A übernahm den Kontakt und vereinbarte mit Carney, dass er als Quelle weiter in diesem Objekt diente. Mit den von der Quelle »Kid« beschafften Dokumenten erhielt die DDR Einblick in die Maßnahmen der elektronischen Kriegsführung und Spionage der US-Luftstreitkräfte gegen den Warschauer Vertrag.

Von besonderem Interesse waren für uns Informationen über ein Forschungsprogramm der *National Security Agency*, in welchem die Möglichkeiten geprüft wurden, sich mit Hilfe von Computersimulationen in Echtzeit in den direkten Funkverkehr zwischen Bodenleitstation und Einsatzflugzeug einzutakten. Im Ernstfall sollten auf diesem Weg gefälschte Einsatzbefehle übermittelt werden, die zu Fehlhandlungen im Einsatz führen sollten. Die Basis dafür bildeten Datenbanken, in denen die Stimmenprofile der Flugzeugbesatzungen und der Offiziere der Leitstellen erfasst und ständig aktualisiert wurden. Ähnlich wie Funker ihren Gegenpart an der »Handschrift« erkennen, waren die Analytiker der US-Luftstreitkräfte in der Lage, bereits mit den ersten Worten den russischen Piloten bzw. Leitoffizier zu identifizieren. »Kid« bestätigte, dass das keine Science Fiction, sondern harte Realität im Krieg der Geheimdienste war.

Nachdem »Kid« an eine Luftwaffenbasis in Texas versetzt worden war, suchte er in einer Kurzschlusshandlung die DDR-Botschaft in Mexiko auf und ersuchte erneut um Asyl in der DDR. Auf Umwegen wurde er über Kuba in die DDR geschleust.

Für seinen weiteren operativen Einsatz gab es ein Kooperationsabkommen zwischen der HV A und der HA III (Funkaufklärung). »Kid« erhielt die Möglichkeit, spezielle Kommunikationsverbindungen der US-Geheimdienste direkt abzuhören und so tagesfertige Informationen zu übermitteln. Verbunden war dieser Einsatz mit einer Legalisierung seines Aufenthaltes. Ihm wurde die DDR-Staatsbürgerschaft verliehen, er erhielt DDR-Personalpapiere auf den Namen Jens Karney, eine Wohnung in Berlin-Friedrichshain und Unterstützung für die Einrichtung eines normalen »bürgerlichen Lebens«.

Die Auflösung des MfS und der Beitritt der DDR zur Bundesrepublik brachten auch für »Kid« tiefe Einschnitte in sein Leben. Er fand eine Tätigkeit als U-Bahn-Fahrer, die ihn zumindest teilweise befriedigte. Aber er wurde von Mitarbeitern der HA III, die seinen Vorgang kannten, an das Bundesamt für Verfassungsschutz verraten. Von dort ging eine Information an die US-Botschaft.

Im April 1991 überwältigten ihn sechs bewaffnete Offiziere der *Air Force Office of Special Investigation* (AFOSI), der Abwehr der US-Luftstreitkräfte, vor seiner Wohnung. Sie verbrachten ihn nach Berlin-Tempelhof und setzten ihn in eine Maschine nach den USA. Dort stellte man ihn vor Gericht. Carney wurde von einem Militärgericht zu 38 Jahren Haft verurteilt, das Urteil wurde später in 20 Jahre Haft umgewandelt, und Carney nach zwölf Jahren entlassen.

Kristie Macrakis resümierte: »Zusammen mit einigen weniger bedeutenden Agenten ermöglichten Carney und Hall es dem MfS, jene Geheimnisse aufzudecken, die hinter den Zäunen des Teufelsbergs und in Marienfelde verborgen wurden. Die neuen Kenntnisse erlaubten es dem MfS, wirkungsvolle Gegenmaßnahmen zu entwickeln und Einsicht in das mächtige und weitreichende elektronische Spionageprogramm und die Pläne zur elektronischen Kriegführung zu gewinnen.«[33]

Unser Einblick reichte in Wahrheit weit über die Zäune der Objekte Teufelsberg und Marienfelde hinaus, nämlich bis in die Zentren der *National Security Agency* im Ft. George Mead, des *Intelligence and Security Command* (INSCOM) und des *Air Force Electronic Security Command* (AFESC).

(Faksimile des Berichts des Leiters der HA III an General Neiber über entsprechende Dokumente vom 29. November 1984 in der Anlage VI am Ende des Buches)

Die US-Geheimdienste setzten ihre Hightech-Entwicklungen auch direkt auf dem Territorium der DDR ein. Hier konnte die Spionageabwehr einige spezielle Operationen der technischen Spionage enttarnen. Erstmals wurde im Jahre 1979 an einem bedeutsamen militärischen Objekt im Raum Leipzig ein technisches Aufklärungssystem festgestellt, das in Form eines Astes getarnt war.

Am 24. November 1989[34] und am 10. Januar 1990 stellte die Spionageabwehr der Öffentlichkeit jeweils eine hochmoderne komplexe Aufklärungssonde der amerikanischen Geheimdienste zur Überwachung und Registrierung von Bewegungen an militärischen Objekten vor. Die Sonde war in 16 Meter Abstand von der zu einem Militärobjekt führenden Straße etwa 30 cm tief im Erdreich vergraben. Die seismographischen Sensoren waren in der Lage, die Bewegungen von Fahrzeugen sieben verschiedener Gewichtsklassen zu unterscheiden (Jeep, Pkw, Lkw, Panzer, Raketenlafetten etc.), die Bewegungsrichtung zu erkennen und die Informationen für den Zeitraum von etwa einer Woche zu speichern. Die komprimierten Informationen wurden von einem Satelliten aus abgerufen und von der Sonde in weniger als einer Sekunde gesendet. Das Sicherungssystem der Sonde gewährleistete, dass sie bei Lageänderungen, Störungen oder Zerstörungen noch ein Warnsignal an einen Satelliten absenden konnte.[35]

Bereits im Februar 1978 hatte die HV A Informationen über den Einsatz von Bodensensoren durch Geheimdienste der NATO-Staaten (Projekt AVIDGUARDIAN) erarbeitet und diese an die zuständigen Abteilungen der Abwehr übermittelt. *(Faksimile über das Schreiben Oberst Geyers vom 16. Februar 1978 in der Anlage VII am Ende des Buches)*

3. Emigranten und ideologische »Diversanten«

Die Arbeitsrichtung *Emigration/Sender Radio Free Europe und Radio Liberty* war in der Abteilung IX und in der HV A umstritten. Kritiker wiesen darauf hin, dass hier Ressourcen gebunden wurden, die keinen direkten operativen und politischen Nutzen für die DDR brachten.

Andererseits erfüllten wir auf diesem Gebiet eine wichtige internationalistische Aufgabe. Sowohl das KGB als auch die anderen Bruderorgane waren dankbar für Informationen, die wir ihnen aus Emigrantenorganisationen und über die beiden Münchner Sender lieferten.

Eines der Hauptargumente zur Ansiedlung dieses Arbeitsgebietes im Referat IX/A/3 war, dass es enge inhaltliche und personelle Beziehungen zur Bearbeitung der US-Geheimdienste gab.

Wir fanden tatsächlich bei der Identifizierung von US-Agenten viele Spuren subversiver Aktionen in Emigrantenorganisationen, in Ost-Forschungseinrichtungen und bei den Sendern *Radio Free Europe und Radio Liberty* (RFE/RL).

Die Sender Radio Free Europe und Radio Liberty

Regelmäßig erhielten wir Informationen mit zahlreichen Interna aus diesen Sendern. Unsere Quelle »Krüger« gehörte zur »alten Garde« der Emigranten und des faschistischen Geheimdienstpersonals. Bei ihm handelte es sich um einen Alt-Vorgang, den wir aus der HA II übernommen hatten und welcher von Anfang an unter »fremder Flagge« geführt wurde.

»Krüger«, Jahrgang 1920, arbeitete in der Personalabteilung, Bereich Sicherheit, stammte aus einer verarmten baltischen Adelsfamilie, die nach der Oktoberrevolution in den Westen emigrierte. Die Spionageabwehr kannte aus einem Kurzdossier der sowjetischen

Aufklärung »Krügers« Affinität zu Großbritannien und baute darauf Anfang der 70er Jahre eine Werbeoperation unter »fremder Flagge« auf. Mit der Bildung der Abteilung IX übernahm das Referat IX/A/3 die Führung des Vorgangs und entwickelte daraus einen recht erfolgreichen Quellenvorgang, der uns gute Einblicke in das Innenleben der Sender und insbesondere in seine Geheimdienststrukturen verschaffte.

Die Arbeit beider Rundfunkstationen fußte auf dem Truman-Gesetz Nr. 165 über die Finanzierung der Tätigkeit »spezieller Personen« aus der UdSSR und aus osteuropäischen Staaten zur Unterstützung der Nachkriegsstrategie der USA. Der offizielle Jahresetat betrug rund 100 Millionen Dollar, die die Geheimdienste für diesen Zweck ausgeben konnten.

Die Finanzierung der Sender durch die CIA beschäftigte erst ab 1971 die amerikanische Öffentlichkeit, als Senatoren und Kongressabgeordnete an dieser Praxis Anstoß nahmen. Im Dezember 1973 wurde die finanzielle Absicherung der Sender über die Fonds der CIA offiziell eingestellt und die Leitung der Sender einem *Board of International Broadcasting* (BIB) übertragen. Die nachfolgenden Jahresberichte des BIB enthielten für uns sehr interessante Details über die Entwicklungen in diesem Bereich. Doch jedem Beobachter war auch bewusst, dass mit dieser Entscheidung sich die CIA keineswegs aus den Sendern zurückgezogen hatte. Unsere Analysen bestätigten: Alle Schlüsselpositionen in beiden Sendern wurden unverändert von erfahrenen CIA-Offizieren besetzt.

CIA-Mitarbeiter in Leitungsfunktionen der Sender RFE/RL[36]

Bailey, George	Direktor von RL
Boiter, Albert	Abteilung Forschung RL
Brown, James F.	Leiter Forschungsabteilung RFE
Ferguson, Glen Walker	Direktor RFE
Fischer, Hans	Leiter der Sicherheitsabteilung, Oberst der CIA
Griffin, James	Leiter Sicherheitsabteilung RL
Hart, Henry O.	Leiter Abt. Hörerforschung
Knauff, Robert	Chef Allgemeine Verwaltung
Lodeesen, Jon	Chef Russische Redaktion RL
Moore, Patrick	später Auswerter der CIA
Perouansky, Alexander	Hauptredakteur RL

Perry, George	Leiter Abteilung Hörerforschung
Poole, Russell	Leiter Personalabteilung, Oberst der CIA
Ralis, Max	Leiter Abt. Hörerbefragung RL
Rhoer, Edward van der	Abteilung politische Richtlinien RL[37]
Dr. Vest alias Edwards	Chef Secret Monitoring

Selbst der letzte uns bekannt gewordene Chef von *Radio Liberty*, Nicolas Vaslef, war nach unseren Feststellungen zuvor im Range eines Brigadegenerals in einem Analysebereich des Hauptquartiers des Geheimdienstes der Landstreitkräfte INSCOM tätig.

Wir interessierten uns kaum für die propagandistische Arbeit dieser Sender, wir konnten weder den Inhalt noch dessen Wirkung einschätzen. Unsere Aufmerksamkeit galt den auch innerhalb der Sender abgeschirmten Struktureinheiten, die direkte nachrichtendienstliche Bezüge hatten. Dabei stand – auch wegen des Interesses der sowjetischen Freunde – im Vordergrund der streng geheime Bereich des »Secret Monitoring«, welcher sich im weitläufigen Areal der McGraw-Kaserne in München befand. Dort war auch das Hauptquartier der *66th Military Intelligence Group*, die Zentrale des militärischen Geheimdienstes der Landstreitkräfte der USA für Deutschland.

Der sowjetische Autor Jakovlev beschrieb die Aufgaben dieses Sender-Bereiches seinerzeit so: »Ein anderer Aspekt der nachrichtendienstlichen Tätigkeit von *Radio Liberty* ist, dass eine Spezialabteilung des Senders sowohl die drahtlosen Kommunikationssysteme innerhalb der Sowjetunion als auch die Gespräche zentraler sowjetischer Dienststellen mit den auf einer Fahrt bzw. einem Flug befindlichen Handels- und Kriegsschiffen, Unterseebooten und Flugzeugen abfängt. Abgehört werden ferner der Funk- und Telefonverkehr von in Drittländern akkreditierten sowjetischen und ausländischen Botschaften und Missionen.«[38]

Die Bandbreite dieser Aktivitäten konnten wir nicht genau definieren, sie dürfte aber nie den von Jakovlev beschriebenen Umfang gehabt haben. Es war jedoch klar, dass eine ernsthafte Erfüllung der grundlegenden Aufgaben des »Secret Monitoring« nicht mit der herkömmlichen Technik eines Rundfunksenders zu realisieren war. Dieser Bereich brauchte die technische und logistische Hilfe der hochentwickelten Strukturen für technische Aufklärung der amerikanischen Dienste. Unklar war, ob die CIA in diesem Falle die eigentlich zuständige NSA in diese Aktivitäten einbezog. Unsere Version des »Secret Monitoring« war – auch in Kenntnis der massiven Präsenz vieler Strukturen der fernmelde- und elektronischen Aufklärung der Amerikaner in Süddeutschland –, dass die CIA dem »Secret Monitoring« einige besonders interessante, von sowjetischen Einrichtungen genutzte Leitungen und Kanäle geschaltet hatte, bei denen durch Muttersprachler mit entsprechendem Vorwissen eine Vorselektierung und Sofortauswertung von Kommunikationen vorgenommen wurde.

Ergebnisse der nachrichtendienstlichen Arbeit der »Korrespondenten« und Mitarbeiter von *Radio Free Europe* flossen im *East Europe Research and Analysis Department* (EERAD), der Forschungs- und Auswertungsabteilung, zusammen, die von James F. Brown geleitet wurde. Brown war Brite und ein erfahrener CIA-Mann. Die EERAD war Umschlagplatz von Einzelinformationen und verdichteten Analysen an die CIA-Zentrale.

Ähnliche Funktionen hatte auch das *Audience and Public Opinion Research Department*, die Abteilung für öffentliche und Hörermeinungen, welche der CIA-Mitarbeiter Henry O. Hart leitete. Dort wurden mögliche Kandidaten für eine nachrichtendienstliche Nutzung gesucht und die Wirkung der Sendungen erkundet.

Die Abteilung Hörerbefragung von *Radio Liberty* saß ursprünglich in einer Villa in München, zog 1971 aber nach Paris um. Ihr Leiter war der CIA-Oberst Max Ralis. Ihm unterstand auch die Abteilung Sonderprojekte (*Special Projects*), die beispielsweise mit Hilfe der »Internationalen Literatur-Assoziation« illegale Literatur in der UdSSR vertrieb (Operation »Pfeil«). Die Assoziation hatte ihre Zentrale in Rom und Vertretungen in der ganzen Welt. Mit CIA-Geldern produzierte und verteilte sie Publikationen von Dissidenten und antisowjetischen Autoren. Oleg Tumanow, ein Mitarbeiter des KGB, ließ sich bei *Radio Liberty* einschleusen. Die politischen Wirkungen der CIA-Operation »Pfeil« schätzte er als gering ein. Dafür aber rückte eine Vielzahl sowjetischer Bürger in das Blickfeld der inneren Abwehr der Sowjetunion.[39]

Oleg Tumanow: »Der geschilderte Fall (*er hatte zuvor die Werbung eines hochrangigen Sowjetbürgers durch die CIA beschrieben – d. Hrsg.*) zeigt anschaulich, wie die CIA versucht, ihr Projekt Nr. 46 zu realisieren, das speziell für *Radio Liberty* und *Radio Free Europe*, d. h. für die unter dem Deckmantel der Sender tätigen Geheimdienstaußenstellen, erarbeitet wurde. Ich sagte bereits, dass ihr Hauptbereich die sogenannte Abteilung für Zuhörerbefragung und Wirksamkeit der Sendungen war. Sie wurde später von München nach Paris verlegt und ist gegenwärtig, soviel ich weiß, Bestandteil des Forschungsinstituts von *Radio Liberty* und *Radio Free Europe* in der bayerischen Hauptstadt München. Die Abteilung wurde durch hauptamtliche Mitarbeiter des amerikanischen Geheimdienstes und eng mit ihm liierte Personen verstärkt. Hauptaufgabe dieser Leute war das Studium sowjetischer Bürger, die sich zeitweilig im Ausland aufhielten – ihre Befragung nach einem konkreten Fragespiegel, Feststellung und Überprüfung ihrer Personalien und schließlich, wenn das Objekt für den Geheimdienst von operativem Wert schien, die Bearbeitung und Werbung.

Die Abteilung unterhielt praktisch in allen westeuropäischen Ländern ein weitverzweigtes Netz von Informanten, die von den Residenturen geführt wurden. Die Residenturen arbeiteten in zwei Richtungen. Die erste Richtung war das bereits erwähnte *Projekt 46*. Die zweite Richtung, das *Projekt 52*, sah die analoge Bearbeitung von Objekten vor, die ständig im Westen lebten.

Anhand der von den Residenturen eingehenden Informationen erarbeitete die Abteilung von Max Ralis Auskünfte für folgende Institutionen:

- die CIA und die DIA (Defence Intelligence Agency) – Aufklärungsinformationen sowie Angaben über russische Bürger, die Zugang zu geheimen Unterlagen haben;
- das Außenministerium – Angaben über die politische und wirtschaftliche Lage in der UdSSR;
- die Leitung von *Radio Liberty* und *Radio Free Europe* – Informationen, die bei der Aufstellung der Programme genutzt werden können.«[40]

Eine besondere Rolle spielten die Außenstellen in Bonn, Paris, Rom, London, Wien. Ihre Leiter und Mitarbeiter waren die eigentlichen Ausgangspunkte zur Realisierung der »Projektarbeit der CIA«.

Anfang der 80er Jahre flammte bei uns die Diskussion über den Wert von operativen und analytischen Aufgaben bezüglich dieser Sender noch einmal auf. Wir erhielten die Information, dass bei RFE ein kleines »Referat DDR« (*GDR-Desk*) gebildet worden war. Leiter war Gerd von Doemming, über den wir nun intensiv Material sammelten. Unsere Quelle behauptete, dass von Doemming »beim BND angebunden« sei. Das Konzept bestand offensichtlich darin, über ehemalige DDR-Bürger, insbesondere prominente Flüchtlinge, authentische »Zeugnisse« zur Lage in allen Staaten des Warschauer Vertrages zu erhalten.

Einige Zeit später ging das Projekt ziemlich sang- und klanglos wieder ein.

Es hatte aber unsere Überlegungen so weit belebt, dass wir einige Zeit ernsthaft darüber diskutierten, ob man nicht auch von einer »DDR-Emigration« sprechen könnte. Wir hatten wohl das Gefühl, im Kalten Krieg etwas benachteiligt zu sein, wenn andere Nationalitäten, oft auch nationale Minderheiten, eine »antisozialistische Emigration« mit feindlichen Aktivitäten vorweisen konnten. Nur die DDR hatte keine Emigranten! Was Wunder: Jeder DDR-Flüchtling erhielt umgehend einen BRD-Pass und war Bundesbürger. Es gab objektiv keinen Anlass zur Bildung eigenständiger Emigrantenorganisationen.

Mit dem Ende des Realsozialismus in Europa siedelten die Sender nach Prag, in die Nähe des Wenzelsplatzes, um. Politisch interessierte Kreise könnten aktuell untersuchen, welche Rolle sie heute als verlängerter Arm der Politik der USA in Europa spielen.

Emigrantenorganisationen

Die ukrainische und polnische Emigration, besonders jene in Süddeutschland, kontrollierten wir recht intensiv. Auf diesem Gebiet hatte die Abteilung »Ausländerextremismus« des LfV Bayern einen sehr rührigen Außenmitarbeiter, der ständig Informationen beschaffte und dort V-Leute im Auftrag des LfV warb. Seine Auftraggeber im Verfassungsschutz wussten allerdings nicht, dass sein Material in Kopie auch an uns ging.

Mit Hilfe der Quelle »Post«, die glaubte, der CIA zuzuarbeiten, erhielten wir einen internen Einblick in die wichtigsten Strukturen der ukrainischen Emigration, insbesondere der Organisation Ukrainischer Nationalisten (OUN), die der IM zudem in Jahresübersichten, Analysen und Statistiken zusammenfasste. Wir kannten dadurch auch das Netz von V-Leuten des Verfassungsschutzes.

Eine andere aktive Emigrantenorganisation war der *Nationalnij Trudojno Sojus* (NTS), der Volksarbeitsbund, mit der Zentrale in Frankfurt am Main und der Zeitschrift *Possev*. Diese Organisation ging auf einen Zusammenschluss weißgardistischer Emigranten aus den frühen 30er Jahren zurück, die sich dem Kampf gegen die Sowjetmacht verschrieben hatten. Neben den Bereichen, die eine aktive antisowjetische Propaganda und Betreuungsarbeit leisteten, beschäftigte sich der sogenannte »geschlossene Sektor« mit klassischer nachrichtendienstlicher Arbeit. Dort konzentrierten sich Kollaborateure des Nazireiches, die auch an Kriegsverbrechen gegen die sowjetische Bevölkerung beteiligt waren.

Zunächst glaubten wir, dass allein die CIA politisch, materiell und nachrichtendienstlichen Einfluss auf den NTS nahm. Dann erhielten wir Informationen (wie wir später erfuhren: von George Blake), dass fast alle Mitglieder des geschlossenen Sektors gleichzeitig als Agentenführer für den britischen Geheimdienst SIS gearbeitet hatten. Insbesondere von Westberlin aus leitete jeder von ihnen ein Netz von Agenten zur Aufklärung der Sowjetarmee und sowjetischer Bürger in den europäischen sozialistischen Staaten sowie zur »Betreuung« von Besuchern, Touristen und Dienstreisenden aus der UdSSR. Zudem wurden von ihnen illegale Druckschriften in die UdSSR eingeschleust und dort vertrieben.

Der Geheimdienst-Filz in den Emigrantenorganisationen offenbarte sich, als wir Unterlagen des BND-Vorganges »Treppe/Tilly« (Original-Deckbezeichnung des BND) in die Hände bekamen. Der Bundesnachrichtendienst hatte eine Gruppe leitender Funktionäre des NTS unter seine Fittiche genommen, bezahlte sie regelmäßig und ließ sich über alle Entwicklungen in der Emigration, über strategische Absprachen und Ziele sowie über Ergebnisse der Arbeit berichten. Das erfolgte in bewusster Abgrenzung zu den CIA-Kontakten, über die sich die Gesprächspartner des NTS immer unzufriedener äußerten. Wir erfuhren so auch, dass bereits seit 1955 eine »vertragliche Beziehung« zwischen NTS und BND bestand, worin der BND sich verpflichtet hatte, dem NTS jährlich mindestens 70.000 DM zu zahlen.

Charakteristisch für die enge Verflechtung der operativen Strukturen der CIA mit den Emigrantenorganisationen war der Einsatz des langjährigen Mitarbeiters der CIA-Residentur in Bonn, Rusi Nasar. Dieser hatte bereits den deutschen Faschisten als Gehilfe des

Kommandanten eines Lagers für sowjetische Kriegsgefangene und als Ausbilder einer Spezialeinheit – der »Turkestanischen Legion« – im Rahmen der Operation »Zeppelin« gedient. Nach Kriegsende war Nasar maßgeblich an der Bildung und Arbeit des »Antibolschewistischen Blocks der Nationen« (ABN) in der BRD beteiligt. Im Auftrag der CIA absolvierte er verschiedene Einsätze in der Türkei und an der Südgrenze der UdSSR. Von 1959 bis 1973 war Nasar Mitarbeiter der CIA-Residentur in Ankara.

1974 geriet er als Mitarbeiter eines operativen Referates der CIA-Residentur in Bonn in unser Blickfeld. Er hatte zahlreiche Kontakte zu Emigrantenorganisationen. Entgegen den strengen Regeln der CIA über die Rotation der Mitarbeiter nach spätestens drei Jahren Einsatz im Ausland blieb Nasar viele Jahre in der BRD. Das geschah nach unseren Erkenntnissen lediglich bei solchen Mitarbeitern, die besonders bedeutsame Vorgänge persönlich führten oder deren Präsenz aus nachrichtendienstlichen Gründen für die CIA unverzichtbar war.

Nach 1981 geriet Nasar erneut in unser Visier. Im Mai 1981 hatte der Türke Mehmet Ali Agca ein Attentat auf Papst Johannes Paul II. verübt. In kurzer Zeit hatten die westlichen Medien eine »bulgarische Verschwörung« entdeckt und beschuldigten die Sicherheitsorgane der Volksrepublik Bulgariens, Auftraggeber für diesen Mordanschlag gewesen zu sein. Eine Hauptakteurin in diesem Medienrummel war die Publizistin Claire Sterling, der von verschiedener Seite intensive CIA-Kontakte nachgesagt wurden.

Es war für uns selbstverständliche Pflicht, den bulgarischen Genossen solidarisch zu helfen. Wir stellten ihnen Material über die Hintergründe dieses Attentats zur Verfügung. Dabei spielte die türkische rechtsextremistische Terrororganisation »Graue Wölfe« unter Beachtung der vielfältigen Kontakte zum türkischen Geheimdienst MIT und zur CIA eine Rolle. Die Schlüsselfigur für die CIA-Kontakte zu den Organisationen der »Grauen Wölfe« in der BRD war Rusi Nasar.

Unser Material offenbarte aber auch: Ein langjähriger Kontaktpartner von Nasar war der US-Amerikaner Paul Bernard Henze, ehemals in leitender Position bei *Radio Free Europe* tätig und dann von 1974 bis 1977 Chef der CIA-Residentur in der Türkei.[41] Unter US-Präsident Carter avancierte Henze zum Verbindungsoffizier zwischen dem Nationalen Sicherheitsrat (NSC) und der CIA. Für uns war von Anfang an klar, dass nicht die Bulgaren, sondern andere Kreise hinter dem Attentat auf den polnischen Papst steckten. Dieser Antikommunist und Protegé der polnischen Solidarnosc war natürlich ein Ärgernis für die sozialistischen Staaten, was die »demokratische« Weltöffentlichkeit leicht für die Behauptung, der Ostblock habe den »Heiligen Vater« aus dem Weg räumen wollen, gewinnen ließ.

1996 sagte der Attentäter Ali Agca gegenüber der italienischen Zeitung *Corriere della Sera*, dass die angebliche »Bulgarien-Connection« ihm von Mitarbeitern des italienischen Geheimdienstes »nahegelegt« worden sei.[42]

Es ist wohl kaum anzunehmen, dass die italienischen Geheimdienst-Mitarbeiter von ganz allein auf diese Konstruktion gekommen waren.

Als der 52-jährige Anfang 2010 nach fast 29 Jahren Haft in italienischen und türkischen Gefängnissen entlassen wurde, hieß es am 18. Januar bei *faz.net*: »Agca, ein rechtsradikaler Gewalttäter der militanten Gruppe ›Graue Wölfe‹, hatte 1979 in der Türkei den Journalisten Abdi Ipekci erschossen und war dafür zum Tode verurteilt worden. Kurz darauf floh er aus dem Gefängnis ins Ausland, möglicherweise mit Hilfe von Sympathisanten in den Reihen der Sicherheitskräfte. Zwei Jahre später, am 13. Mai 1981, feuerte er auf dem Petersplatz in Rom auf Papst Johannes Paul II. und verletzte ihn schwer. Agca wurde sofort festgenommen. Die Hintergründe für die Tat sind bisher allerdings nicht aufgeklärt. Einem Verdacht zufolge steckten osteuropäische Geheimdienste hinter dem Anschlag.«

Wie man sieht, wird dieser »Verdacht« unverändert am Leben erhalten. Obgleich man doch nichts Genaues weiß respektive wissen will. Die Gründe liegen auf der Hand.

Internationale Gesellschaft für Menschenrechte (IGfM)

Wir wurden sehr hellhörig, als wir erste Informationen über die Aktivitäten einer Gesellschaft für Menschenrechte (GfM) und ihr Führungspersonal bekamen. Der Geschäftsführende Vorsitzende war Iwan Iwanowitsch Agrusow, ein Kollaborateur, der als Polizist der Hitlertruppen im Rayon Pskow an Kriegsverbrechen beteiligt war. Als NTS-Funktionär arbeitete er auch als Resident des SIS und als Ausbilder in der CIA-Diversantenschule Bad Wiessee. Von 1961 bis 1968 absolvierte er eine Spezialausbildung in den USA, dann kehrte er in die BRD zurück und initiierte 1972 eine Gesellschaft für Menschenrechte, die sich schon bald das Attribut »international« voranstellte.

Gründungsmitglied und Kassenprüfer war Dr. Wladimir Leonowitsch Flerow, Angehöriger der Wlassow-Armee[43], auch ein hauptamtlicher Agentenführer des NTS.

Schatzmeister Leonid Antonowitsch Müller leitete bis 1961 die Westberliner NTS-Filiale und war dort verantwortlich für Agenteneinsätze.

Eine derartige Konzentration von erfahrenem Geheimdienstpersonal an der Spitze einer »Menschenrechtsorganisation« war nicht nur suspekt, sondern konnte auch nicht von uns ignoriert werden, zumal in der IGfM ein »Arbeitsausschuss Bürgerrechtsbewegung und politische Gefangene in der DDR« existierte. Sein Sprecher war der Ex-DDR-Bürger Erhard Göhl, der 1955 vom *Counter Intelligence Corps* (CIC), dem militärischen Nachrichtendienst der USA, angeworben worden war. Er spionierte in der DDR und in Ungarn. 1959 wurde er in der DDR enttarnt, verhaftet und zu 15 Jahren Freiheitsentzug verurteilt und 1965 in die BRD abgeschoben. Dort wurde er Bundesvorsitzender der »Vereinigung der Opfer des Stalinismus«. Ab 1978 wirkte er in der IGfM und dort in der Redaktion der Propagandapostille *DDR heute*.

Wir konnten nicht feststellen, ob Göhl Kontakte zu seinen früheren amerikanischen Auftraggebern hatte. Aber wir erhielten Informationen, dass er V-Mann des Bundesamtes für Verfassungsschutz, Referat III B4 (Westarbeit der SED), sei. Das lag nahe, zumal der andere Sprecher des Arbeitsausschusses »Bürgerrechtsbewegung und politische Gefangene in der DDR«, Dr. Wulf Rothenbächer, der wegen Spionage in der DDR einsaß und dann ebenfalls abgschoben worden war, gleichfalls als V-Mann des Referates III B4 geführt wurde. Offenbar war sich der Referatsleiter III B4 des BfV, Regierungsdirektor Werner Hoch, bei diesen Kantonisten unsicher, was er mit ihnen anfangen sollte. Anders ließ es sich nicht erklären, weshalb er diese V-Leute »zur weiteren Verwendung« der Spionageabwehr des Bundesamtes für Verfassungsschutz anbot. Aber für uns war es ein Glücksfall, denn damit erhielten wir gesicherte Kenntnisse über die nachrichtendienstliche Anbindung dieser »Menschenrechtler«. (*Eine Bewertung der IGfM aus aktueller Sicht findet sich in der Anlage VIII am Ende des Buches.*)

Es soll hier nicht untersucht werden, warum die klare Definition »psychologische Kriegsführung« im MfS irgendwann durch den Begriff »politisch-ideologische Diversion« (PID) ersetzt wurde. Psychologische Kriegsführung und Diversion waren letztlich zwei Aspekte einer aggressiven Politik.

Für den Bereich Gegenspionage spielten die Zusammenhänge zwischen den westlichen Geheimdiensten und der aggressiven Politik der »psychologischen Kriegsführung« eine – oft sehr widersprüchlich diskutierte – Rolle. Führungskreise des MfS verlangten immer wieder, aus den Geheimdiensten den »Masterplan« der ideologischen Aggression gegen den Sozialismus zu beschaffen. Unsere Analysen besagten, dass diese Angriffe auch ohne einen zentralen Plan und ohne geheimdienstliche Steuerung recht effektiv funktionierten und Wirkung erzielten. Gleichwohl registrierten wir sehr genau alle Anzeichen des Wirkens der Geheimdienste in verschiedenen Einrichtungen der westlichen Propaganda und der Kontaktpolitik Ost-West. Dazu nur wenige Beispiele.

Das Aspen-Institut in Berlin und der »Congress of Cultural Freedom« (CCF), derKongress für die Freiheit der Kultur

Aus einer *AP*-Meldung vom 22. September 1994: »Der am 3. Mai im Kernforschungszentrum Karlsruhe unter dem Verdacht der Spionage für die DDR festgenommene Wissenschaftler Jeffrey Schevitz hat sich nach eigener Darstellung im Auftrag von US-Geheimdiensten vom Ostberliner Staatssicherheitsdienst anwerben lassen. Schevitz [...] sagte am Donnerstag auf einer Pressekonferenz in Bonn, sein US-Führungsoffizier Shepard Stone sei 1990 einem Herzanfall erlegen, ohne seinen Fall zuvor einem anderen Führungsoffizier übertragen zu können. [...]

Der [...] US-Amerikaner Schevitz will von Stone, dem damaligen Direktor des Aspen-Instituts in Westberlin, 1974 eine doppelte Aufgabe erhalten haben. Zum einen habe er herausfinden sollen, wie stark die Bestrebungen westdeutscher Politiker nach eigener Verfügungsgewalt über Atomwaffen seien, inwieweit das

Verbot des Hochtechnologie-Exports in den Ostblock aufgeweicht und ob erneut eine im Westen nicht abgestimmte Ostpolitik versucht werde. Zum anderen habe er durch seine vorgetäuschte Tätigkeit für den Staatssicherheitsdienst unter anderem Informationen über dessen Struktur und Vorgehensweise sammeln sollen.«[44]

Das »Aspen Berlin Institut für Humanistische Studien e. V.«, Inselstraße 10 in Berlin-Nikolassee, weckte mit seiner Gründung 1973/74 als einzige Außenstelle des Aspen-Instituts für Humanistische Studien in USA/Colorado unser Interesse. Es fungierte als eine bedeutende Begegnungsstätte für Intellektuelle aus Ost und West mit interessanten Programmen und war damit für alle Geheimdienste ein lohnenswertes Objekt. Insbesondere war sein erster Leiter, der US-Bürger Shepard Stone, für uns kein Unbekannter. Er kam aus Paris und hatte dort bis 1973 die Zentrale des *Congress of Cultural Freedom* (CCF) geleitet.

CCF war 1950 im Auftrag der CIA als antikommunistische Propagandaorganisation gegründet und viele Jahre aus den Fonds der CIA finanziert worden. Dieser »Kongress« unterhielt im Auftrag der CIA rund 20 regionale Publikationen weltweit, darunter *Der Monat* in Deutschland (Chef: Melvin Lasky), *Encounter*[45] in Großbritannien, *Forum* in Österreich und *Preuves* in Frankreich.

Die Tatsache der Finanzierung des CCF durch die CIA wurde im April 1966 durch einen Artikel in der *New York Times* öffentlich gemacht und erregte international erhebliches Aufsehen, denn mit der Arbeit des »Kongresses« waren die Namen führender westlicher Politiker und vermeintlich linker Intellektueller verbunden.[46]

Das war einer der Informationskomplexe, wo die Notwendigkeit deutlich wurde, den Zusammenhang zwischen psychologischer Kriegsführung und einer gezielten Steuerung durch Geheimdienste zu untersuchen.[47] Wir verfolgten daher sehr aufmerksam die Aktivitäten von Stone und seines Stabes im Aspen-Institut. Dass Stone jedoch in einer ziemlich wichtigen Gegenspionage-Operation der CIA als Führungsoffizier operierte, hätten wir nicht erwartet.

Wie viele und welche Dossiers über die seit Anfang der 70er Jahre als Gäste des Aspen-Instituts in Westberlin weilenden Politiker, Wissenschaftler, Kulturschaffenden und Journalisten aus Ost und West bei der CIA landeten, können wohl nur die Akten der CIA belegen. Eine Anfrage gemäß dem »Freedom of Information Act« lohnt sich für langjährige Gesprächspartner des Aspen-Institutes ganz gewiss.

Haus der Begegnungen – Haus Rissen, Hamburg

Henry Hecksher, einst Resident der CIA in Berlin und 1973 in Santiago de Chile, vertrat die USA im Beirat des Hauses der Begegnungen – Haus Rissen in Hamburg, einem prominenten Ort von Ost-West-Begegnungen. Das lieferte berechtigten Anlass, uns zu fragen: Was steckt dahinter?

Dann tauchte auch Jörg Lindeau dort auf. Ebenfalls ein Mitarbeiter der CIA, und zwar Analytiker in der Residentur Bonn. Nach seiner Rückkehr in die CIA-Zentrale in Langley wurde er mit der Tätigkeitsbezeichnung »Regional Policy Officer« als Teilnehmer an Tagungen des Hauses Rissen geführt. War das Interesse der CIA wirklich nur auf inhaltliche Themen fixiert? Gab man viele Dollars nur dafür aus, dass sich ein Analytiker der Zentrale verschiedene Vorträge in Hamburg anhörte?

Gegenüber dem Haus Rissen bestand im MfS überdies der Verdacht, dass auch der BND dort involviert sein könnte. Bestätigt wurde das einige Jahre nach der Auflösung des MfS. Der Leiter des Hauses, Gerhard Merzyn, wurde vom BND unter dem Decknamen »Hauptmann« geführt, es bestand eine nachrichtendienstliche Sonderverbindung.[48]

Einer der Unterhändler der DDR, Prof. Jürgen Nitz, schreibt in seinen Erinnerungen: »*Haus Rissen* genoss infolge seiner spezifischen Teilnehmerschaft den unterschwelligen Ruf einer Agentenhöhle. Demzufolge mieden Experten aus Osteuropa, vor allem Wissenschaftler, so sie sich mit Politik und Wirtschaft zu befassen hatten, diesen Ort des Ost-West-Dialogs lange Zeit.«[49]

Geheimdienste und politisch-ideologische Diversion: Es gab viele Verbindungen, wer wollte das leugnen, aber gab es auch diese von der Leitung des MfS behauptete zentrale Steuerung?

Um eine gesicherte Grundlage für Beratungen zu diesem Komplex zu erhalten, entwickelte der Bereich IX/C ein Auswertungs-Projekt, mit dem die Erkenntnisse über Kontakte, Zusammenarbeit und über nachrichtendienstliche Nutzung mit Hilfe von Agenten durch westliche Aufklärungs- und Abwehrdienste in den »Zentren der PID« zusammengeführt und auch überschaubar gemacht werden sollten. Ein Formblatt enthielt Grunddaten jener Einrichtung, die wir zu den PID-Zentren zählten – dazu gehörten u. a. Institutionen der Bundes- und Landesregierungen, bestimmte Medien, Ostforschungsinstitute (besonders Einrichtungen der DDR-Forschung), Institutionen der Kontaktarbeit Ost-West. Auf diesem Formblatt wurden regelmäßig die relevanten Angaben über erkannte oder vermutete Geheimdienstkontakte ergänzt.

Schwerpunkt Volksrepublik Polen

Ende der 70er Jahre wurde Polen zu einem Schwerpunkt aller operativen Linien der HV A und Auswertungsschwerpunkt im Bereich IX/C. Wir spürten das gesteigerte Interesse des Westens an der Entwicklung in der Volksrepublik. Auch die Aktivitäten polnischer Emigranten und ihrer zentralen Koordinierungseinrichtungen nahmen merklich zu.

Ein deutliches Indiz waren Erkenntnisse über die Struktur und das Personal mehrerer Agentennetze in der polnischen Emigration, die das Referat »Emigration« des BND aufgebaut hatte (*vgl. Vorgang »Bingen« – Kapitel II.1*). Wir wussten, dass der BND aktive Netze in London, Rom (mit Vatikan), Paris, Stockholm, New York, Kanada und in Rio de Janeiro unterhielt[50]. Wie aber sah das bei der CIA und den militärischen Nachrichtendiensten der USA aus? Wir hatten registriert, dass 1979/80 in der CIA-Zentrale eine besondere Einsatzgruppe für Polen (*Task Force Poland*) gebildet und Einrichtungen der fernmelde- und elektronischen Aufklärung der USA viele Potenzen auf die VR Polen konzentrierten. Wenn nun auch noch die Springer-Presse Anfang 1981 öffentlich meldete, dass die CIA-Residentur in Westberlin Verstärkung durch 30 Experten für Polen erhalten habe[51], dann ergab sich für uns ein bedeutsamer Arbeitsschwerpunkt, um mehr über diese Aktivitäten zu erfahren.

Aufschlussreich war für uns, dass sich ein hoher Anteil der Aufklärungsaufträge und der analytischen Arbeit der westlichen Geheimdienste auf die Frage konzentrierte, ob eine sowjetische Intervention in Polen bevorstehen würde und wie diese aussehen könnte.[52] Das war wiederum ein Zeichen, wie die westlichen Geheimdienste auf politische Vorgaben »eingeschworen« wurden und sie diesen auch freiwillig folgten. Ihre entsprechenden Analysen der inneren Entwicklungsursachen, der Veränderungen im politischen Kräfteverhältnis, der politischen Konzeptionen der in Polen handelnden Kräfte etc. hingegen hatten wenig Substanz.

Bei deutlicher Betonung unserer heutigen Überzeugung, dass die Entwicklung in Polen und auch die nachfolgende Implosion des gesamten realsozialistischen Systems in Europa vor allem auf innere Ursachen und schwierigste Startbedingungen des Realsozialismus zurückzuführen sind, darf jedoch nicht unbeachtet bleiben: Weder die Politiker der westlichen Staaten noch ihre Geheimdienste ließen sich die Chance entgehen, daraus »Nektar zu ziehen« und diese Entwicklungen auch in ihrem Sinne zu beeinflussen. Im Gegenteil: Sie handelten entsprechend ihrer Überzeugung, dass dieses System unbedingt beseitigt werden müsse. In diesem Sinne war ihre Politik erfolgreich.

Anmerkungen

1 Vgl. Eichner/Schramm (Hg.): »Angriff und Abwehr. Die deutschen Geheimdienste nach 1945; edition ost, Berlin 2007, S. 67
2 a. a. O., S. 74
3 Vgl. Georg Herbstritt/Helmut Müller-Enbergs (Hg.): »Das Gesicht dem Westen zu …«; edition Temmen, Bremen 2003, S. 394
4 Vgl. Bericht der Nachrichtenagentur *ddp* vom 15. November 1991 über den Prozess gegen die Gebrüder Spuhler in München
4a Vgl. Gabriele Gast: Kundschafterin des Friedens; Eichborn-Verlag, 1999, S.108ff., S. 126, Fn. 4
5 Vgl. Gotthold Schramm (Hrsg.): »Der Botschaftsflüchtling und andere Agentengeschichten«, edition ost, Berlin 2006; S. 7ff.; ebenda Gabriele Gast: »Guten Tag, ich bin vom BND und habe einen interessanten Job für Sie«
6 Weiterführende Literatur: Gabriele Gast: »Kundschafterin des Friedens. 17 Jahre Topspionin der DDR beim BND«, Eichborn Verlag, Köln 1999; Eichner/Schramm (Hrsg.): »Kundschafter im Westen«; edition ost, Berlin 2003; ebenda: Gabriele Gast, »Isolationsfolter«; Gotthold Schramm (Hrsg.): »Der Botschaftsflüchtling und andere Agentengeschichten«, edition ost, Berlin 2006, ebenda Gabriele Gast: »Guten Tag, ich bin vom BND und habe einen interessanten Job für Sie«

7 Weiterführende Literatur: Gesellschaft zum Schutz von Bürgerrecht und Menschenwürde e.V. (Hrsg.): Weißbuch Nr. 5: Unrecht im Rechts-Staat; »Pilotprozesse« in München, S. 379ff.; Eichner/Schramm (Hrsg.): »Kundschafter im Westen«, edition ost, Berlin 2003, ebenda Alfred Spuhler: »Ein Brief« und Ludwig Spuhler: »Peter und Florian – das Topteam«; Gotthold Schramm (Hrsg.): »Flucht vor der Junta«, edition ost, Berlin 2005, ebenda Alfred und Ludwig Spuhler: »Top-Information aus Pullach«

8 Vgl. Georg Herbstritt/Helmut Müller-Eenbergs: »Das Gesicht dem Westen zu …«, edition Temmen, Bremen 2003, S. 395

9 Vgl. *horizont* Nr. 52/1981, S. 11f.: »CIA und BND als Organisatoren der Konterrevolution in Polen«

10 Vgl. Erich Schmidt-Eenboom: »Der Schattenkrieger. Klaus Kinkel und der BND«, econ-Verlag, Düsseldorf 1995, S. 259ff.

11 Vgl. Bohnsack/Brehmer: »Auftrag Irreführung«, Carlsen Verlag, Hamburg 1992; S. 93f.

12 Archiv Dr. Bodo Wegmann, Berlin

13 Vgl. »Hauptverwaltung A – Geschichte, Aufgaben, Einsichten«, Konferenzreader, edition ost, Berlin 2008, S. 299

14 Vgl. Gotthold Schramm (Hrsg.): »Der Botschaftsflüchtling und andere Agentengeschichten« a. a. O., S. 147ff. (»Wiener Standpauke«)

15 Vgl. Helmut Wagner: »Schöne Grüße aus Pullach«; edition ost, Berlin 2000, S. 168

16 Vgl. »Die Sicherheit – Zur Abwehrarbeit des MfS«, edition ost, Berlin 2002, S. 495

17 Vgl. *Süddeutsche Zeitung* vom 6. April 1992: »Nach Ansicht der CIA war die Stasi Spitze«; vgl. auch *U.S. News & World Report*, 18. April 1992, S. 24, Beitrag von Charles Fenyvesi: »Weltklasse-Spionage«

18 »Vgl »Hauptverwaltung A«, Konferenzreader, Beitrag von Benjamin Fischer: »Blinder Fleck: Die CIA und Ostdeutschland«, a. a. O., S. 306

19 Anmerkung: Diese Fakten vermittelten aber auch die für manchen Leiter im MfS schmerzhafte Erkenntnis, dass die DDR für die Großmacht USA nicht unbedingt der Nabel der Welt war

20 Wir nutzen hier den Begriff »Gesprächsaufklärer«, da eine eindeutige Zuordnung dieser USA-Diplomaten zur CIA während der Bearbeitung durch die Spionageabwehr nicht möglich war

21 *stern* Nr. 48 und 49/1992: »Was ich wusste, habe ich erzählt«

22 Unveröffentlichtes Manuskript von Generalleutnant a. D. Günther Kratsch

23 Vgl. *Frankfurter Allgemeine Zeitung* vom 10. Januar 1989, S. 10: »Ein Globetrotter«

24 Vgl. Klaus Eichner/Ernst Langrock: »Der Drahtzieher. Vernon Walters – ein Geheimdienstgeneral des Kalten Krieges«, Berlin 2005

25 Vgl. »USA-Telefonspionage dient Kriegsvorbereitung«, in: *Neues Deutschland* vom 7. Dezember 1957

26 Vgl. »Das Ende der Agentenstadt«, in: *tageszeitung* vom 17. August 1991, S. 14

27 Vgl. *International Herald Tribune* vom 17. April 1990, S. 3
28 Vgl. Peter Wyden: »Wall: The Inside Story of Divided Berlin«; Simon and Schuster, New York 1989, S. 114
29 Friedrich W. Schlomann: »Die Maulwürfe. Die Stasi-Helfer im Westen sind immer noch unter uns«, Ullstein, Berlin 1994; S. 203
30 Die USA hatten bereits 1983 begonnen, innerhalb der NATO-Gremien ihr neues, offensives Konzept der »chirurgisch sauberen Enthauptungsschläge« vorzustellen. Die Arbeitsgruppe CANOPY WING sollte offensichtlich eine modernisierte Version auf der Grundlage neuester technischer und technologischer Einsatzmöglichkeiten erstellen
31 Vgl. *Quick*, 20 und 22/1990
32 Vgl. Kristie Macracis: »Die Stasi-Geheimnisse. Methoden und Technik der DDR-Spionage«; F. A. Herbig, München 2009, S. 152ff.
33 a. a. O., S. 157
34 Vgl. *ADN*-Nachricht in *Märkische Volksstimme* vom 25. November 1989
35 Technische Beschreibung aus *Intelligence Newsletter* vom 17. Januar 1990, S. 2
36 Präzise Zeitangaben über den Einsatz dieser CIA-Mitarbeiter bei RFE/RL sind anhand der Publikationen und Erinnerungen nicht möglich. Insgesamt betreffen diese Angaben den Zeitraum von 1975 bis etwa 1986
37 van der Rhoer führte uns auf die Spur einer operativen Linie der CIA-Residentur in Bonn. Es regte notabene zu Nachforschungen an, wenn dieser Name (van der Rhoer, James Philip) auch in den internen Mitarbeiterverzeichnissen der USA-Botschaft in Bad Godesberg und später auch in der Schweiz auftauchte
38 N. N. Jakovlev: »CIA kontra UdSSR«, Deutscher Verlag der Wissenschaften, Berlin 1985, S. 97
39 Vgl. Oleg Tumanow: »Geständnisse eines KGB-Agenten«; edition q, Berlin 1993, S. 198-201
40 a. a. O., S. 207-208
41 Weitere Details zu diesem Komplex sind im »Covert Action Bulletin« No. 23 (Frühjahr 1985) zu finden; das Papst-Attentat und seine Hintergründe sind beschrieben in: Herman, E./O'Sullivan, G.: »Rise and Fall of Bulgarian Connection«, 1986
42 Vgl. *Neues Deutschland* vom 10.Oktober1996: »Bulgarische Spur war erfunden«
43 Auf Weisung der faschistischen Führung waren 1943/44 Überläufer der Roten Armee und sowjetische Kriegsgefangene zu Kampfeinheiten in deutschen Uniformen zusammengefasst worden. Die Leitung war dem kriegsgefangenen ehemaligen General der Roten Armee, Andrej Wlassow, übertragen worden. Daraus entstand die Bezeichnung »Wlassow-Armee«
44 Auszug aus AP 221632 sep 94
45 Evan Thomas verweist in seinem 1995 erschienen Buch »The Very Best Men« auf S. 61 darauf, dass die CIA das CCF infiltrierte und einen Agenten im Magazin *Encounter* platziert hatte.
46 Zum CCF gibt es eine Studie: »Pierre Gremion: Intelligence de l'anticommu-

nisme. Le Congrés pour la liberté de la culture à Paris 1950-1975«. Fayard, Paris 1995. Vgl. auch die Rezension von Hans Kluth in *Frankfurter Allgemeine Zeitung* vom 13. Mai 1996

47 Eine andere Position vertritt Paul Kruntorad in einem Beitrag der *Frankfurter Rundschau* vom 22. Januar 1994. Er verweist darauf, dass die Zeitschrift *Svedectvi* des tschechischen Emigranten und nachmaligen Kulturministers der Tschechischen Republik, Pavel Tigrid, auch zu den Publikationen des CCF gehörte und urteilte: »Auf dem Höhepunkt des Kalten Krieges fanden westeuropäische Intellektuelle nichts dabei, an der Kulturfront die Ziele des amerikanischen Geheimdienstes zu unterstützen. [...] Heute ist die Frage, wer und wie Handlanger der CIA war, politisch Schnee vom vergangenen Jahr, jedenfalls im Vergleich mit der Rolle der Ostblock-Intellektuellen als Handlanger totalitärer kommunistischer Regime.«

48 Mitteilung von Erich Schmidt-Eenboom, Weilheim

49 Jürgen Nitz: »Länderspiel«, edition ost, Berlin 1995, S. 85

50 Diese Erkenntnisse fanden ihren Niederschlag in: »CIA und BND als Organisatoren der Konterrevolution in Polen«, *horizont* Nr. 52/1981

51 *Die Welt* vom 20. Januar 1981, zitiert in »Langfristige subversive Operationen der CIA gegen die VR Polen«, *horizont* Nr. 24/1982

52 Im *Spiegel* Nr. 42/1992, S. 95, war zu lesen: »Bisher geheimgehaltene SED-Akten beweisen: DDR-Staatschef Erich Honecker wollte 1981 die Nationale Volksarmee in Polen einmarschieren lassen.« Im Januar 1993 meldete *ADN* unter Berufung auf Minster Zakrzewski von der polnischen Präsidialkanzlei, dass aus SED-Dokumenten, die Warschau Anfang Januar übergeben wurden, hervorgehe, dass die Sowjetunion 1980/81 keine Intervention in Polen geplant habe

III. Ständige Zielobjekte : Abwehrorgane der BRD

1. Die Schlapphüte von Verfassungsschutz und MAD

Die Bearbeitung des Bundesamtes für Verfassungsschutz und seiner Landesämter war bereits, wenn auch rudimentär, ab 1959 in der Aufgabenstellung des Sonderreferates in der Abteilung I der HV A angelegt. Jedoch dominierte dort noch als Aufgabe das Eindringen in die Zentren des Staatsschutzes und der Politischen Polizei, etwa in das 14. Kommissariat der Polizei Nordrhein-Westfalens.

In Diskussionen zur Qualifizierung der Strategie des weiteren Vorgehens zum Schutz des IM-Netzes der HV A wurde immer dringlicher argumentiert, dass der Schwerpunkt der Aufklärung in die Vorfeldbereiche der Bearbeitung von IM gelegt werden müsse, also in die Spionageabwehr des Verfassungsschutzes. Wenn Verdachtsvorgänge zur Bearbeitung in die exekutiven Staatsschutzorgane gelangten, war es in der Regel nämlich bereits zu spät, effektive Schutzmaßnahmen für die betroffenen Quellen einzuleiten.

Mit der Bildung der Abt. IX setzte sich diese Auffassung durch. Im Referat A/4 war die Bearbeitung des Verfassungsschutzes konzentriert, während im Referat A/6 die exekutiven Staatsschutzbehörden (Bundeskriminalamt, Staatsschutzabteilungen in den Landeskriminalämtern und unteren Polizeibehörden) bearbeitet wurden.

Operation »Keilkissen«
Wie es zur »Zusammenarbeit« von Verfassungsschutz und HV A kam

Das Ziel von Operationen mit Doppelagenten oder, um den Terminus des Verfassungsschutzes zu benutzen, mit Counter-Men (CM) der Abteilung IV des BfV bestand darin, Arbeitsrichtungen und Absichten des gegnerischen Dienstes und dessen Mitarbeiter kennenzulernen, um deren Aktionen zu paralysieren. In der Fachliteratur wird der Counterman wie folgt beschrieben: »Ähnlich wie der V-Mann zählt der Counter-Man (CM) zu den freien Mitarbeitern des Nachrichtendienstes. Im Unterschied zum V-Mann ist der CM Mitarbeiter eines gegnerischen Nachrichtendienstes […], der zur Mitarbeit im eigenen Dienst ›überworben‹ wurde. […] (Es) bestehen für die Verfassungsschutzbehörden beim CM keine durchgreifenden rechtlichen Hemmnisse, ihn neben der reinen Erkenntnisgewinnung (›Abschöpfen‹) auch zur Steuerung gegnerischer Nachrichtendienste einzusetzen, soweit dies der Sammlung von Informationen über den fremden Nachrichtendienst dient.«[1]

Unter diesem Aspekt wurde die Operation »Keilkissen« mit dem CM »Keil« zu einem besonderen Kapitel des deutsch-deutschen Schlagabtausches der geheimen Dienste. Das BfV opferte bedenkenlos das Prinzip der Verhältnismäßigkeit und lieferte der Gegenseite Namen und Personalangaben von Bundesbürgern einschließlich der Aktenzeichen, unter denen Dossiers über diese im bundesdeutschen Nachrichtendienstlichen Informationssystem (NADIS)[2] zu finden waren. Im Laufe der Operation waren das mehr als 1.000 Personen.

Was waren das für Menschen, deren Daten auf diesem Wege in den Besitz der HV A gelangten? In der Mehrzahl solche, die im Auftrag von Behörden und der Wirtschaft wegen ihres Umganges mit geheimen Unterlagen sicherheitsmäßig überprüft wurden, konkret Mitarbeiter des Rüstungskonzerns MBB und der Howaldt-Werft Kiel und von Kernforschungszentren; Beamte, die mit sogenannten G-10-Maßnahmen[3] befasst waren, sogar Personen, die unter Spionageverdacht standen, selbst aktuelle und künftige Mitarbeiter des Verfassungsschutzes.

Wie konnte das geschehen?

In Köln lebte Anfang der 80er Jahre der DDR-Kundschafter Joachim Moitzheim (MfS-Deckname »Wieland«). Eine von ihm geführte Quelle in einem Staatsschutzkommissariat war verstorben, er war in gewisser Weise arbeitslos. Die HV A instruierte Wieland, sich dem BfV zuzuwenden. Nach einem Jahr meldete Wieland nach Berlin, er habe in einer Eifelpension ein Ehepaar kennengelernt, der Mann sei wahrscheinlich Mitarbeiter im BfV, obgleich er erklärt hatte, im Innenministerium beschäftigt zu sein. Von Berlin kam grünes Licht, die Verbindung weiter zu pflegen. Das gelang dem kontaktfreudigen Wieland, wie er auch von Heinz

Carolus (MfS-Deckname »Schmitz«; BfV-Deckname »Fäller«; Deckbezeichnung dieses Teils der Operation »Holzfäller«) irgendwann dessen tatsächliche Arbeitsstelle mitgeteilt bekam. Es traten aber bald Schwierigkeiten auf. Es traten aber bald Schwierigkeiten auf. Die Ehefrau von Schmitz betrachtete den neuen Bekannten mit Misstrauen. Wieland war in dieser Verbindung allein, seine Partnerin Jahre zuvor verstorben. Die einzige Basis für die Fortsetzung der Bekanntschaft war der Wein, und welche Ehefrau sieht das schon gern?

Der Leitung der Abteilung IX ging die Entwicklung zu schnell. Zwar wusste man inzwischen, dass »Schmitz« in der Abteilung V/BfV (Geheimschutz) für Sicherheitsüberprüfungen zuständig war und somit Zugang zum NADIS-Computer hatte, man war also sehr an diesem Mann interessiert. Aber in diesem Stadium Carolus bereits ein finanzielles Angebot zu machen, schien zu früh. Bei der Verabschiedung erklärte »Wieland« seinem Führungsoffizier, er werde das Eisen schmieden, solange es glühe und die Kontakte in eigener Verantwortung forcieren.

Nach Köln zurückgekehrt, bat er »Schmitz«, einige Personen zu checken, mit denen er vorgeblich geschäftlich zu tun habe. Nach einigem Zögern war Schmitz dazu bereit. (Später wurde bekannt, dass er »Wieland« gleich mit überprüft hatte. »Keine Erkenntnisse« lautete die Auskunft).

»Wieland« wagte schon bald den nächsten Schritt. Beim gemeinsamen Besuch eines Kölner Lokals steckte er Schmitz auf der Toilette 1.000 DM zu mit der Bitte, weitere Überprüfungen vorzunehmen. Dessen Skrupel konnte er zerstreuen, indem er sich als Resident eines amerikanischen Geheimdienstes ausgab. Die Legende stand auf tönernen Füßen, weil die »befreundeten Dienste« auf der Chefebene Zugang zu allen Daten von Bundeseinrichtungen hatten. Außerdem war die Einstiegssumme in diesem Metier zu klein.

Dennoch zögerte »Schmitz« einige Wochen, ehe er sich seinem Vorgesetzten anvertraute. Daraufhin wurde »Wieland« observiert, was dieser nicht bemerkte. Dabei stellte man fest, dass dieser ein Nobody sei: keine Versicherung, kein Arbeitgeber, keine Frau. Das BfV entschloss sich daraufhin zum Frontalangriff. »Wieland« wurde nach dem Besuch eines Lokals auf dem Nachhauseweg von zwei gutgekleideten Herren angesprochen – einem großen Dicken und einem Untersetzten. Sie wiesen sich als BfV-Beamte aus und baten ihn mitzukommen. Nach einer abenteuerlichen Autofahrt (um angeblich eine gegnerische Begleitung abzuschütteln oder Wieland nur zu beeindrucken?) hielt der Wagen vor einem großen Kölner Hotel. Man suchte gemeinsam ein Appartement auf, in dem ein Imbiss bereitstand. Erst jetzt stellten die beiden Herren sich als »Kluge« (Klarname: Klaus Kuron) und »Tappert« (Klarname: Hans-Joachim Tiedge) vor.

In einer taktisch geschickt geführten mehrstündigen Befragung, in der auch der Hinweis auf die nahegelegene Haftanstalt Ossendorf nicht fehlte, offenbarte sich »Wieland« unter der Last der Vorhaltungen. Anschließend fuhr man zu seiner Wohnung, wo er seine HV A-Chiffrierunterlagen zum Kopieren übergab. Fortan wurden also die HV A-Funksprüche an »Wieland« vom BfV mitgelesen.

»Wieland« hatte sich bereiterklärt, unter der Schirmherrschaft des BfV mit der HV A normal weiter zusammenzuarbeiten und auch mit »Schmitz« alles so abzuwickeln, als sei nichts geschehen.

Die nächste Reise nach Berlin trat Wieland nun als Counter-Man »Keil« der BfV-Operation »Keilkissen« an.

Die HV A saß am längeren Hebel und konnte verfolgen, wie weit das BfV wohl gehen würde, wenn man Forderungen nach Informationen stellen würde, und wie lange man »Schmitz« als CM im eigenen Nest würde halten können – in der Geschichte der Geheimdienste eine nicht alltägliche Situation. Dazu kam noch, dass die Verfassungsschützer nicht wussten, dass Wieland seine Überwerbung durch den Verfassungsschutz umgehend in Berlin offenbart hatte, er also nun als »Triple-Agent« tätig wurde – mit eindeutiger Loyalität gegenüber der HV A.

Auf diese Weise entwickelte sich eine enge »Zusammenarbeit« zwischen BfV-Abteilung IV und HV A-Abteilung IX.

Bei jedem Treff übergab »Wieland«, in Abstimmung mit seinen Fallführern des BfV, in Berlin Namen und Aktenzeichen des BfV und berichtete in Köln, in Abstimmung mit seinen Führungsoffizieren der HV A, in welchen Berliner Villen und mit welchen Mitarbeitern der HV A sogenannte Feindtreffs stattgefunden hatten. Genau wie im Handbuch über die Arbeit mit CM festgelegt, musste er die »Feindgelder« beim BfV abliefern, erhielt sie aber als Zuwendung vom BfV wieder zurück.

Die Entscheidungen, welche Angaben die HV A erhielt, traf die Chefetage des BfV. Jedem BfV-Eintrag im System NADIS musste nun hinzugefügt werden, dass der Gegner diese Angaben besaß.

Bei den vom Verfassungsschutz bestätigten Lieferungen (»Wieland« forderte auftragsgemäß bei jedem Treff mit »Schmitz« die Überprüfung von zehn Namen, die dieser »amtlich bestätigt« bearbeitete), konnte man noch restriktiv vorgehen. Aber die HV A stellte auch weitergehende Forderungen. Bei Treffs mit »Wieland« und über Funk übermittelte sie Überprüfungswünsche.

Es handelte sich dabei lediglich um Testballons, die Namen wurden oft wahllos aus Telefonbüchern entnommen oder stammten aus Altvorgängen. Im BfV aber musste man jeden Namen überprüfen und recherchieren, weil man annahm oder hoffte, dass sich darunter auch »Knüller« befinden könnten.

Es gab auch Schwierigkeiten. Wenn die von der HV A genannten Personendaten nur unvollständig waren, monierte »Schmitz«, der Computer könne eine eindeutige Identifizierung nicht vornehmen. »Wieland« übermittelte diese Kritik nach Berlin mit der Bemerkung, Bundesbehörden und die Wirtschaft lieferten immer Komplettdaten, wenn sie Überprüfungen veranlassten.

Gelegentlich streute die HV A Namen von Verfassungsschutzmitarbeitern ein, um zu sehen, wie das BfV reagieren würde. So wurde beispielsweise der HV A die Absicht des Bayerischen LfV bekannt, einen Mann und seine Tochter als Mitarbeiter einzustellen und fragte diese Namen über »Wieland« ab. Das BfV zeigte sich kooperativ. Es bestätigte die Anfrage mit dem Kürzel »e. D.« (eigener Dienst). Spätere Informationen besagten übrigens, dass die beiden Personen dann nicht eingestellt worden waren, sie galten offenkundig als »verbrannt«, bevor sie antraten.

Der *Spiegel* zitierte später aus einem Bericht des BfV an die Parlamentarische Kontrollkommission des Deutschen Bundestages und machte damit den Umfang der in der Operation »Keilkissen« an die HV A gelieferten Informationen öffentlich: Die HV A hatte insgesamt 338 Personen in NADIS abfragen lassen. Es waren die Namen von 1.450 Überprüfungskandidaten übergeben worden, »neben Verfassungsschützern Angehörige des Bundesgrenzschutzes und der Küstenwache, Mitarbeiter des Kernforschungszentrums Jülich und des Luft- und Raumfahrtzentrums Köln-Porz sowie Ingenieure aus der Rüstungsindustrie«. Nach Berlin waren Biographien und Charakteristika zu 37 Mitarbeitern des BfV sowie Abschriften aus dem internen Telefonverzeichnis des BfV bis zum Buchstaben B übermittelt worden.[4]

Ob die leitenden Verfassungsschütze nie Skrupel hatten, operatives Material in diesem Umfang an ihren Gegner zu geben?

Dazu hieß es im schon zitierten Handbuch über die Arbeit mit CM, dass vor Übergabe sogenannten Spielmaterials an den Gegner sorgfältig zu entscheiden sei. Im Umgang mit Informationen aus der Wirtschaft war man im BfV stets vorsichtig, weil man die Negativreaktionen der Firmenleitungen einkalkulieren musste, wenn diesen bekannt wurde, dass ihre Betriebsgeheimnisse in den Osten abflossen.

In der Operation »Keilkissen« gab es diese Überlegungen ganz offenkundig nicht. Es wurden Daten von BRD-Bürgern an das MfS geliefert, dem man immer unterstellte, dass es solche Daten rigoros für seine Ziele nutzte. Offensichtlich ging es dem BfV aber um »höhere Ziele«.

Mit dem Übertritt Tiedges 1985 fand die Operation ihr Ende, weil der CM »Wieland« als gefährdet galt.[5]

Der Joachim Moitzheim (»Wieland«) vom Jahrgang 1925 wurde vom Oberlandesgericht Düsseldorf wegen seiner Tätigkeit für die HV A zu Beginn der 90er Jahre zu einer Haftstrafe von zweieinhalb Jahren ohne Bewährung verurteilt.

Klaus Kuron – Quelle »Stern«

An einem Sommerabend im Jahre 1981 deponierte eine unbekannte Frau einen größeren Briefumschlag im Briefkasten der Ständigen Vertretung der DDR in Bonn. Der Brief enthielt einen weiteren Umschlag. Dieser war adressiert an den Leiter der Abteilung IX der HV A, Oberst Schütt.

Aus dem Inhalt ging hervor, dass der anonyme Schreiber gute Insiderkenntnisse aus dem Verfassungsschutz besaß. Er bot seine Zusammenarbeit an und unterbreitete entsprechende finanzielle Vorstellungen, wie diese Zusammenarbeit für ihn abgesichert werden könnte. Das betraf eine einmalige Zahlung und monatliche Zuwendungen in Höhe seines Gehaltes im Verfassungsschutz.

Zum Beweis seiner Insiderkenntnisse enttarnte der Briefschreiber eine in Wien geplante Aktion gegen den Mitarbeiter des Sektors Wissenschaft und Technik der HV A Christian St.. Diese Information traf zu.

Der Brief war handschriftlich mit Druckbuchstaben abgefasst. Als der fachlich zuständige Referatsleiter den Brief erstmals vor Augen hatte, konnte er auf Anhieb den Schreiber identifizieren. Er hatte noch einige charakteristische Schriftzüge von einem Zettel im Gedächtnis, den der Fallführer unserer Quelle »Wieland« (CM »Keil«) einige Zeit vorher bei der Quelle hinterlassen hatte. Das war die Schrift von »Kluge« alias Klaus Kuron.

Wir kannten Kuron schon recht gut. Er war Mitarbeiter im Referat 1 (G-Operationen) der Referatsgruppe IVB (Spionageabwehr DDR) im Bundesamt für Verfassungsschutz. Kuron war verantwortlich für alle Doppelagenten-Operationen des Verfassungsschutzes gegen die DDR.

Das war das Herz der feindlichen Gegenspionage.Von dort gingen große Gefahren für die Quellen der DDR im Operationsgebiet Bundesrepublik aus.

Unsere Quelle »Wieland« hatte seinen CM-Führer »Kluge« auch politisch beurteilt. Nach seinem Eindruck stünde »Kluge« dem linken Flügel der SPD nahe und hege, was überraschen musste, durchaus Sympathien für die DDR.

Es verging noch einige Zeit der Überprüfungen und der vorsichtigen Annäherung bis zur Kontaktaufnahme. Immerhin hatte der Briefschreiber verlangt, dass ein Treff mit verantwortlichen Mitarbeitern der Abteilung IX in Wien stattfinden sollte. Die Leitung in Berlin zauderte und wollte die Gefahr für unsere Mitarbeiter im westlichen Ausland so gering wie möglich halten. Denn es gab warnende Stimmen, die meinten, bei dem Angebot Kurons könne es sich um eine raffinierte Operation des Verfassungsschutzes handeln, um Zugriff auf Mitarbeiter der Abteilung IX der HV A zu erhalten.

Schließlich kam es dennoch zum Treff im Park des Schlosses Schönbrunn in Wien. Kuron stellte sich ohne Umschweife vor und charakterisierte sein Aufgabengebiet im Verfassungsschutz. Zu den Motiven seines Angebotes einer Zusammenarbeit mit der Abteilung IX, die er aus seiner Arbeit bereits recht gut kannte, erklärte er, dass seine Karriere im BfV einen toten Punkt erreicht habe. Nicht zuletzt wegen der fachlichen Inkompetenz seiner Vorgesetzten. Das Beamtengehalt reiche nicht aus, um das Studium seiner Söhne zu finanzieren. Das stellte er verbittert in die gesellschaftliche Realität seines Landes, das seinen Bürgern gleiche Rechte nur auf dem Papier garantierte. Die Wirklichkeit für all jene, die sich aus kleinen Verhältnissen emporarbeiten wollten, sehe anders aus als in Sonntagsreden der Politiker. Andererseits würden die Kinder von Reichen begünstigt und allseits protegiert.

In fachlicher Hinsicht offenbarte Kuron in allen Einzelheiten die CM-Operation »Keilkissen«, ohne zu wissen, dass seine Gesprächspartner aus Berlin bereits im Bilde waren, da unsere Quelle »Wieland« umfassend informiert hatte. Kuron ging offenkundig davon aus, dass sein CM »Keil« nur dem Verfassungsschutz treu war.

Mit seinen Ausführungen überzeugte Kuron die Mitarbeiter der IX, er schien ehrlich und glaubwürdig. Zur allseitigen Klärung einer künftigen Zusammenarbeit schlugen sie ihm einen Treff in der DDR vor. Kuron zögerte aus Sicherheitsgründen, ließ sich aber dann überzeugen, dass alles für seine Sicherheit getan würde.

Im Herbst 1982 wurde Kuron von einem DDR-Diplomatenfahrzeug in Wien aufgenommen und über die Grenze nach Bratislava gebracht. Dort wartete eine Maschine der Regierungsstaffel der DDR. Sie flog ihn bis Dresden. Auf dem dortigen Flugfeld wurde Kuron zu seinem ersten Aufenthalt auf dem Boden der DDR herzlich willkommen geheißen. Kuron wusste, dass er sich mit dem Leiter der HV A, Markus Wolf, treffen würde, um die Zusammenarbeit mit ihm zu besiegeln.

Markus Wolf erinnerte sich später: »Klaus Kuron gab sich frei von aller Wichtigtuerei oder Anbiederung. Das Gespräch mit ihm verlief locker und unkonventionell. Wie bereits in Wien erklärte er seinen Schritt und seine Geldforderungen mit seiner sozialen Situation. Letzten Endes, so sagte er, bestimme immer nur das Geld die Lebensqualität. Seine Position innerhalb der Verfassungsschutzbehörde empfand er als Ungerechtigkeit, ja als Demütigung. Seinen unmittelbaren Vorgesetzten, die seiner Ansicht nach allein durch Protektion seitens der CSU in ihre Ämter gelangt waren, fühlte er sich weit überlegen. Tiedge, seinem Gruppenleiter, gestand er zwar eine abgeschlossene Juristenausbildung und Professionalität zu, doch stufte er ihn wegen seines Lebenswandels als längst nicht mehr tragbar für die Spionageabwehr ein.

In keinem Moment der Unterhaltung hatte ich den Eindruck, es mit einem habgierigen oder skrupellosen Menschen zu tun zu haben. Das große Risiko dessen, was er zu tun im Begriff stand, war ihm eindeutig bewusst. Seinen Entschluss hatte er lange und gründlich überlegt, und nun handelte er mit äußerster Konsequenz. Im Grunde befolgte er die Maximen seiner Gesellschaft: Er handelte mit dem Pfund, das er besaß, seinem fachlichen Können, das er dem Meistbietenden verkaufte.

Noch heute schmeichelt mir der Gedanke, dass Kuron den Weg zur HV A nicht zuletzt deshalb einschlug, weil er als Profi die Professionalität, mit der bei uns gearbeitet wurde, erkannt hatte und zu schätzen wusste.«[6]

Im Sommer 1984 kam es noch einmal zu einer Begegnung zwischen Markus Wolf und Klaus Kuron, diesmal unter Einbeziehung von Kurons Ehefrau, die von Anfang an in seine Überlegungen eingeweiht war und seinen Entschluss teilte. Dieser Treff erfolgte unter abenteuerlichen Umständen. Wir schleusten beide über die »grüne Grenze« bei Magdeburg. Für Grenzschleusungen gab es in der HVA eine eigene Arbeitsgruppe, die mit hoher Professionalität arbeitete. Aber trotzdem war das für die Beteiligten, vor allem beim ersten Mal, immer eine Handlung, die mit viel Stress und Ungewissheit über den Ausgang verbunden war.

Aber unsere beiden Partner konnten in Magdeburg wohlbehalten aus dem PKW aussteigen und wurden in einem Objekt der HVA, einer Jagdhütte bei Magdeburg, vom Chef der HVA begrüßt. Markus Wolf dazu in seinen Erinnerungen: »Ich erkannte sehr schnell, dass sie sich mit eigenen Augen vergewissern wollte, ob ihr Mann bei uns in besseren Händen war als bei der Kölner Behörde, vor allem, ob er bei uns die gebührende Anerkennung fand oder wie ein x-beliebiger kleiner Agent behandelt wurde. Erleichtert sah ich, dass ihr anfängliches Misstrauen einem Ausdruck von Zutrauen und Zufriedenheit wich, als sie feststellte, dass der Umgang zwischen uns freundschaftlich war.«[7]

Klaus Kuron bestätigte nach seiner Haftentlassung in Interviews diese Einschätzung aus seiner individuellen Sicht. Auf die Reporterfrage »Warum haben Sie sich Ende 1981 als Maulwurf der DDR-Staatssicherheit in Ihrer Abteilung Spionageabwehr im

Kölner Bundesamt für Verfassungsschutz angeboten? Ging es Ihnen nur ums Geld?« antwortete Kuron: »Das ist sehr komplex. Es war ein Bündel von Motiven und nicht ein bestimmter Fall oder eine plötzliche Eingebung, sondern ein über Jahre gehender Prozess, mich schließlich so zu entscheiden. Ich will es einmal so zusammenfassen: Es war eine tiefgreifende Verärgerung über die verfehlte Sozial- und Familienpolitik der BRD, die mich ins gesellschaftliche Abseits gerückt hatte. [...] In der Sozialpolitik der DDR habe ich durchaus eine positive Alternative gesehen. Ich glaube, in dieser Hinsicht ging es in der DDR gerechter zu. Ich habe mich natürlich auch immer wieder über inkompetente Vorgesetzte und politische Spitzenbeamte im BfV geärgert – insbesondere solche mit ausgeprägter ›rechter‹ Gesinnung. Die Gründe, mich gegen die BRD und für die DDR zu entscheiden, waren für mich stichhaltig und sind heute auch nachvollziehbar.«

An anderer Stelle des Interviews betonte er: »Vergessen Sie aber nicht, ich habe nie ein Doppelspiel getrieben, ich habe seit 1982 ausschließlich die Interessen der DDR verfolgt.«[8]

Zu seinem und unserem Glück ahnten seine Kölner Vorgesetzten von dieser Entscheidung nichts. Sie bescheinigten ihm in den dienstlichen Beurteilungen immer wieder eine hohe Professionalität.

»Kuron hat sich als ausgesprochene Begabung für heikle nachrichtendienstliche Operationen herausgestellt. Für die Abteilung IV ist seine Mitarbeit unerlässlich geworden.« (1979)

»Er beherrscht die Eigengesetzlichkeit seines Metiers und meistert virtuos die oftmals jeglicher Planung und Vorausschau entgegenlaufenden Entwicklungen.« (1982)

»Kurons Ruf als hervorragender Fall- und CM-Führer geht weit über das Referat hinaus. Er gilt als Vorbild beispielhafter und erfolgreicher Arbeit in der Spionageabwehr.« (1982)

»Kuron ist als Führer der hochwertigsten CM des BfV im DDR-Bereich eingesetzt gewesen.« (1985)

»Kuron ist ein Mitarbeiter, der sich mit seinem Aufgabengebiet voll identifiziert. Unermüdlich steht er für die übertragenen Aufgaben zur Verfügung.« (1985)

»Im Kollegenkreis wird sein umfassendes Fachwissen sehr geschätzt.« (1989)

In der Begründung zu seiner Verurteilung 1992 führt das Oberlandesgericht in Düsseldorf an: »Nach den Bekundungen der

Zeugen Fetten, Gerhards und Goll war das Referat B 1 aufgrund der Erfahrungen und Erfolge des Angeklagten das Spitzenreferat im Bereich B, in dem die wichtigsten Gegenoperationen liefen. Zuständigkeitsregelungen seien – so die Zeugen – nicht in allen Fällen eingehalten worden. Vielmehr seien dem Angeklagten, der den Ruf eines ›Starbeschaffers‹ genossen habe, unabhängig von Zuständigkeitsfragen Sonderfälle übertragen worden, z. B. Fälle, in denen das Sicherheitsreferat des BfV berührt worden sei. Aufgrund seiner fachlichen Qualifikation sei der Rat des Angeklagten von Kollegen gesucht und geschätzt gewesen. Man habe dem stets hilfsbereiten Angeklagten uneingeschränktes Vertrauen entgegengebracht.«[9]

Die entscheidende operative Aufgabenstellung für Klaus Kuron lag in der Offenbarung seines gesamten Wissens über die Doppelagenten-Operationen des Verfassungsschutzes gegen die DDR – das betraf die HV A, andere Diensteinheiten des MfS und die Verwaltung Aufklärung der NVA. Darin eingeschlossen waren auch vielfältige Kenntnisse über Verdachtsfälle mutmaßlicher Agenten, da von Seiten des Verfassungsschutzes immer auch die Möglichkeit eines Doppelspiels geprüft werden sollte.

Klaus Kuron hatte von Anfang an für seine Zusammenarbeit eine Bedingung gestellt: gegen enttarnte Doppelagenten dürfen in der DDR keine exekutiven Maßnahmen erfolgen. Er betrachtete das zu Recht als eine Frage seiner eigenen Sicherheit.

Das erforderte von den verantwortlichen Leitern umsichtige Maßnahmen, um sowohl die Quelle der Herkunft unseres Wissens zu schützen als auch Überreaktionen anderer Diensteinheiten zu verhindern und dennoch Schaden für die DDR und die operative Arbeit zu vermeiden.

Diese Vereinbarung wurde von unserer Seite zumindest bis zum Übertritt seines Vorgesetzten Tiedge in die DDR konsequent eingehalten. Danach war eine andere Situation entstanden.

In dem bereits erwähnten Interview bewertet Klaus Kuron die Auswirkungen seiner Informationstätigkeit. »Dabei habe ich nur meine eigene Tätigkeit torpediert, indem ich DDR-Spione begünstigte, statt sie zu verhaften, und Verräter in den Reihen der HV A und dem Bereich Aufklärung der NVA als Doppelagenten ins Leere laufen ließ. Das übliche Spiel der Geheimdienste – man füttert sogenannte Countermen mit echten, aber belanglosen

Informationen und sorgt dafür, dass sie keinen Schaden anrichten.«[10] Mit dem Ende der DDR und der Auflösung des MfS erhielt die Informationstätigkeit von Klaus Kuron noch einmal eine spezifische Bedeutung. Bis auf wenige Ausnahmen erhielt er Kenntnis von allen Verrätern und Überläufern aus den Reihen des MfS und konnte sein technisches Verbindungssystem noch nutzen, um über diese Verratsfälle zu informieren.

Leider war der Prozess der Auflösung der Sicherheitsapparate der DDR schon so weit fortgeschritten, dass oftmals keine Warnung gefährdeter Quellen mehr möglich war. Hilflos und mit tiefer Erschütterung mussten wir Meldungen über Verhaftungen von Quellen zur Kenntnis nehmen, die von Führungsleuten, denen sie einmal vertraut hatten, verraten worden waren.

Sinnigerweise erhielten diese Verräter kuriose Decknamen beim Verfassungsschutz:

Karl-Christoph Großmann	HV A, Abt. IX, Deckname »Kardinal«
Werner Roitzsch	HV A, Abt. VI (zuvor Abt. I), Deckname »Baustein«
Horst Gentsch	HV A, Abt. XIV, Deckname »Erdapfel«
Frank Weigelt	HV A, Abt. XV, Deckname »Bistro«
Hans-Joachim Lehmann	HA III, Deckname »Häuserkampf«
Ralph-Dieter Schlunzig	HA III, Deckname »Trosse«
Michael Menzel	HA III, Deckname »Wimpel«
Eberhard Lehmann	HA II (zuvor NVA), Deckname »Glasschüssel«
Dieter Schlaphof	BV Dresden, Abt. XV, Deckname »Doris«
Thomas Behrendt	BV Frankfurt/O., Deckname »Knickebein«
Heinz und Sandrino Bergner	BV Gera, Decknamen »Renault I« und »Renault II«

Günter Frank	BV Berlin, Abt. II, Deckname »Trompete«
Hans-Peter Andrae	Verwaltung Aufklärung der NVA, Deckname »Zuckerrübe«

Mehrere Verräter waren direkt dem BND zu Diensten:

Dr. Heinz Busch	HVA, Abteilung VII
Thomas Tumovec	HA III
Klaus Thümer	HA II
Rainer Wiegand	HA II Deckname »Stromdreieck«

Einer dieser Verräter, der frühere stellvertretende Leiter der Abteilung IX, Karl-Christoph Großmann, lieferte auch Klaus Kuron der Justiz aus.

Dieser erfuhr Anfang Oktober 1990 durch eine beiläufige Bemerkung, dass die Kasse im BfV einen höheren Betrag für einen Überläufer aus der Abteilung IX bereitstellte. Es fiel auch der Name Großmann. Kuron kannte ihn aus mehreren Begegnungen persönlich und hatte eine Ahnung. »In Tunis traf ich mich einmal mit mehreren HV A-Leuten. Großmann war dabei, schmiss mit Westgeld herum und war ständig betrunken. Dort kam mir der Gedanke: wenn mich je einer von denen verpfeift, dann er.«[11]

Kuron reiste am 6. Oktober 1990 noch einmal nach Berlin und beriet sich mit seinem Führungsoffizier. Seine Enttarnung war offensichtlich. Als Alternative blieb nur eine sofortige Flucht in die Sowjetunion oder Rückkehr nach Köln und Verhaftung. Kuron entschied sich, nicht zuletzt aus Rücksicht auf seine Familie, für die Rückkehr und offenbarte sich am 7. Oktober dem BfV.

Der Prozess vor dem OLG Düsseldorf geriet zu einer öffentlichen Bloßstellung des Verfassungsschutzes. Verfassungsschutzpräsident Gerhard Boeden erklärte den Fall Kuron pathetisch zur »größten Spionageaffäre in der Geschichte der Bundesrepublik«. In der Anklageschrift behauptet die Staatsanwaltschaft, dass Kuron in mindestens vierzig Fällen Anwerbungen, Überläufer und Verdachtsmomente an das MfS verraten habe. Im Februar 1992 wurde Klaus Kuron wegen »Landesverrats in Tateinheit mit Bestechlichkeit« zu 12 Jahre Haft verurteilt. Die Höhe der Strafe wurde vom

Gericht auch als »allgemeine Abschreckung für Nachahmer« begründet – welcher Nachahmer? Nach acht Jahren Haft wurde Klaus Kuron im Oktober 1998 aus der Haft entlassen und die Reststrafe von vier Jahren zu dreijähriger Bewährung ausgesetzt.

Bereits in der Haftzeit kam Klaus Kuron in Kontakt mit anderen inhaftierten Spionen der DDR. Sie diskutierten die Möglichkeit, sich mit politischen und rechtlichen Mitteln für eine Gleichbehandlung der Spione Ost und West einzusetzen. Kuron dazu in einem Interview: »Es ist doch ein himmelschreiendes Unrecht, dass die Regierung Kohl die West-Spione in der DDR belobigte, belohnte und entschädigte, die Inoffiziellen Mitarbeiter des DDR-Geheimdienstes dagegen aufs Schlimmste bestrafte.«[12] Gemeinsam mit anderen gründete Klaus Kuron die Initiative »Kundschafter des Friedens fordern Recht«, die auch heute noch aktiv ist.

Ein Überläufer von »Format«: Hansjoachim Tiedge

Am 23. August 1985 brachte die DDR-Nachrichtenagentur *ADN* eine Meldung, dass die zuständigen Organe der DDR das Ersuchen des langjährig im Bundesverfassungsschutz der BRD für die Spionageabwehr verantwortlichen Regierungsdirektors Hansjoachim Tiedge überprüfen, der um Asyl in der DDR nachgesucht hatte.

Was war geschehen?

Am 19. August 1985 meldete sich am Eisenbahn-Grenzübergang Marienborn/Helmstedt nach Ankunft eines Zuges ein etwas heruntergekommen aussehender Mann mit ziemlichem Leibesumfang und legte dem DDR-Grenzkontrolleur einen BRD-Reisepass auf den Namen Tappert und einen Dienstausweis des Bundesamtes für Verfassungsschutz auf den Namen Hansjoachim Tiedge vor. Er bat darum, dass in Berlin die Abteilung IX der HV A benachrichtigt werde, dabei nannte er namentlich Oberst Harry Schütt und die Mitarbeiter »Karl«, »Bernd« und »Stefan«.

Diese Angaben reichten aus, um relativ schnell die richtigen Ansprechpartner zu finden, die unverzüglich Tiedges Weiterreise nach Berlin organisierten. Noch am Abend saß dann der Referatsgruppenleiter Spionageabwehr DDR im BfV, Regierungsdirektor Hansjoachim Tiedge, in einem Objekt der HV A in Prenden, wo er offiziell im Namen der Leitung der HV A auf dem Boden der DDR begrüßt wurde. Vor den HV A-Vertretern saß der oberste Abwehrchef der DDR-Spionage im Verfassungsschutz der BRD.

Als erstes wurde Tiedge befragt, ob durch seinen Übertritt Reaktionen ausgelöst würden, die nachrichtendienstliche Positionen der DDR unmittelbar gefährdeten. Für ihn als Profi war das eine verständliche Reaktion, er hätte sich gewundert, wenn diese Frage ausgeblieben wäre. Was er jedoch nicht wusste und auch die nächsten Jahre nicht erfahren durfte: Die Abteilung IX hatte durch ihre Quelle Klaus Kuron und andere Positionen im Verfassungsschutz bereits entsprechende Kenntnis, dass Sofortmaßnahmen nicht erforderlich waren. In einem bestimmten Maße traf das auch auf andere Interna aus dem Bundesamt für Verfassungsschutz zu, die Tiedge in der Folgezeit offenbarte.

Selbstverständlich war es für uns wichtig zu erfahren, welche Gründe ihn dazu bewogen hatten, einen derart schwerwiegenden Entschluss zu fassen. In seinen Memoiren beschrieb Tiedge seine Motive kurz und knapp: »›Ich bin‹, erklärte ich wahrheitsgemäß, ›aus rein persönlichen Gründen gekommen. Mich hat weder der Sozialismus als Idee noch die DDR als Staat fasziniert, ich bin auch nicht vom sogenannten Kapitalismus enttäuscht. Ich bin ganz einfach am Ende.‹ Ich schilderte meine ausweglose Situation, der ich in der Bundesrepublik ausgesetzt war und wies auch auf den Selbstmord als einzige Alternative zu meinem Übertritt hin.«[13]

Nach einer Phase relativ sporadischer Erfassung von Informationen und Hinweisen über Vorgänge des Verfassungsschutzes gegen die DDR sowie Entwicklungen und Ereignisse im Verfassungsschutz begann eine gezielte Erarbeitung und Erfassung seines gesamten Wissens auf der Grundlage von strukturierten Fragestellungen. Diese waren von der Leitung der HV A und der Abteilung IX, den Spezialisten des Fachreferates und den Fachauswertern des Bereiches IX/C zusammengestellt und systematisiert worden. Markus Wolf später dazu: »Tiedges beinahe computergleich arbeitendes Gedächtnis ermöglichte in den kommenden Monaten eine annähernd systematische Aufarbeitung seines gesamten Wissens – etwas, was bei der zeitlichen Knappheit konspirativer Treffen oder der räumlichen Begrenztheit von Berichten nicht erträumbar war.«[14]

Tiedge selbst beschreibt diese Phase der Berichterstattung auch als Lernprozess für alle – direkt oder indirekt – beteiligten Mitarbeiter der Abteilung IX der HV A: »Allmählich änderte sich der Stil der Befragungen. An die Stelle spontan vorgetragener Fälle und Methoden trat eine systematische Erarbeitung der verfassungsschutztypischen Verhaltensweisen. Es war für mich ein gehöriges Stück Arbeit, meinen Gesprächspartnern die wesentlich andere Rolle näher zu bringen, die ein Sicherheitsdienst in einer westlichen, freiheitlich organisierten Demokratie gegenüber vergleichbaren Einrichtungen in einem der kommunistischen Ideologie verpflichteten Gemeinwesen spielt.

Anfangs erntete ich nur Unverständnis und Kopfschütteln, wenn ich auf die Frage nach Quellennetzen in Bundesministerien, in Verbänden und Organisationen erklärte, derartiges gäbe es nicht, ja, sie seien nicht einmal vorstellbar. Aber meine Gesprächspartner konnten sich erfreulich schnell in die Gegebenheiten einer real existierenden bürgerlichen Demokratie hineindenken. Sie mussten, obwohl sie sich Jahre, zum Teil Jahrzehnte beruflich mit der Bundesrepublik befasst hatten, erst lieb gewordene Vorurteile abbauen, aber genauso erging es mir angesichts der Gegebenheiten in der DDR.[15]

Im Wesentlichen betrafen die Ausarbeitungen Tiedges

1. Die Methodik des Verfassungsschutzes bei der Aufdeckung, Bearbeitung und beim Abschluss von Verdachtsfällen der Spionageabwehr;

2. Innere Verfahrensfragen des Verfassungsschutzes, z. B. seine Erfassungs- und Speichersysteme, das Verhältnis des Bundesamtes mit den Landesämtern für Verfassungsschutz, Rolle der Observationskommandos etc.;

3. Die Überwachung, Kontrolle und Bearbeitung von »legalen Residenturen« in diplomatischen und anderen Auslandsvertretungen, vor allem sozialistischer Staaten, in der BRD;

4. Das System des Zusammenwirkens/der Amtshilfe mit den anderen Geheimdiensten und Sicherheitsbehörden der Bundesrepublik und mit Partnerdiensten im Ausland.

Die Ausarbeitungen Tiedges wurden in der Auswertung der Abteilung IX zu einer grundsätzlichen Dokumentation über die Spionageabwehr des Verfassungsschutzes zusammengefasst und unter der Bezeichnung »Aktion Bumerang« einem relativ breiten

Kreis von Interessenten im MfS und bei den Partnern der sozialistischen Sicherheitsorgane übergeben.

Mit dem Übertritt Tiedges begann in der Abteilung IX ein kompliziertes »Spiel« der Vermischung von Einzelerkenntnissen und Analysen aus Informationen von aktiven Quellen mit den Angaben von Tiedge unter direkter oder indirekter Berufung auf Tiedge. Immerhin wurden bis zur Auflösung der HV A und der Festnahme von Klaus Kuron und weiteren Quellen in den Landesämtern für Verfassungsschutz durch uns Hansjoachim Tiedge alle Informationen oder Andeutungen über die wahre Quellenlage der HV A auf dem Gebiet der Sicherheitsbehörden der BRD vorenthalten. Das war keine Frage des Misstrauens gegenüber Hansjoachim Tiedge, sondern eine prinzipielle Frage des Schutzes unserer Quellen.

Wir gingen andererseits so weit, dass wir Tiedge darum baten, bei seinen öffentlichen Auftritten vor Mitarbeitern des MfS in Bezirksverwaltungen (er beschreibt in seinen Memoiren sein umfangreiches »Reise- und Besuchsprogramm«) oder in Gesprächen und Interviews immer anklingen zu lassen, dass er bereits Jahre *vor* seinem Übertritt als Quelle für die HV A gearbeitet habe. Verwirrspiele und Desinformationen gehörten nun einmal zum Handwerk der Geheimdienstarbeit, darin folgte uns Tiedge.

Nach einem vorläufigen Abschluss der Auswertungsarbeiten ermöglichten wir Hansjoachim Tiedge, sein profundes Wissen über die Geschichte, die Rechtsgrundlagen und Arbeitsweise des Verfassungsschutzes in einer wissenschaftlichen Arbeit zusammenzufassen und diese als Promotionsschrift über die »Abwehrarbeit der Ämter für Verfassungsschutz in der Bundesrepublik Deutschland« bei der Sektion Kriminalistik der Humboldt-Universität einzureichen. Das Promotionsverfahren schloss Hansjoachim Tiedge mit »magna cum laude« ab, sein Doktorvater war Prof. Dr. Ehrenfried Stelzer.[15a]

Die Entwicklungen des Herbstes 1989 und des Jahres 1990 verfolgte Hansjoachim Tiedge mit seiner Ehefrau sehr aufmerksam. Ging es doch nicht zuletzt auch darum abzuschätzen, welche Folgen und Konsequenzen sich daraus für ihr weiteres Leben ergaben. Ursprünglich gab er der DDR noch einige Jahre Zeit bis zur sogenannten »Wiedervereinigung«. »Die Wende in der DDR nahm ich als interessierter Staatsbürger zur Kenntnis, ohne anfangs irgendwelche Konsequenzen für mich zu befürchten. Wie der damalige DDR-Verteidigungsminister, der Pfarrer Rainer Eppelmann, war auch ich der Ansicht, die Wiedervereinigung werde, falls sie überhaupt komme, noch Jahre auf sich warten lassen. Ich erinnere mich noch meines Kopfschüttelns, als sich die Rufe in Leipzig ›Wir sind das Volk‹ in ›Wir sind ein Volk‹ wandelten. Als sich erwies, dass meine politische Prognose so falsch war wie die von Rainer Eppelmann, habe ich erklärt, notfalls bis hinter den Ural zu laufen, um nicht in die Hände der Bundesrepublik zu fallen.«[16]

Er ahnte früher als manch anderer das nahende Ende der DDR und wusste, dass dann die Greifkommandos von Verfassungsschutz und Bundesanwaltschaft sofort zuschlagen würden. Richtig ist, dass auf der Verhaftungsliste der Bundesanwaltschaft, die ab Mitternacht des 3. Oktober 1990 realisiert wurde, auch der Name Tiedge stand.

Ausgehend von seiner Überlegung »Zögern schien mir der falsche Heldenmut« (*Spiegel* 49/1993), traf Tiedge seine Entscheidung. Am 23. August 1990 wurden er und seine Ehefrau mit Hilfe des KGB nach Moskau ausgeflogen. Journalisten wollten später herausgefunden haben, dass einige Tage zuvor eine Möbelspedition das Umzugsgut in eine sowjetische Kaserne in Berlin-Treptow gebracht haben soll.

1998 machte Hansjoachim Tiedge in Deutschland erneut Schlagzeilen. Er hatte in seinem Moskauer Exil seine Lebenserinnerungen, seine »Lebensbeichte«, aufgeschrieben und darin auch die moralischen und fachlichen Schwachpunkte vieler seiner ehemaligen Kollegen, Erfolge und Niederlagen des Verfassungsschutzes, positive und negative Erfahrungen aus der Zusammenarbeit mit ausländischen Partnern dargelegt. Die Ankündigung des Buches durch den Verlag Das Neue Berlin löste sofort Aktionen der Berliner Staatsanwaltschaft I wegen »Verletzung des Dienstgeheimnisses und einer besonderen Geheimhaltungspflicht« aus. Dabei stützten sich die Ankläger auf eine sehr frühe Fassung des Manuskriptes, die beim Verfassungsschutz gelandet war. Da man sich nicht an den Autor halten konnte, richteten sich die Racheaktionen des BfV gegen den Verlag. Auf der Grundlage eines Beschlusses des Amtsgerichtes Berlin-Tiergarten vom 28. August

1998, nach dem das Buch eingezogen werden sollte und die »Unbrauchbarmachung der zur Herstellung verwendeten Gegenstände angeordnet« wurde, kam es zu Durchsuchungen, Beschlagnahmen von Geschäftsunterlagen und Datenträgern. Diese Maßnahmen zielten nicht zuletzt darauf ab zu verhindern, dass der Verlag das Buch auf der Frankfurter Buchmesse präsentierte. Als der Verlag das Buch trotzdem in Frankfurt am Main vorstellte, kam es zu spektakulären Polizeiaktionen vor Ort.

Zur Zeit der Verbotsverfügung kursierten jedoch bereits erste Exemplare in der Öffentlichkeit, und ein Unbekannter hatte den Text bereits ins Internet gestellt.

Anfang Januar 2000 kam es dann trotzdem zur Verhandlung gegen die Geschäftsführung des Verlages wegen »gemeinschaftlich und vorsätzlich begangener Beihilfe zum Geheimnisverrat« (jeder Jurastudent im ersten Semester würde mit einer solchen Konstruktion gnadenlos durchfallen) vor der 37. Strafkammer des Berliner Landgerichts. Der Verfassungsschutz als Anzeigeerstatter wollte seinen Verfolgungswillen unbedingt durchsetzen, aber seine Zeugen hatten nichts an juristischer Substanz vorzubringen. So sah sich selbst die Staatsanwaltschaft gezwungen, Freispruch zu beantragen.

Das Strafverfahren gegen das Buch von Hansjoachim Tiedge und seinen Verleger korrespondierte mit einer Farce der Verwaltungsgerichtsbarkeit. Der Verfassungsschutz hatte beim Oberverwaltungsgericht Münster eine Schadensersatzklage gegen Tiedge eingereicht. Ihm wurden darin pauschal materielle Schäden des Verfassungsschutzes, die er durch sein Überlaufen verursacht hatte, angelastet. Konspirative Wohnungen hätten aufgelöst, Telefonanschlüsse und Autokennzeichen geändert werden müssen. Alles zusammen habe dem Verfassungsschutz 857.000 DM gekostet. Das Gericht wies die Klage ab, da das Material des Verfassungsschutzes zu unkonkret sei. Im BfV rechnete man erneut und kalkulierte neue, andere Kostenpositionen. Nun kam man auf einen Schaden von 214.000 DM. Dabei tauchte auf einmal eine Liste mit 146 Autokennzeichen auf, die Tiedge bei seinem Übertritt angeblich im Gepäck gehabt hätte. Das sollten geheime Kennzeichen von Observationsfahrzeugen des Verfassungsschutzes gewesen sein, die alle ausgetauscht werden mussten. Zusätzlich habe man angeblich mehr als hundert operativ genutzte Telefonanschlüsse umstellen und zwei konkret benannte konspirative Wohnungen (Decknamen »Erna« und »Jumbo«) aufgeben müssen.

Diese Klage wurde vom Verwaltungsgericht Köln zugelassen und auch in Höhe von 193.492,61 DM als Schadensersatzforderung gegen Hansjoachim Tiedge bestätigt.

Kläger und Gericht wussten, dass eine Vollstreckung in Moskau unmöglich war. Aber sie rechneten damit, diese Forderungen gegen Renten- bzw. Pensionsansprüche Tiedges in der BRD aufrechnen zu können. Es war und ist gängige Praxis des deutschen Rechtsstaats – wenn schon kein Strafverfahren möglich ist, dann sollen die Unterlegenen wenigstens materiell bluten.

Wie sagte doch ein CSU-Funktionär in einer Sauna in Wildbad Kreuth: »Wir brauchen keine Internierungslager für euch, wir werden euch ins soziale Abseits drängen.«

Der Fall des Counterman »Schneider« – Horst Garau

Der Lehrer Horst Garau wurde 1964 von der Abteilung XV der Bezirksverwaltung Cottbus als IM »Günther« geworben. Drei Jahre später erfolgte auch die Verpflichtung seiner Ehefrau Gerlinde zur inoffiziellen Zusammenarbeit. Einige Jahre später wurde der IM-Vorgang von der Abteilung VI der HV A übernommen mit dem Ziel, Horst Garau als Instrukteur für IM im Operationsgebiet einzusetzen.

Die Verpflichtung der Ehefrau diente vor allem der Absicherung der Legendierung der IM-Tätigkeit des Ehemannes z. B. während seiner Abwesenheit von der Arbeitsstelle; Garau war inzwischen Stellvertretender Bezirksschulrat in Cottbus geworden. Zur Motivation für ihre IM-Tätigkeit erklärte Gerlinde Garau später: »Wir haben es damals aus Überzeugung getan. Es ging darum, dem Klassenfeind eins auszuwischen und ihm keine Möglichkeit zu geben, bei uns einzudringen.«[17]

1976/77 nahm Horst Garau Verbindung zum Verfassungsschutz auf und offenbarte dort seine IM-Tätigkeit. Seine Betreuung übernahm der Mitarbeiter des Bundesamtes Kurt Kluge (Klarname: Klaus Kuron), der Garau als Counterman »Schneider« in der Operation »Schneiderwerkstatt« führte. Einbezogen in die

Operation wurde auch die Quelle »Wolfgang« der HV A, die Garau als Instrukteur betreute.

Über die Motive von Garaus Verbindungsaufnahme zum Verfassungsschutz und des Verrates von Personen und seines operativen Wissens konnte weder im späteren Gerichtsverfahren noch in nachfolgenden Untersuchungen Klarheit gewonnen werden. Viele – auch seine eigenen – Aussagen reduzieren sich auf Geltungsbedürfnis und Abenteuerlust, das aber dürfte für eine solch schwerwiegende Entscheidung wohl nicht ausreichen.

Als Klaus Kuron 1982 Verbindung zur Abteilung IX der HV A aufnahm, informierte er auch über den CM »Schneider« und die Details der Operation »Schneiderwerkstatt«. Er stellte jedoch die Bedingung, dass gegen das Ehepaar (wie auch gegen andere von ihm enttarnte CM) in der DDR keine exekutiven Maßnahmen ohne seine Zustimmung erfolgten.

Nach dem Übertritt des Vorgesetzten von Klaus Kuron, des Referatsgruppenleiters Hansjoachim Tiedge, änderte sich die operativ-taktische Situation. Der Verfassungsschutz konnte und wollte nun die ihm bekannten Agenten der DDR in seinem Zugriffsbereich festnehmen – und auch die DDR-Seite sah nun keinen Grund mehr, erkannte Doppelagenten nicht zu inhaftieren und anzuklagen. Im August 1985 wurde darum das Ehepaar Garau festgenommen und ein Ermittlungsverfahren eingeleitet. Die Untersuchungshaft verbrachten sie in Berlin-Hohenschönhausen.

Horst Garau bestätigte seine Verbindungen zum Verfassungsschutz. In seiner sehr bizarren Verteidigungskonzeption versuchte er zu suggerieren, dass er Andeutungen seiner Führungsoffiziere von der HV A entnommen haben wollte, dass sie seine Verbindung zum Verfassungsschutz tolerieren würden. Außerdem habe er mit dem Verfassungsschutz vereinbart, dass den von ihm betreuten Quellen »nichts geschehen solle«. Schuldgefühle gegenüber den von ihm verratenen Menschen schien er nicht zu verspüren.

Noch skurriler erschienen seine Aussagen, dass es sein Lebenstraum gewesen sei, eine geheime Zusammenkunft des Leiters der HV A und des Präsidenten des BfV zu arrangieren. Er wollte, notfalls auch im Alleingang, alles daran setzen, ein solches Treffen vorzubereiten.

In diesem Zusammenhang forderte Garau sowohl in der Untersuchungs- als auch in der Strafhaft wiederholt, ihm ein Gespräch mit Generaloberst Markus Wolf zu ermöglichen. Angesichts dieser Auffälligkeiten musste noch während der Untersuchungshaft ein psychiatrisches Gutachten erstellt werden. Darin wurden Garau starke Auffälligkeiten in seiner Persönlichkeit attestiert, er sei übermäßig exaltiert und nur »eingeschränkt einsichtsfähig«.

Im Dezember 1985, 15 Monate nach seiner Festnahme, fand vor dem Militärobergericht in Berlin die Verhandlung gegen Horst Garau (das Verfahren gegen die Ehefrau wurde getrennt verhandelt) statt. Das Urteil lautete unter Berücksichtigung der Schwere der Tat auf lebenslängliche Freiheitsstrafe. Die Strafe verbüßte Garau in der Haftanstalt Bautzen II. Dort bereitete er dem Personal der Haftanstalt erhebliche Probleme, er gab sich mal äußerst depressiv, dann wiederum sehr renitent, mal stellte er massive, unerfüllbare Forderungen, etwa ein Besuch von Markus Wolf. Deshalb kam es erneut zu einer psychiatrischen Begutachtung.

Im Juli 1988 nahm sich Horst Garau in Bautzen das Leben. Der Obduktionsbericht stellte fest, dass der Häftling sich mit seiner Decke in der Zelle erhängt habe. Die Doppelagentin Gertrud Garau, die nach acht Monaten Haft auf Grund ihres Gesundheitszustandes bereits entlassen worden war, nahm in der Gerichtsmedizin in Dresden von ihrem Mann Abschied. Später, nach dem Ende der DDR, erklärte sie den Medien, sie habe bei ihrem Mann keinerlei Anzeichen eines Suizids feststellen können, die Leiche sei grausam entstellt und blutüberströmt gewesen – obwohl sie nach eigenen Angaben das Laken, mit dem der Leichnam abgedeckt war, nicht habe entfernen dürfen. Am Hinterkopf habe sie eine große Wunde sehen können. Ihr Mann, so ihre Behauptung, sei auf dem Gefängnishof erschlagen worden.

Alle Medien griffen begierig diese Darstellungen auf und kolportieren sie zum Teil noch bis heute. *Der Spiegel* 40/1991 zitierte sie mit dem Worten: »Sie ist überzeugt, daß ihr Mann sich nicht selbst tötete, sondern von Stasi-Schergen zuerst gefoltert und dann umgebracht wurde. Der Leichnam, so versichert sie, habe am Hals keine Würgemale aufgewiesen, dafür aber frische Foltermale im Gesicht. ›Jeden Abend, wenn ich in den Nachrichten das Foto von Markus Wolf sehe, dann sehe ich auch das blutige Gesicht meines toten Mannes‹, sagt Gertrud Garau. Der HVA-Chef habe ihren Mann auf dem Gewissen, behauptet sie: ›Dafür soll er endlich büßen.‹ Belegt und bewiesen ist der Mord-Vorwurf bislang nicht«, schloss das Nachrichtenmagazin, und ließ damit offen, ob nicht doch etwas an den Vorhaltungen dran sei.

Garaus Untersuchungsführer in der Hauptabteilung IX fasste die bekannten Fakten zum Selbstmord zusammen: Garau hatte die ganze Zeit die Untersuchung seiner Straftat als ein Spiel betrachtet, das er beherrschte. Erst nach dem Urteil und in der Strafhaft dürfte ihm zunehmend klar geworden sein, wie aussichtslos seine Lage war. Er wird die Isolation in der Haft als schwer erträglich empfunden haben. Er, die exaltierte Persönlichkeit, war abgeschnitten vom freien Umgang mit anderen Menschen. Als eine Person, die sich keinen Regeln unterordnen mochte, hatte er sich dem besonderen Subordinationssystem einer Haftanstalt zu unterwerfen. Seine illusionäre Hoffnung, dass ihm von der HV A Unterstützung zukommen könnte, war verflogen. Keine westdeutsche Stelle kümmerte sich um ihn, ein Austausch war auch in Ansätzen nicht in Sicht.[18]

Auch Klaus Kuron wurden in verschiedenen Interviews zum Fall Horst Garau Fragen gestellt: »Einer Ihrer Countermen war der Cottbuser Kreisschulrat und Inoffizielle Mitarbeiter der HV A Horst Garau. Er war Ihr Freund und endete, nachdem Mielkes Spionage-Abwehr ihn verhaftete, 1988 in Bautzen angeblich durch Selbstmord. Fühlen Sie sich an Garaus Tod mitschuldig?

Antwort: Ich hatte zu Beginn meiner Tätigkeit für die HV A zur Bedingung gemacht, dass keiner ihrer Selbstanbieter oder von mir umgedrehte Leute verhaftet werden sollen – aus prinzipiellen Erwägungen und um mich nicht zu gefährden. Als Tiedge floh, sah das MfS keine Gefahr für mich. Garau wurde von einem Gericht der DDR zu lebenslänglicher Haft verurteilt. Ich mochte Horst Garau, doch er war für das Spionagegeschäft aus vielerlei Gründen nicht besonders geeignet. Er hatte sich aus Angst vor Verhaftung in der BRD, aus materiellen Gründen und aus Verärgerung über seine angespannte berufliche Situation in der DDR dem BfV offenbart. Sein Tod schmerzt mich, doch schuldig fühle ich mich nicht. Bei meiner Verurteilung hielt man mir zugute, dass ich mich in Ostberlin für eine Freilassung der Eheleute Garau eingesetzt hatte. Letzten Endes weiß jeder, der sich mit einem Geheimdienst einlässt, um die Gefahren dieses Gewerbes.«[19]

Aber auch Hansjoachim Tiedge bewegte dieser Fall und führte ihn immer wieder zu Fragen. Er machte auch in seinen Memoiren auf einen bedeutsamen Hintergrund aufmerksam: »Das andere Ereignis, an das ich denke, ist eine Information, die mir mein Ostberliner Rechtsanwalt, Prof. Dr. Wolfgang Vogel, hat zukommen lassen. Er erzählte mir, dass die Bundesregierung nicht ein einziges Mal den Austausch Garaus vorgeschlagen habe, was ihn, einen der Väter des Agentenaustausches, deutlich befremdet habe.

Gewiss, es ist mehr als fraglich, ob Garau vor seinem Selbstmord hätte ausgetauscht werden können, aber als Zeichen des guten Willens hätte es gewertet werden können.«[20]

Verfassungsschutz sucht »Illegale«: Aktion »Anmeldung«

Die HV A bemühte sich immer wieder um effektive Varianten für eine sichere Einschleusung von IM der DDR in die Bundesrepublik, damit sie sich dort für immer niederließen.

Natürlich gab es die einfache Variante, sie im Strom der Flüchtlinge mitschwimmen zu lassen. Aber dieser Weg hatte einige entscheidende Nachteile: Die Personalangaben, einschließlich der politischen Herkunft, waren nachprüfbar (z. B. durch andere Flüchtlinge aus dem Wohnort oder aus früheren oder aktuellen Arbeitsstellen[21]). Jeder Flüchtling durchlief die »Sichtungsstellen« der westdeutschen und alliierten Geheimdienste – war also von Anfang an bei den gegnerischen Diensten registriert. Außerdem war die Herkunft aus dem »Osten« nur in Ausnahmefällen für eine solide Karriere im westdeutschen System dienlich. Schon damals nicht.

Es mussten also konspirative Wege zur scheinbar legalen Einschleusung in das Operationsgebiet gefunden werden.

Eine sichere Variante war der »echte Doppelgänger«. Die HV A suchte und prüfte alle Hinweise auf Wünsche von Bürgern der BRD zur Übersiedlung in die DDR. Wenn Alter und Lebensumstände (kaum Familienangehörige, keine Eintragungen bei der Polizei) den Anforderungen entsprachen, wurde Einfluss darauf genommen, dass ein Doppelgänger-Kandidat die Übersiedlung nach den Vorgaben der HV A vorbereitete. Das betraf die Geheimhaltung der geplanten Übersiedlung, Varianten der Ab- oder Ummeldung am Wohnort und in der Arbeitsstelle, Legenden für existierende Verwandte etc. Der IM schlüpfte in die »Haut« des Übersiedlers und führte dessen Leben in der BRD gleichsam fort. Das war die Ausnahme, so viele Doppelgänger gab es nicht.

Günstiger war das Aufspüren ehemaliger Bundesbürger oder ihrer Angehörigen im Ausland. Das konnte sowohl im Ausland verstorbene Personen betreffen als auch Menschen, die sich im Ausland eine dauerhafte Existenz eingerichtet hatten, die keine oder kaum Verbindungen in die alte Heimat unterhielten. Die operative Aufklärung und Nutzung solcher Personen war aufwändig, war aber sicher und effektiv. Das ging so: Eines Tages tauchte dieser Mensch, unverändert Bürger der BRD, wieder in der alten Heimat auf und meldete sich bei den Ämtern zurück. Zur besseren Tarnung musste er/sie dann noch einige Male den Wohnort in der Bundesrepublik wechseln. Dann war der IM meldetechnisch integriert.

Bei der Auswertung einiger Verhaftungsfälle stießen in den 60er Jahren einige Verfassungsschützer auf diese Methode. Hinter den fiktiven Lebensläufen enttarnter IM der HV A vermuteten sie – durchaus zutreffend – eine spezielle Version der Übersiedlung/Einschleusung von »Illegalen«.

So wurde denn Ende der 60er Jahre die erste systematische landesweite Suchoperation des Verfassungsschutzes nach übersiedelten IM der HV A (im Sprachgebrauch des Verfassungsschutzes »Illegale«) ausgelöst. Man entwickelte bestimmte Komplexe von Rastermerkmalen, nach denen durch massenhafte Durchforstung der Daten in Einwohnermeldeämtern Verdachtspersonen herausgefiltert wurden. In weiteren Prüfschritten erfolgten eine differenzierte Selektierung und die Auslösung von weiteren Überprüfungen, bis hin zu Anfragen an befreundete Geheimdienste in den angeblich letzten Aufenthaltsländern der Eingereisten.

Einige operativ denkende Verfassungsschützer warnten nachdrücklich davor, diesen Fahndungsansatz publik werden zu lassen. Jedoch die neue Führungsmannschaft des BfV – Präsident Dr. Richard Meier und Abteilungsleiter Spionageabwehr, Heribert Hellenbroich – war 1975/76 der Auffassung, dass sie einen spektakulären, öffentlich wirksamen Erfolg brauchten. Sie legten die bisherigen Ermittlungsergebnisse der Bundesanwaltschaft vor. Es kam zu einer Serie von Festnahmen unter der Codebezeichnung »Anmeldung«. Das betraf in einem ersten Zugriff sechs Vorgänge, zum Teil auch mit Ehefrauen.

Die HV A war jedoch gewarnt. Sie erhielt über einige Quellen Hinweise auf diese Fahndungsoperation, warnte eine nicht unbedeutende Anzahl gefährdeter Mitarbeiter und veranlasste deren Rückzug in die DDR. In einer ersten Phase betraf das 21 IM.

Markus Wolf bewertet die Reaktion der HV A auf die Aktion »Anmeldung« später so: »Wir zogen alle Mitarbeiter zurück, die möglicherweise gefährdet waren. Das war zwar aufwendig, aber kein Ding der Unmöglichkeit. Unverständlich bleibt mir, warum der Verfassungsschutz seine ›Aktion Anmeldung‹ damals publik gemacht und uns von sich aus über seine Rasterfahndung aufgeklärt hat. Auf lange Sicht hätte er meinem Dienst mit einer wohldosierten Salamitaktik weit mehr schaden können – materiell mit gezielten Festnahmen und psychologisch durch die Ungewissheit und die Zweifel, die er bei uns gesät hätte. So, wie die Dinge nun lagen, blieben die Auswirkungen der Aktion begrenzt.

Nach den ersten spektakulären Festnahmen wurden bis Mitte der 80er Jahre noch etwa zweihundert Falschidentitäten herausgefunden, von denen nur ein minimaler Prozentsatz geheimdienstlich relevant war.«[22] Zum Glück siegten die Wünsche der Führung des BfV nach einem spektakulären Erfolg über langfristige Interessen.

Werner Großmann urteilte über diese Aktion: »Das Bundesamt für Verfassungsschutz kann sich wahrlich nicht vieler Erfolge im Kampf gegen uns rühmen – die ›Aktion Anmeldung‹ glich jenem berühmten Korn, das auch blinde Hühner bisweilen finden.

Natürlich lernten wir aus dieser Niederlage. Übersiedlungen erfolgten weiter, wenn auch in geringerer Zahl. Wir vermieden jede mögliche Analogie. Eine weitere Rasterfahndung des Bundesamtes – die operative Reisewegüberwachung – erkannten wir rechtzeitig. Sie lief ins Leere.«[23]

Das war jedoch nur möglich, da in der Zwischenzeit entsprechende Quellenpositionen geschaffen worden waren, die uns rechtzeitig und detailliert über Veränderungen in der Strategie und Taktik der Spionageabwehr der Gegenseite informierten.

Der Verfassungsschutz ging davon aus, dass ein Teil der zurückgezogenen IM auf Grund ihrer umfangreichen Ausbildung und Kenntnisse von der HV A in anderen Teilen der Welt eingesetzt würde. Deshalb erstellte das BfV ein »Bilderbuch« aller enttarnten und nicht gefassten IM mit entsprechenden Personalangaben und schickte diese Unterlagen weltweit an einen breiten Empfängerkreis. Das alles lief unter der Deckbezeichnung »Aktion Diana«.[24]

Eberhard Lüttich – der Vorgang »Brest«

Die Zusammenarbeit des Verfassungsschutzes mit der Spionageabwehr im FBI fügte der HV A eine schmerzhafte Niederlage zu. In einem aufwändigen Arbeitsprozess war ausnahmsweise ein hauptamtlicher Mitarbeiter des MfS auf eine Übersiedlung in die USA vorbereitet worden. Er wurde Opfer der parallelen Rasterfahndung des FBI zur Aktion »Anmeldung« und verriet bei seiner Festnahme in Hamburg 1979 alle Details seiner Übersiedlung.

Eberhard Lüttich, Jahrgang 1939, kam über die Stationen IM der Abwehr, Mitarbeiter einer Kreisdienststelle, Versetzung zur Abteilung XV der Bezirksverwaltung und von dort mittels Versetzung zur HV A als Mitarbeiter in die Zentrale nach Berlin. Sein Einsatz erfolgte in der neu gebildeten Abteilung XI, verantwortlich für die Aufklärung der USA.

Dort wurde ihm eröffnet, dass er für eine illegale Übersiedlung in die USA ausgewählt sei und entsprechend vorbereitet werde. Parallel zur Ausbildung liefen Auswahl und Überprüfung einer geeigneten Doppelgänger-Dokumentation.

Entsprechend vorbereitet und ausgerüstet wurde Lüttich (Deckname »Brest«) 1972 mit der neuen Vita nach Hamburg übersiedelt. Dort kam er in Kontakt mit der internationalen Speditionsfirma Schenker-Logistics mit Außenstellen in den USA und der BRD. Im November 1973 nahm er eine Tätigkeit in der New Yorker Außenstelle von Schenker auf. Er wurde Gehilfe des Vizepräsidenten, verantwortlich für den Mittleren Osten, Westeuropa, Japan und den Fernen Osten.

Zur völligen Legalisierung in den USA war es notwendig, dass Lüttich in den USA eine passende Frau heiratete. Vom Profil dieser Frau hatte die HV A bestimmte Vorstellungen, aber das Leben und die Liebe, oft ein unkalkulierbares Risiko in der Geheimdienstarbeit, spielten anders als gedacht. Lüttich lernte in der Firma eine Exilkubanerin kennen und ehelichte sie ohne Rücksprache mit der Zentrale. Erst nach der Hochzeit offenbarte er seinem Instrukteur, dass sie eine erklärte Gegnerin des Systems auf Kuba unter Fidel Castro sei, und er sie unter keinen Umständen in seine operative Tätigkeit einbeziehen könne und wolle. Damit gerieten die Beziehungen zwischen Lüttich und der HV A in eine kritische Phase, die Lage musste aber, wenngleich widerstrebend, akzeptiert werden.

In der Zwischenzeit hatte das BfV, spätestens im April 1979, durch die Fahndungsmaßnahmen im Rahmen der Aktion »Anmeldung« die wahre Identität der von Lüttich genutzten Doppelgänger-Dokumentation ermittelt. Bei einer Einreise in die BRD wurde Lüttich am 16. November 1979 auf dem Flugplatz Hamburg festgenommen. Nach den Erinnerungen eines der Untersuchungsführer gab er sofort zu, dass er eine Falschidentität benutzte und offenbarte im Verlauf der Untersuchung alle Details seiner Übersiedlung. Mit diesem Zugriff hatte das BfV eine bisher unbekannte Variante der Übersiedlung in die USA aufgedeckt.

Markus Wolf erinnerte sich in seinen Memoiren an den Vorgang und meinte, die Festnahme »war eine direkte Folge der Aktion Anmeldung. Die Schwächen unserer Einschleusungsmethodik waren nicht länger zu leugnen, und wir mussten – auch als Folge des Verrats von Lüttich – in den sauren Apfel beißen und unsere gesamten legalisierten ›Illegalen‹ nach und nach aus den Vereinigten Staaten zurückziehen, darunter einen weiteren Offizier und ein Wissenschaftlerehepaar. Alles andere als erfreulich war auch, dass Lüttich der Hamburger Polizei nach seiner Festnahme Ende 1979 nicht nur haarklein unsere Methoden schilderte, sondern auch berichtete, dass unsere Zentrale in Ost-Berlin unsere Agenten in den USA mit einseitigen Funksprüchen erreichte, die von einem Sender auf Kuba ausgestrahlt wurden. Es hatte Jahre gedauert, diesen Sender zu bauen. Lüttich verriet außerdem seinen Verbindungsmann, der sofort verhaftet wurde und den wir erst zwei Jahre später im Austausch gegen westliche Agenten freibekamen.«[25]

Helmut Müller-Enbergs, der als wissenschaftlicher Mitarbeiter der BStU eine Dissertation zur Tätigkeit der Abteilung XV der

BV Suhl schrieb – aus der Lüttich kam –, vermerkte in *Horch und Guck* 55/2006: »Der frühere Eberhard Lüttich lebt heute in den USA – und auf einen Gesprächswunsch reagierte er bislang nicht.«

Wilhelm Balke – Fahndungsexperte »Gräber«

Wilhelm Balke, Jahrgang 1940, leitete den Observationsdienst im LfV Niedersachsen. Er meldete sich im August 1977 am Bahnhof Friedrichstraße und bat um ein Gespräch mit einem Vertreter der HV A. Der zuständige Referatsleiter der Abteilung IX/A übernahm den Kontakt. Er konnte mit seinem profunden Wissen über den Verfassungsschutz seinen Gesprächspartner überzeugen. Der nächste Treff fand in Innsbruck statt.

Balke hatte sich ausschließlich aus materiellen Gründen angeboten.

Der Erste Kriminalhauptkommissar Balke (Deckname »Gräber«) übermittelte eine Vielzahl von Erstdokumenten über das System der Grenzüberwachung und Grenzfahndung der BRD. Bedeutsam waren seine Hinweise auf Personen, die vom Verfassungsschutz wegen des Verdachts der »Spionage für den Osten« bearbeitet oder überwacht wurden. Soweit sie nicht vom MfS erfasst waren, wurden sie für das Referat IX/A/4 registriert, um zu vermeiden, dass andere Diensteinheiten sich ihrer annahmen.

Waren sie bereits als inoffizielle Mitarbeiter von Diensteinheiten der HV A, der Abwehr oder der Verwaltung Aufklärung der NVA erfasst, mussten die verantwortlichen Mitarbeiter der Abteilung IX Absprachen mit den vorgangsführenden Mitarbeitern und ihren Vorgesetzten führen. Einerseits musste dabei unsere Informationsquelle verschwiegen werden, andererseits die Ernsthaftigkeit der Bedrohung des IM klargemacht werden. Danach mussten wir Einblick in den IM-Vorgang erhalten, um eine abgestimmte Variante der Reaktionen auf die Gefährdung des IM zu erarbeiten. Diese Reaktionen durften aber beim Verfassungsschutz keinen Verdacht entstehen lassen, dass hier die Information abgeflossen war.

»Gräber« nutzte zur Nachrichtenübermittlung neben der ständigen Instrukteurverbindung eine unserer Grenzschleusen in Form einer sogenannten »Wurfschleuse«, d. h. er warf die verpackten Unterlagen an verabredeter Stelle über die Grenze. Nachts wurden diese Sendungen mit Leuchtmitteln markiert.

Wilhelm Balke wurde im Oktober 1990 während eines Krankenhausaufenthaltes festgenommen, der Haftbefehl jedoch nicht sofort vollstreckt. Während der anschließenden Untersuchungshaft erlitt er einen Herzanfall. Das Oberlandesgericht Celle verurteilte im Januar 1994 Wilhelm Balke zu 9 Jahren Haft sowie Rückzahlung eines angeblichen Agentenlohnes von 250.000 DM. Nach Bewertung des Gerichts hatte »Gräber« durch seine Tätigkeit die Spionageabwehr des LfV Niedersachsen über Jahre lahmgelegt.

Hans-Joachim Armborst – Schutzengel »Maurer«

Etwa 1980 gingen beim Offizier vom Dienst des MfS über die offizielle Amtsleitung des Ministeriums wiederholt Anrufe ein, in denen ein Herr Schwarzhaupt verlangte, General Fruck zu sprechen. Dem Anrufer wurde bedeutet, wenn er ein Anliegen habe, solle er in der Anmeldung des Ministeriums vorsprechen.

Die Protokolle der hartnäckigen Versuche der Kontaktaufnahme landeten bei der Abteilung IX und wurden dort als mögliche Provokation behandelt. Nachdem Hinweise darauf hindeuteten, dass es sich doch um Kontaktversuche eines Verfassungsschutzmitarbeiters handeln könnte, wurde der nächste Anruf zum Leiter des Referates IX/A/4 durchgestellt. Diese Entscheidung erwies sich als richtig.

Der Anrufer wurde zur Quelle »Maurer« des Referates A/4.

»Maurer« hatte sein eigenes System der Absicherung. Er trat bei den persönlichen Treffs, meist an der Nordsee, immer nur in Vermummung auf und nannte niemals seinen Klarnamen.

»Maurer« konnte oft und sehr aktuell Angaben über Verdachtspersonen übermitteln. Dazu wurde eine spezielle Telefonverbindung mit Anrufbeantworter installiert, die ausschließlich von ihm genutzt wurde. Zur Übermittlung der Personenhinweise nutzte er einen persönlichen Zahlencode, der für uns folgende Angaben enthielt: Nr. eines Telefonbuches der BRD – Seitenzahl – Spalte – Zeile. Der dort aufgefundene Name war die Zielperson des Verfassungsschutzes.

Oft ging es dabei um Stunden, denn »Maurer« hatte Einblick in laufende Observationsmaßnahmen, Planungen von Festnahmen oder Überwerbungen. Mit einem ausgefeilten System des Zugangs zu den Telefonbüchern, der Sofortüberprüfung in der Abteilung XII (Zentrale Erfassung) des MfS und der Kontaktaufnahme mit den zuständigen Leitern der Diensteinheiten konnte in vielen Fällen verhindert werden, dass unsere Kuriere, Instrukteure oder Quellen dem Verfassungsschutz in die Hände fielen oder aber unvorbereitet einer solchen Konfrontation gegenüberstanden.

Neben dieser Funktion als »Schutzengel« der operativen Arbeit des gesamten MfS sowie auch der Verwaltung Aufklärung der Nationalen Volksarmee der DDR lieferte die Quelle »Maurer« regelmäßig Dokumente über strategische Planungen der Spionageabwehr und Protokolle der Beratungen der Leiter der Spionageabwehr im BfV und in den LfV (sogenannte G-Leiter-Tagungen). Seine Fotokopien waren übrigens in ausgezeichneter Qualität.

Erst durch die Pressemeldungen über das Ermittlungsverfahren und die Festnahme im Oktober 1990 bzw. über den Prozess vor dem Oberlandesgericht Celle erfuhren wir, dass unsere Quelle »Maurer« von der Staatsanwaltschaft als der Erste Kriminalhauptkommissar Hans-Joachim Armborst, Jahrgang 1943, identifiziert wurde. Im Gerichtsverfahren konnte ihn kein Zeuge persönlich identifizieren.

Noch ein Schutzengel: Richard Kind – Quelle »Bodva«

Richard Kind, Jahrgang 1931, war seit Oktober 1973 als Amtmann beim LfV Hessen, Außenstelle Frankfurt am Main tätig.

Die HV A erhielt etwa 1977 einen Personenhinweis über Verwandtschaftsbeziehungen in die DDR. Die DDR-Verwandten leisteten Unterstützung bei der Personenaufklärung und bei der Organisierung der Zusammenkunft zur Werbung des K. in Wien. Die Werbung und Führung der Quelle erfolgte unter dem Decknamen »Bodva« durch eine Diensteinheit des Sektors Wissenschaft und Technik (SWT) der HV A. Kind steckte in finanziellen Schwierigkeiten wegen seiner Scheidung und der Betreuung eines behinderten Kindes, andererseits war er unzufrieden mit seiner Position in der Dienststelle, er wurde nicht befördert und hatte Diskrepanzen mit Vorgesetzten. Obwohl kein Freund der DDR, nahm Richard Kind das materielle Angebot der HV A an.

Die Quelle »Bodva« im LfV Hessen informierte über Verdachtsfälle auf dem Gebiet der Spionageabwehr.

Außerdem führte er Befragungen und sogenannte Verbleibskontrollen von Übersiedlern aus der DDR durch. Die Übersiedler standen nach dem Passieren der geheimdienstlichen Sichtungsstellen in den Aufnahmelagern der BRD auch weiterhin unter Kontrolle des Verfassungsschutzes. Nicht selten erfolgten (in Auswertung der Sonderdatei ADOS, in denen ihre Angaben gespeichert waren) Nachbefragungen früherer Übersiedler zur Überprüfung von Angaben anderer Übersiedler bzw. bei Verdachtsfällen auf eine Agententätigkeit.

»Bodva« lieferte regelmäßig dienstliche Unterlagen der Spionageabwehr des LfV Hessen und zentrale Dokumente des BfV auf diesem Gebiet, interne Unterlagen zur Struktur und Personal des LfV, Jahresberichte des LfV und BfV.

Bedeutsam für die Sicherung des IM-Netzes der HV A waren seine Hinweise auf Fahndungsmaßnahmen des Verfassungsschutzes, auf Verdachtsfälle, die im LfV bearbeitet wurden und Informationen über Erkenntnisse des Verfassungsschutzes zu Arbeitsmethoden der HV A. Mit einem Schnellgeber übermittelte »Bodva« außerdem aktuell gültige Schutzwörter für telefonische Abfragen in Melde- und Kfz-Registern bzw. zu Speicherabfragen in den Datensystemen von Polizei und Geheimdiensten. Mit Hilfe dieser Schutzwörter konnte die Hauptabteilung III gezielte Abfragen im Auftrag der HV A realisieren.

Ende 1990 wurde die Quelle enttarnt und am 13. Dezember 1990 verhaftet.

Der Prozess vor dem Oberlandesgericht Frankfurt am Main war für Februar 1992 angesetzt. Richard Kind verstarb in der Untersuchungshaft. Er litt zuvor bereits jahrelang an Kreislaufbeschwerden.

Mit der Aktion »Anmeldung« hatte der Verfassungsschutz ein erfolgreiches Muster für eine Rasterfahndung zur Erarbeitung von Verdachtshinweisen auf mögliche Spione der DDR entwickelt. Nun suchte man nach weiteren Fahndungsansätzen. Erfahrungsgemäß war das Verbindungssystem zwischen der Geheimdienstzentrale und dem Agenten ein neuralgischer Punkt. Da die HV A relativ stark auf die persönliche Verbindung mit den Agenten – ob mit Instrukteuren, Kurieren oder im Rahmen von persönlichen Treffs zwischen Führungsoffizier und Quelle – orientierte, bot es sich an, die damit verbundene Reisetätigkeit als Fahndungsansatz zu nutzen.

Aus der Zusammenführung von Informationen aus mehreren Quellen bekamen wir nach und nach einen umfassenden Überblick über diese speziellen Fahndungsmaßnahmen der Spionageabwehr, die sogenannten »Reisewegsuchmaßnahmen«. Es gab für uns eine klare Festlegung als Schlussfolgerung aus der Aktion »Anmeldung«. Eine solche Überraschung durfte sich nicht wiederholen. In der Zwischenzeit hatte sich allerdings auch unsere Quellenposition in der Spionageabwehr der Bundesrepublik entscheidend verbessert.

Mit der gezielten Aufklärung der »Reisewegsuchmaßnahmen«, die, wie im Verfassungsschutz üblich, exotische Tarnbezeichnungen wie »Wirbelsturm« oder »Wacholder« trugen, wussten wir jetzt ganz konkret, zu welchem Zeitpunkt, an welchen Bahnhöfen, auf welche Zugverbindungen oder Flughäfen der Verfassungsschutz Kräfte und Mittel konzentrierte, um verdächtige Personen nach bestimmten Rastermerkmalen herauszufiltern, ihre Personalangaben zu überprüfen und eventuell weitere Kontrollmaßnahmen einzuleiten.

Das Raster war sehr grob, traf aber in den Hauptpunkten auf einen bestimmten Typus operativer Reisekader der HV A zu: männlich, allein reisend, zwischen 25 und 40 Jahre alt, leichtes Gepäck, Reisen am Wochenende.

Ein Schwerpunkt der Fahndungsmaßnahmen lag auf den Verkehrsverbindungen von und nach Berlin. Die nach vorgegebenen Rastermerkmalen ausgewählten Verdachtspersonen wurden nach ihrer Ankunft in Westberlin observiert. Wenn erkennbar war, dass die Zielperson in die DDR einreisen würde, versuchten die Observanten, ihn bei der Rückkehr wieder aufzunehmen und am Wohn- oder Aufenthaltsort zu identifizieren. Auf diese Weise gerieten Tausende von Transitreisenden in das Visier des Verfassungsschutzes. Systematisch wurden diese Suchmaßnahmen auf andere Grenzübergänge zwischen der DDR und der BRD und zunehmend auch auf internationale Flughäfen wie Wien oder Mailand ausgedehnt.

Es ist nicht abzuschätzen, wie viele Bürger der BRD, der DDR oder anderer Länder über diesen Weg bei den fast zehn Jahre praktizierten Suchmaßnahmen in den Speichern des Verfassungsschutzes, also als Verdachtsfall im Speichersystem NADIS, landeten.

Unser fast täglich aktualisiertes Wissen (die entsprechenden Quellen waren mit technischen Systemen zur Sofortübermittlung der Informationen ausgerüstet) über die konkreten Suchansätze nach Ort und Zeitraum führte dazu, dass in der Abteilung VI der HV A, die für die Bereitstellung von Personaldokumenten und für die Beratung der operativen Mitarbeiter über sichere Reisewege verantwortlich war, eine spezielle Arbeitslinie zur Absicherung der Reisewege entstand.

Der Onkel im Verfassungsschutz

Eine geschickte Nutzung aller persönlichen und verwandtschaftlichen Verbindungen von IM der HV A im Operationsgebiet führte auch zu unerwarteten Ergebnissen bei der Aufklärung von Geheimdienstaktivitäten.

Die Abt. XII der HV A führte einen IM im Operationsgebiet (Deckname »Pirol«), der unter seinen Verwandten den Leiter des Sprachen-/Übersetzerdienstes des BfV in Köln hatte. Dieser IM besuchte seinen Verwandten regelmäßig in Köln und bekam auch Zutritt zu den Diensträumen. Unter Vorwänden konnte er verschiedene Akten einsehen und diese sogar kurzfristig ausleihen. Unser IM »Pirol« eilte damit in seinen PKW auf einem Parkplatz in der Nähe des Büros, fotografierte die ausgeliehenen Akten und brachte sie zurück.

Zeitweise besuchte »Pirol« seinen Kontaktmann zweimal wöchentlich.

Durch die Kölner Dienststelle liefen alle möglichen Schreiben und Dokumente befreundeter Geheimdienste, vor allem Berichte aus Italien, Großbritannien und den Benelux-Ländern. Die meisten Texte waren kurze Anschreiben oder Briefe/Faxe, in denen Observationsergebnisse geschildert oder Anfragen nach Personen gestellt wurden, die der Zusammenarbeit mit sozialistischen Geheimdiensten verdächtigt wurden. Mit der Zeit hatte sich »Pirol« fast ein fotografisches Gedächtnis erworben – vor allem merkte er sich Namen. Zur Unterstützung trug er noch ein damals sündhaft teures Diktiergerät in der Tasche, um Details festzuhalten, die sich aus dem Gespräch mit seinem Kontaktmann ergaben.

Im Laufe dieser Operation, welche sich über einige Jahre erstreckte, zog die Dienststelle in Köln zweimal um. Das erste Büro, das unser IM kennenlernte, befand sich in einem unauffälligen Privathaus in der Venloer Straße – eine Einlasskontrolle gab es nicht. Anders im zweiten Büro, einem Wohngebäude in der Innenstadt. Da am Eingang ein Pförtner saß, verzichtete unser IM vorsichtshalber auf Besuche und ließ sich stattdessen von seinem Verwandten mündlich über die eingegangenen Informationen unterrichten. In ein oder zwei Fällen ließ er sich auch Dokumente zum Kopieren mitbringen.

»Pirol« erinnert sich, dass zahlreiche Persönlichkeiten des öffentlichen Lebens in Deutschland vor allem bei den Briten Aufmerksamkeit weckten. Gegen den TV-Journalisten Peter Scholl-Latour etwa wurde geheim ermittelt, weil er der Zusammenarbeit mit dem sowjetischen KGB verdächtigt wurde. Auch der IG Metall-Chef Eugen Loderer und der Dichter Erich Fried wurden bespitzelt. Hin und wieder gab es auch Hinweise auf mutmaßliche Agentenringe oder Einzelagenten des KGB oder der HV A – alle erinnerbaren Details dazu wurden umgehend nach Berlin weitergemeldet. Das wohl umfangreichste Dokument, das unser IM in die Hand bekam, war eine Zusammenstellung der CIA über die Vernehmungen von Eberhard Lüttich (*vgl. Vorgang »Brest«*). Immer wieder gab es auch Protokolle von Koordinierungstreffen westlicher Geheimdienste, etwa des »Genfer Clubs«.

Unter den übermittelten Nachrichten befanden sich auch Informationen des britischen Geheimdienstes SIS über Kontakte seiner Mitarbeiter zu diplomatischen Vertretern der DDR. Wir hatten damit die einzigartige Gelegenheit, die Berichte unserer IM über ihren Kontakt zu einem britischen Diplomaten mit den Berichten des Agenten des britischen Geheimdienstes, also der Gegenseite, zu vergleichen.

Abgesehen davon, dass damit unsere Zuordnung des entsprechenden Diplomaten zum Geheimdienst Ihrer Majestät eindeutig bestätigt wurde, gab es interessante Vergleiche zur Bewertung dieser Kontakte. Während die DDR-Diplomaten in erster Linie die erörterten politischen Themen repetierten, machten die englischen Partner auch recht qualifizierte Angaben zum Persönlichkeitsprofil der DDR-Diplomaten. Sie registrierten aufmerksam alle Reaktionen auf spontane oder von ihnen provozierte außergewöhnliche Situationen im Gesprächsverlauf oder auf Ereignisse während der diplomatischen Begegnungen.

Die Informationen dieser Quelle gaben uns einen guten Überblick über das System der Partnerdienstbeziehungen der BRD-Nachrichtendienste an Hand von Originalunterlagen.

Umgangssprachlich gilt der Militärische Abschirmdienst (MAD) als Verfassungsschutz für die Bundeswehr und die Rüstungswirtschaft und -forschung. Das betrifft zumindest die Mittel und Methoden der Abwehrarbeit des MAD. Unter *www.bundeswehr.de* kann der Internetnutzer im Behördendeutsch zur Funktion des MAD lesen: »Der MAD ist Teil der Streitkräfte und ein Inlandsnachrichtendienst, der in der Bundeswehr und für die Bundeswehr die Aufgaben wahrnimmt, die außerhalb der Bundeswehr von den Behörden für Verfassungsschutz wahrgenommen werden.«

Darum war die Aufklärung der »militärischen Schlapphüte« auch für die Gegenspionage der HV A ein Schwerpunkt. Immerhin ging es um den Schutz nicht weniger erfolgreicher Quellen in Objekten, für die der MAD die Abwehrverantwortung trug.

Bezüglich des MAD war die Hauptabteilung II (Spionageabwehr) der Abteilung IX aber um einige Längen voraus.

MAD-Vize als Quelle – der Vorgang Krase

Anfang 1969 nahm im Grenzabschnitt Lüdersdorf bei Schlutup-Lübeck ein Zivilist Kontakt zu einem DDR-Grenzposten auf und wünschte einen Vertreter der »Abwehr« zu sprechen. Er übergab einen Brief, der Termine für ein Treffen an diesem Grenzabschnitt enthielt. Auf dem Dienstweg erreichte das Angebot den Leiter der Militärabwehr (HA I) und über diesen Minister Erich Mielke. Dieser entschied, dass der Kontakt durch die Spionageabwehr (HA II) aufzunehmen sei. Wie sich herausstellte, handelte es sich bei dem Absender um den Stellvertreter des Dezernatsleiters der MAD-Stelle Kiel, Major Joachim Krase.

Krase hatte – relativ gemäßigte – finanzielle Forderungen und wollte es seinen Kollegen von BND und Verfassungsschutz, die ihn herablassend behandelten, heimzahlen.

So entwickelte sich ein Spitzenvorgang des MfS im Bereich der geheimdienstlichen Abwehrorgane der BRD auf militärpolitischem Gebiet. Krase übergab regelmäßig Informationen über

Streitkräfteplanungen der NATO, Bundeswehrinterna, Führungsdokumente des Bundesministeriums für Verteidigung bis hin zu Stationierungsunterlagen über Kernwaffen und Trägerraketen. Er berichtete über und aus dem MAD, über Struktur und Personal, über Mittel und Methoden der Spionageabwehr in der Bundeswehr, Fahndungsmaßnahmen und Abstimmungen mit den Partnerdiensten im In- und Ausland.[26]

Eine neue Qualität erreichte die Zusammenarbeit, als Krase 1980 zum Chef der Spionageabwehr des MAD und zum stellvertretenden MAD-Chef im Rang eines Oberst befördert wurde. Er übermittelte bis zu seiner Pensionierung im Jahre 1984 aus dieser Spitzenposition heraus alle internen Informationen zum MAD an das MfS. Damit wurde über 15 Jahre lang die Abwehrarbeit des MAD lahmgelegt. Nach Einschätzung des Bundesministeriums für Verteidigung konnte der MAD in diesem Zeitraum seinen Abwehrauftrag nicht erfolgreich durchführen.

Laut der Bewertung des MAD-Chefs Gerd-H. Komossa (1977 bis April 1980) verfügte Krase über das gesamte Wissen des MAD. »Als Abteilungsleiter in der Spionageabwehr koordinierte er alle Operationen. Er hatte Einblick in jeden Fall und kannte die Personen, die sich im verdeckten Einsatz in Gefahr begeben mussten. [...] Hier wurden unsere Methoden verraten. Unser Abwehrdenken, unser Ansatz der Bekämpfung von Spionage. Unsere Möglichkeiten technisch, personell und methodisch. Der Fall beeinträchtigte die Zusammenarbeit mit anderen Diensten im Bündnis. Für unser Land ist großer Schaden entstanden.«[27]

Die Informationen aus dem Vorgang Krase gelangten auf Leiterebene in die Auswertungsbereiche der HV A – militärpolitische Informationen zur Abt. VII der HV A und MAD-Informationen zum Bereich IX/C. Dort wurden sie in verdeckter Form in die Auswertungsprozesse eingespeist. Der Fachauswerter des Bereiches IX/C erhielt keinerlei Hinweise, dass diese Erkenntnisse aus einem Vorgang der Abwehr stammten.

Erst im Oktober 1990 erfolgte postum seine medienwirksame Enttarnung als Spitzenquelle des MfS auf der Grundlage der Aussagen von Verrätern aus der HA II, Eberhard Lehmann und Rainer Wiegand.

Joachim Krase verstarb am 24. Juli 1988 an einem Krebsleiden.

Der Diplom-Pädagoge und kontaktfreudige Journalist Herbert Kloss, Redakteur der *Deutschen Welle*, ging in der Zentrale des MAD in Köln ein und aus. Er war eine aktive Quelle des Referates IX/A/5.

Auftragsgemäß hatte er den Führungskräften des MAD offeriert, dass er zum 30-jährigen Jubiläum des MAD am 16. Januar 1986 ein Buch über den MAD herausgeben wolle. Mit diesem Projekt werde eine Lücke auf dem Büchermarkt geschlossen. Während über BND und BfV immer wieder Publikationen erscheinen, werde der MAD öffentlich kaum gewürdigt.

Seine hochrangigen Gesprächspartner, MAD-Chef Hubertus Senff und dessen Stellvertreter, die Obristen Heinz Kluss und Joachim Krase, waren von diesem Projekt sehr angetan. War doch der MAD durch die Kießling-Affäre wieder einmal in die Schlagzeilen geraten. Im Bundestag gab es Forderungen nach einer Reform des MAD. Da wäre positive Publicity eine wertvolle Hilfe zur Aufbesserung des Images des MAD. Bereitwillig beantworteten sie einen 20-seitigen Fragenkatalog und korrigierten verschiedene Abschnitte eines ihnen vorgelegten Manuskriptes.

Kloss genoss hohes Vertrauen in der Führungsetage des MAD, so dass man ihm auch schon einmal eigentlich schützenswerte Details anvertraut wurden. Noch dazu, da er den MAD-Chefs glaubwürdig versicherte, dass er ihnen jede Publikation vorab vorlegen werde. Immerhin waren die Ergebnisse der Recherchen und Gespräche so ergiebig, dass sich Kloss u. a. eine Kartei über 250 bis 300 MAD-Mitarbeiter anlegen konnte, mit Hinweisen zur Persönlichkeit, über Charakter und Interessen etc.

Er hatte den Gesprächspartnern in der Führungsetage des MAD jedoch nicht verraten, dass diese Informationen unzensiert und vollständig bei seinem Führungsoffizier im Referat IX/A/5 der HV A landen würden. Herbert Kloss wurde dort seit 1977/78 nämlich als Quelle »Siegbert« geführt.

Im September 1991 wurde Kloss vorläufig festgenommen, im August 1992 erhob der Generalbundesanwalt Anklage gegen ihn vor dem Oberlandesgericht Düsseldorf. Das verurteilte ihn zu dreieinhalb Jahren Haft. Der Vorsitzende Richter Dr. Wagner akzeptierte nicht die Einwendungen der Verteidigung, dass die

Abschöpfung von Informationen, erklärtermaßen für ein Buchprojekt, wohl nicht als Geheimnisverrat dem Buchautor angelastet werden könnte, wenn schon, dann treffe dieser Vorwurf die Gesprächspartner aus dem MAD.

Zu den Kuriositäten des Geheimdienstgeschäfts gehört es, dass einer der Gesprächspartner von »Siegbert«, Oberst Joachim Krase, seit 1969 als hochrangige MfS-Quelle über den MAD berichtete.

Werner Großmann zitiert in seiner Autobiographie »Bonn im Blick« aus einem Gutachten des MAD-Mitarbeiters Petersen vom 18. Februar 1991, auf das sich der Generalbundesanwalt in der Anklageschrift gegen Großmann und weitere Mitarbeiter der Hauptverwaltung Aufklärung bezog:

»Der Gutachter gelangt zu dem Schluss, dass die Diensteinheiten der HV A bei Ausnutzung ihres durch Ausspähmaßnahmen erlangten Wissens in der Lage gewesen seien, Abwehrmaßnahmen und vorbeugende Maßnahmen des MAD zu unterlaufen und in nachrichtendienstliche Operationen des MAD einzudringen. Dementsprechend sei davon auszugehen, dass in den Jahren ab etwa 1983 der MAD, bezogen auf die Nachrichtendienste der DDR und der UdSSR seinen Abwehrauftrag nicht mehr ausreichend habe erfüllen können.«

Karl Gebauer – Vorgang »Claus Reuter«

Bei der Aufklärung der Abwehrorgane der BRD spielte dieser Vorgang der Spionageabwehr eine Sonderrolle. Karl Gebauer war Sicherheitsbeauftragter der Firma IBM-Sondersysteme in Wilhelmshaven. Er war zuständig für den Bereich »Führungssysteme« und hatte Zugang zu Verschlusssachen aller Stufen. Im Rahmen dieser Tätigkeit erhielt Karl Gebauer Kenntnis von einem streng geheimen Projekt mit der Deckbezeichnung »Tenne«, das eindeutig auf die Vorbereitung von Angriffsoperationen der Marinestreitkräfte der NATO im Ostseebereich abzielte. Gebauer konnte aus den Unterlagen entnehmen, dass es sich um die Planung des militärischen Erstschlages der NATO im Ostseeraum handelte. Nach mehreren vergeblichen Versuchen, die Öffentlichkeit in der BRD für diese Aktivitäten zu sensibilisieren, entschloss er sich, sein Wissen der östlichen Seite zu offenbaren.

1975 erhielt er in Ostberlin Kontakt zu einem Vertreter der Spionageabwehr (HA II). Sein erklärtes Ziel war, die militärstrategische Parität zwischen Ost und West, als entscheidende Voraussetzung für den Frieden in Europa und der Welt, zu erhalten.

Die HA II führte Karl Gebauer als Quelle »Claus Reuter«.

Karl Gebauer hatte in seiner Funktion engste Kontakte zu Mitarbeitern des MAD, des Verfassungsschutzes und auch des BND. Oft genug musste er erleben, dass Vertreter des einen Dienstes ihn zur Kontrolle/Aufklärung der Aktivitäten des anderen Dienstes missbrauchen wollten und auch nutzten. Aus diesen Informationen entstanden hochwertige Erkenntnisse über Mitarbeiter der Geheimdienste und über interne Intrigen innerhalb und zwischen den bundesdeutschen Diensten.

Dieser Aspekt seiner Informationstätigkeit spielte im Gerichtsverfahren trotz Ausschluss der Öffentlichkeit keine Rolle, was das *Jeversche Wochenblatt* am 28. Januar 1994 zur Frage in der Unterzeile veranlasste »Einseitig Recht gesprochen?«

Im Text hieß es: »Was beim Prozess nur von Gebauer zur Sprache gebracht, offiziell allerdings auch nie dementiert wurde, war seine gleichzeitige Zusammenarbeit mit dem niedersächsischen Verfassungsschutz und dem Militärischen Abschirmdienst. Ein der Redaktion vorliegendes Schreiben bestätigt die Zusammenarbeit mit dem westdeutschen Verfassungsschutz, doch vor Gericht spielte sie keine Rolle, wurde nicht einmal richtig zur Kenntnis genommen. Für einen Laien ist es schwer, ein Gerichtsurteil zu kommentieren. Doch im Fall Gebauer bleibt der fade Eindruck zurück, dass hier einseitig Recht gesprochen wurde, um dem Ansehen deutscher Geheimdienste nicht zu schaden.«

Im Jahre 1985 beendete Karl Gebauer, wie zu Beginn vereinbart, auf eigenen Wunsch die Zusammenarbeit mit dem MfS.

Im Mai 1992 wurde Karl Gebauer verhaftet. Die Bundesanwaltschaft warf ihm Landesverrat vor. Nach Einschätzung des Berliner Kammergerichts hätten die Informationen von Karl Gebauer dazu geführt, dass die NATO und die Bundesmarine den Seekrieg in der Ostsee verloren hätten. Kein Wort davon, dass sie diesen Krieg als erste beginnen wollten.

In einem Brief an seine Schwester gab Karl Gebauer eine Wertung seiner Entscheidung: »Es gibt kein schöneres Erbe als das, was uns Vater hinterlassen hat, sich für die soziale Achtung und

Würde seiner Mitmenschen einzusetzen. Wir nannten uns Kundschafter für den Frieden und waren darauf bedacht, dass die NATO-Seite kein Übergewicht bekam, welches sie verführt hätte, einen Krieg anzuzetteln. Das Gleichgewicht der Kräfte hielt immerhin 40 Jahre, und daran haben Leute wie ich ihren Anteil. Der kleine Unterschied besteht darin, dass in der öffentlichen Wahrnehmung die westlichen Spione die guten Spione waren, während die, die für den Osten arbeiteten, die bösen Spione sind.«

Am 27. Januar 1994 sprach das Berliner Kammergericht das Urteil: zwölf Jahre Freiheitsentzug.

Aus Gründen der schwer angeschlagenen Gesundheit von Karl Gebauer begnadigte ihn, auf Intervention der Öffentlichkeit, Bundespräsident Roman Herzog am 15. Mai 1998.

Residentur Mitte

Mit ihrer Residentur »Mitte« hatte die Spionageabwehr in den 70er Jahren zielgerichtet Quellenpositionen in Abwehrstrukturen und militärischen Objekten Niedersachsens aufgebaut.

1964 hatte sich ein ehemaliger Militär, dessen Großvater als General die militärischen Traditionen an die Familie weitergegeben hatte, zur Zusammenarbeit mit dem MfS bereit erklärt. 1967 führte er auch seine Ehefrau als IM zu. Dieses Führungsduo warb unter »fremder Flagge« drei weitere bedeutende Quellen:

- »Vera«, die Schwester der Ehefrau, welche ab 1975 bis 1977 als Verschlusssachenbearbeiterin beim MAD in Hannover (Wehrbereich II) eingesetzt war,
- »Sybille«, Tochter des Ehepaares, von 1981 bis 1989 im Truppendienstgericht Nord angestellt, und
- »Manfred«, die Freundin der Ehefrau, von 1973 bis 1989 als Schreibkraft im LfV Niedersachsen tätig.

Für diese drei Quellen waren individuelle, langfristig angelegte Maßnahmepläne zur Einschleusung in geeignete Zielobjekte erarbeitet worden, die auch Schritt für Schritt realisiert werden konnten.

Die Quellen lieferten wertvolle Informationen über Abwehroperationen gegen DDR-Aufklärer, über Doppelagenten, den Einsatz von Observationsgruppen gegen Verdachtspersonen und andere Aktionen der Abwehr.

Zugleich erarbeiteten sie regelmäßig Informationen über die militärische Infrastruktur der NATO und der Bundeswehr, so über die Stationierung von Atomraketen oder über Munitionsdepots.

Alle vier Frauen wurden 1993 zu hohen Gefängnis- und Verfallstrafen verurteilt; der Ehemann war 1989 verstorben.

Überlassen wir das abschließende Resümee einem Experten der westlichen Seite. Kriminaldirektor O. M. Engberding vom Bundeskriminalamt schreibt 1993 in seinem Buch »Spionageziel Wirtschaft«: »Die Nachrichtendienste der DDR hatten derart schwere Einbrüche in unsere Spionageabwehr erzielt, dass wir eigentlich nur noch solche Enttarnungen verbuchen konnten, die uns der Zufall oder eine Panne beim Gegner beschert oder die uns der gegnerische Nachrichtendienst wohlüberlegt zugestanden hat.«[28]

2. Ehe der Staatsschutz zugreift

Die Staatsschutzbehörden der Bundesrepublik – die Abteilung Staatsschutz des Bundeskriminalamtes, Staatsschutzabteilungen in den einzelnen Landeskriminalämtern und ihnen nachgeordnete Behörden des Polizeilichen Staatsschutzes bis zu den Kreispolizeibehörden – waren (und sind) die Exekutivorgane für die Spionageabwehr.

Sie wirkten (und wirken) sowohl als Ermittlungsbehörden auf der Grundlage von Ermittlungsverfahren als auch als Vollzugsbeamte bei Festnahmen/Verhaftungen.

Während die Verfassungsschutzorgane selbst entscheiden, ob sie einen Fall exekutiv abschließen lassen (Opportunitätsprinzip) oder ihn mit nachrichtendienstlicher Zielstellung (z. B. für die Überwerbung als Doppelagent) weiterführen wollen, waren (und sind) die Staatsschutzbehörden allein an die Normen der Strafprozessordnung gebunden (Legalitätsprinzip).

Unter Beachtung dieser Bedingungen war die Bearbeitung des Staatsschutzes eine wichtige Säule in der vorbeugenden Sicherung des IM-Netzes im Operationsgebiet – wenngleich Informationen aus diesem Bereich über Gefährdungen von IM auch immer das letzte Signal kurz vor dem Zugriff, also höchste Alarmstufe zur Rettung gefährdeter IM darstellten. Bedeutsam war, dass in den Staatsschutzbereichen die Fahndungsarbeit nach verdächtigen Personen im weitesten Sinne angesiedelt wurde. Deshalb war es z. B. die Pflicht jedes Mitarbeiters der HV A, vor Ausstellung von gefälschten Personaldokumenten und vor jedem Einsatz eines solchen Dokumentes diese Personalangaben in den aktuellen Fahndungsunterlagen, die von den Quellen der HV A regelmäßig geliefert wurden, überprüfen zu lassen.

Eine ausreichende operative Kontrolle der Staatsschutzoperationen auf dem Gebiet der Spionageabwehr konnte die HV A mit einigen gut platzierten Vorgängen gewährleisten.

Walter Schabronat – Vorgang »Luchs«

Der Kriminalhauptkommissar in der Abteilung Staatsschutz des Landeskriminalamtes Nordrhein-Westfalen, Walter Schabronat, stationiert in Duisburg, hatte sich 1970/71 zur Zusammenarbeit mit dem MfS angeboten. Seine ursprünglichen Motive waren rein materieller Art. Im Verlauf des Kontaktes durch den Instrukteur und den vorgangsführenden Mitarbeiter des Referates IX/A/6 entwickelte sich ein enges persönliches Vertrauensverhältnis, das auch zunehmende, zumindest partielle Übereinstimmungen in politischen Grundfragen einschloss.

Grundlage für diese Entwicklung war eine Zusammenarbeit, die sowohl sicherheitsrelevante als auch persönliche Interessen der Quelle nachvollziehbar berücksichtigte.

Die Quelle »Luchs« übermittelte regelmäßig Fahndungsdokumente des Staatsschutzes, Analysen zum Links- und Rechtsextremismus in der BRD sowie Strukturunterlagen der Polizeibehörden.

Seine Enttarnung beruhte auf den Aussagen des Verräters Karl-Christoph Großmann. Im November 1990 wurde »Luchs« verhaftet und ein Jahr später vom Oberlandesgericht Düsseldorf zu drei Jahren Freiheitsentzug und 40.000 DM Geldstrafe verurteilt.

Karin Zuber und andere – Vorgang »Bussard«

Die Geschichte der Verwaltungsangestellten im BKA, Karin Zuber, reicht weiter zurück. Ihre Schwiegermutter Rita Z. war unter dem Decknamen »Schwan« bereits für das Sonderreferat bei der Abteilung I der HV A tätig.

Sie konnte ihren Sohn Jürgen, späterer Deckname »Falke« ebenfalls für eine Zusammenarbeit mit dem MfS gewinnen. »Falke« war eine hochintelligente und ausgesprochen kontaktfreudige Person. Mit ihm wurden mehrere Varianten von »Blickfeldarbeit«, um das Interesse eines Geheimdienstes auf seine Mitarbeit zu lenken, versucht – aber ohne Ergebnis.

Nach seiner Eheschließung mit seiner Frau Karin hatte diese sich erfolgreich beim Bundeskriminalamt beworben. 1978 erhielt sie eine Anstellung in der Abteilung EA3 (Ermittlungen und Auswertung) des BKA.

Neben Strukturunterlagen aus dem BKA konnte sie Protokolle von Dienstbesprechungen verschiedener Ebenen, u. a. auch zur Fahndungsarbeit liefern.

Nach übereinstimmenden Aussagen der Angeklagten im Prozess vor dem OLG Frankfurt im August 1992 waren unter den übergebenen Informationen kaum Materialien, die dem Geheimnisschutz unterlagen. Der operative Wert realisierte sich dann vor allem in der Zusammenfügung verschiedener Detailerkenntnisse in der Auswertung der Abteilung IX.

Die Angeklagten wurden zu Bewährungsstrafen und Geldbußen verurteilt.

Ute und Johann Brunner – der Vorgang »Hecht«

Einen direkteren Zugang zum Bereich Staatsschutz im BKA fand die Abteilung XV der Bezirksverwaltung Karl-Marx-Stadt ab 1971 mit der Büroangestellten Ute Brunner, die seit 1970 in der Sicherungsgruppe Bonn des BKA tätig war und im Januar 1971 in der Abteilung Staatsschutz arbeitete.

Der Kontakt zu ihr wurde durch den 1967 in die BRD übersiedelten Versicherungsangestellten Johann Brunner hergestellt. Seine spätere Ehefrau hatte sich zur Zusammenarbeit mit dem MfS bereit erklärt und konnte die Wochenberichte des Staatschutzes, Besprechungsprotokolle zur Arbeit des Staatsschutzes und Angaben aus Ermittlungsverfahren gegen verdächtige bzw. enttarnte Kundschafter der DDR als Informationen übergeben.

In der Berichterstattung über den Prozess vor dem OLG Düsseldorf wurde über Informationslieferungen im Umfang von 10.000 bis 17.000 Aktenseiten spekuliert.

Die Angeklagten wurden im November 1991 zu fünf bzw. vier Jahren Freiheitsentzug verurteilt.

Anmerkungen

1 Vgl. Helmut Roewer: Nachrichtendienstrecht der Bundesrepublik Deutschland; Carl Heymanns Verlag, Köln 1990, S. 122

2 Das Nachrichtendienstliche Informationssystem NADIS wird gemeinsam

vom BfV, den LfV, dem BND, MAD und von der Staatsschutzabteilung des BKA genutzt. Es enthält Namen, Identifizierungsmerkmale und Aktenzeichen der internen Ablagen von Personen und Gruppen, von denen der Verfassungsschutz annimmt, dass sie Träger von Bestrebungen gegen die freiheitlich-demokratische Grundordnung seien bzw zu denen in diesen Diensten andere Materialablagen existieren (RA Rolf Gössner in *Geheim* Nr. 3/87 mit weiteren Quellenangaben)

3 G-10-Maßnahmen sind geheime Aktionen der Post- und Fernmeldekontrolle nach Art. 10 des Grundgesetzes

4 Vgl. *Spiegel* 14/1994, »Gedecktes Keilkissen«, S. 48ff.

5 Hansjoachim Tiedge schildert in seinen Erinnerungen »Der Überläufer – eine Lebensbeichte«, Verlag Das Neue Berlin, Berlin 1998, auf S. 246ff. seine Einschätzungen zu dieser Operation, die nicht immer mit dem realen Verlauf des Vorganges aus der Sicht der Abt. IX übereinstimmen muss

6 Vgl. Markus Wolf: »Spionagechef im geheimen Krieg«; econ Verlag, Düsseldorf 1998, S. 309f.

7 a. a. O., S. 311

8 Vgl. Eichner/Schramm (Hrsg.): »Kundschafter im Westen«, edition ost, Berlin 2003, darin: »Vom BfV zur HV A«, S. 179, 181

9 Originalauszüge aus den dienstlichen Beurteilungen Kurons in seiner Personalakte im Bundesamt für Verfassungsschutz und aus der Urteilsbegründung; zitiert in *Wochenpost*, Berlin, vom 8. Juli 1993: »Vor unserem Laden hatte ich keine Angst«

10 Eichner, Schramm (Hrsg.): Kundschafter ..., a. a. O., S. 177

11 Interview im *Freitag* vom 14. Juli 1995

12 Vgl. *Neues Deutschland* vom 9. Oktober 1998, Interview: »Gleiches Recht für alle Ex-Spione«

13 Vgl. Hansjoachim Tiedge: Der Überläufer ..., a. a. O., S. 429

14 Vgl. Markus Wolf: »Spionagechef ...«, a. a. O., S. 313

15 Vgl. Hansjoachim Tiedge, a. a. O., S. 440

15aVgl. Prof. Dr. Ehrenfried Stelzer, Oberst a. D., in: Ralph Hartmann: »Die DDR unterm Lügenberg«, edition ost, Berlin 2010

16 Tiedge, a. a. O., S. 454

17 Zitiert bei: Alexander Reichenbach: »Chef der Spione. Die Markus-Wolf-Story«, DVA, Stuttgart 1992; S. 93

18 Anmerkung Klaus Eichner: Die Aussagen in diesem Abschnitt beruhen auf einem unveröffentlichten Manuskript aus dem Jahre 2000, an dem der zuständige Untersuchungsführer der HA IX mitgearbeitet hatte. Kopie im Archiv des Autors

19 Vgl. Eichner/Schramm (Hrsg.): »Kundschafter ...«, a. a. O., S. 177

20 Vgl. Hansjoachim Tiedge, a. a. O., S. 450

21 Der Verfassungsschutz führte jahrelang die Sonderkartei »ADOS: Adressen und Objekte Ost«; in der zumindest bis November 1989 Anschriften und Arbeitsstellen von Aus- und Übersiedlern erfasst wurden. Die Datei ADOS

diente oft als erste Überprüfungsmöglichkeit bei Verdachtsmomenten auf sogenannte »Illegale«. Im Bedarfsfall konnte der Verfassungsschutz bei Rückfragen darauf zurückgreifen.

22 Vgl. Markus Wolf: »Spionagechef ...«, a. a. O., S. 158

23 Vgl. Großmann, Werner: »Bonn im Blick«, Verlag Das Neue Berlin, Berlin 2007, S. 74

24 Vgl. Hansjoachim Tiedge, a. a. O., S. 173

25 Vgl. Markus Wolf: »Spionagechef ...«, a. a. O., S. 408f.

26 Die Details der Kontaktaufnahme sind entnommen: Peter-Ferdinand Koch: »DDR contra BRD – die feindlichen Brüder«, Scherz-Verlag, Frankfurt am Main 1994, S. 321ff. Der Autor nennt dort keine Quellen, deshalb kann die Korrektheit dieser Angaben nicht verbürgt werden

27 Vgl. *Die Welt*, Oktober 1990

28 zitiert in Werner Großmann: Bonn im Blick; Verlag Das Neue Berlin, 2001, S. 149

IV. Schutz und Sicherung der Auslandsvertretungen der DDR und ihrer Mitarbeiter

1. Der Bereich IX/B

Die gesellschaftliche Entwicklung in der ersten Hälfte der 70er Jahre hatte für die Politik der DDR neben den politischen, wirtschaftlichen und kulturellen Folgen auch qualitativ neue strategische und strukturelle Konsequenzen im Sicherheitsbereich zur Folge.

Nach dem Vierseitigen Abkommen im Jahre 1971, dem Moskauer und dem Warschauer Vertrag folgte 1972 der »Vertrag über die Grundlagen der Beziehungen zwischen der DDR und der BRD«. 1973 wurden beide deutsche Staaten in die UNO aufgenommen. Am Ende jenes Jahres unterhielt die DDR völkerrechtliche Beziehungen zu 109 Staaten. 1975 unterzeichneten 35 Staats- und Regierungschefs die Schlussakte der Konferenz über Sicherheit und Zusammenarbeit in Europa (KSZE).

Die durchgängige diplomatische Anerkennung der DDR führte zur Normalität der Außenbeziehungen und damit zur Einrichtung einer Vielzahl von Botschaften, Handelsvertretungen, Kundenstützpunkten. Freundschaftsgesellschaften entstanden.

Über 10.000 DDR-Bürger waren im nichtsozialistischen Ausland eingesetzt, in der Regel drei Jahre mit Ehefrau und mit Kindern bis zum 6. Schuljahr.

Diese Entwicklung wurde von den westlichen Geheimdiensten mit größtem Interesse verfolgt. Während die Aktivitäten US-amerikanischer Dienste gegen die DDR im Wesentlichen gleich blieben, erfolgte im Rahmen der Abstimmung und Arbeitsteilung eine starke Zunahme der Anstrengungen durch den BND, verbunden mit dem Ausbau der vorhandenen DDR-Abteilungen und Referate.

Waren die bisherigen Bemühungen zur Gewinnung bedeutender Informationsquellen ohne größeren Erfolg geblieben – auch Dank des Sicherheitssystems in der DDR –, so erhoffte man sich neue Möglichkeiten und Bedingungen für die Werbung ranghoher Quellen und für die Beschaffung geheimster interner Informationen. Es entstand die Strategie der »Umweganbahnung«, d. h.

über die Werbung von Reise- und Auslandskadern der DDR wollte man in die Spitzenobjekte der DDR vordringen.

In den Analysen des BND aus jener Zeit wurde von der durchaus zutreffenden Prämisse ausgegangen, dass Mitarbeiter der Auslandsvertretungen (AV) aus Führungsobjekten der DDR delegiert wurden, fachlich qualifiziert und aus der Sicht der DDR politisch zuverlässig waren. Nach Abschluss ihrer Auslandseinsätze übernahmen sie wichtige Positionen in Staat und Gesellschaft und waren perspektivisch deshalb wichtige Quellenpositionen.

Der BND schloss in seine Bewertung den Umstand ein, dass Mitarbeiter der AV ein höheres Einkommen als in der Heimat bekamen, die Vorzüge der Marktwirtschaft in Anspruch nahmen und deshalb an einem möglichst langfristigen Einsatz interessiert waren. Diesen würden sie nicht gefährden wollen. Der BND setzte darauf, dass die Bedingungen in Ländern mit entwickelter Wirtschaft und höherem Lebensstandard einen begünstigenden Einfluss auf eine bürgerliche Lebensweise ausüben und Begehrlichkeiten, materielle Interessen und ein vom DDR-Bild abweichendes Moralverhalten wecken könnten.

Außerdem wurde die Bearbeitung solcher Kandidaten als für den BND relativ risikolos eingeschätzt, da sich seine Werber »wie zu Hause fühlten« und darüber hinaus in vielen Ländern BND-Residenturen in den AV der BRD bzw. die Partnerbeziehungen zu den Landessicherheitsorganen Hilfe und Unterstützung leisteten.

Die in Dokumenten und Vorgängen nachgewiesenen Informationsinteressen des BND bezogen sich dabei:

• auf Aufgaben und Wirksamkeit der Auslandsvertretungen der DDR im Gastland, Beziehungen zur Regierung und zu führenden Persönlichkeiten des Landes. Pläne und Absichten zum Ausbau dieser Beziehungen, vor allem auch in ökonomischer und wissenschaftlich-technischer Hinsicht. Aufträge von Partei und Regierung der DDR hierzu. Gegenseitiger Delegationsaustausch. Geplante Abkommen und Vereinbarungen;

• auf das Zusammenwirken mit den Auslandsvertretungen anderer sozialistischer Staaten, insbesondere der Sowjetunion. Von besonderem Interesse dabei waren abweichende Einschätzungen zu politischen Grundfragen und zur Politik gegenüber dem Gastland;

• auf personelle Besetzung, Struktur der Auslandsvertretungen der DDR, Geschäftsabläufe, Tag- und Nachtdienst. Sicherheitsbestimmungen, Aufbewahrung wichtiger Materialien. Besonderes Interesse bestand an der Einschätzung leitender und solcher Mitarbeiter, die für neue Werbeoperationen geeignet erschienen;

• auf Weisungen und Richtlinien der Entsendebetriebe, die Schlussfolgerungen auf die generelle Politik der DDR zuließen;

• auf Informationen zu Mitarbeitern des MfS und deren Tätigkeit, Verbindungen zu Sicherheitsorganen des Gastlandes.

Ähnliche Neugier bestand natürlich auch bei anderen Geheimdiensten von NATO-Staaten und bei den oft unter deren Einfluss stehenden Geheimdiensten der Gastländer.

Für den Schutz und die Sicherheit der Auslandsvertretungen der DDR entstanden neue Anforderungen, die zeitlich mit der Bildung der Abteilung IX zusammenfielen.

2. Das Sicherheitssystem in den Auslandsvertretungen der DDR

Die politischen Veränderungen in Europa in den frühen 70er Jahren führten zu umfassenden Analysen der Sicherheitserfordernisse in den Auslandsvertretungen der DDR. In die Überlegungen flossen auch der Überfall auf die BRD-Botschaft in Schweden im April 1975 ebenso ein wie die weltweiten Erscheinungen des Terrorismus.

Die bis dahin gesammelten Erfahrungen ließen uns die Aufmerksamkeit auf diese Schwerpunkte lenken:

- Sicherung der Gebäude der Botschaften, insbesondere der Eingangsbereiche;
- Vervollkommnung der Sicherheitszonen in den Botschaften mit sicherheitsrelevanten Räumen, insbesondere die Arbeitszimmer des Botschafters, des Hauptamtlichen Sicherheitsbeauftragten (HSB), sowie von Arbeitsräumen von Chiffreuren und Funkern und Sicherung der dort verwahrten Dokumente;
- Einrichtung abhörsicherer Räume und Abwehr feindlicher Abhörtechnik;
- Verhinderung der Anwerbung von Einsatzkadern durch westliche Geheimdienste; Aufspüren von Agenten;
- Schutz vor Terrormaßnahmen;
- Erhöhung des Informationsaufkommens über Ziele und Methoden westlicher Dienste gegen die DDR und deren Auslandsvertretungen durch umfassende IMB-Arbeit;
- Entwicklung von Nachrichtenspielen und qualifizierte »Abschöpfarbeit«;
- Nutzung von Möglichkeiten zur Durchführung von Werbeoperationen gegen Mitarbeiter westlicher und Landesgeheimdienste.

Die von uns in diesem Zusammenhang angefertigte Studie ging von dem Erfordernis aus, dass in die Sicherungsarbeit vor Ort die Verantwortlichen der staatlichen, wirtschaftlichen, kulturellen und anderen Einrichtungen, die in der Auslandsarbeit tätig sind, einbezogen werden müssen. Die Federführung lag beim Ministerium für Auswärtige Angelegenheiten (MfAA). Hierzu bestand im MfAA die Abteilung Schutz und Sicherheit, die sich überwiegend aus OibE des MfS zusammensetzte.

Der Botschafter trug im Gastland die Verantwortung für alle eingesetzten Mitarbeiter und für die materielle Sicherheit.

Eine weitere Prämisse bestand darin, dass die Sicherheit der Auslandsvertretungen und ihrer Mitarbeiter von deren Qualifikation abhing. Auswahl und Bestätigung geeigneter und überprüfter Kader hatten vor dem Einsatz zu erfolgen. Das bezog sich neben der fachlichen Qualifikation insbesondere auf saubere persönliche Verhältnisse und eine erwiesene zuverlässige politische Haltung zur DDR, was bei Auslandskadern auch die Ehefrauen einschloss. Beim Ministerrat der DDR bestand eine Abteilung Auslandsdienstreisen, der in den Bezirken ähnliche Dienststellen zugeordnet waren. Sie wurde von Staatssekretär Dr. Harry Möbis geleitet. Im Zusammenwirken mit dem MfS organisierte sie Überprüfungs- und Bestätigungsverfahren.

Die Sicherheitsarbeit bestand vor allem in der Vorbeugung. Das erforderte eine umfangreiche Vorbereitung der Einsatzkader auf ihren Einsatz mittels Schulungen, Instruktionen, Filmen und Einzelgesprächen; die Schulung wurde während des Einsatzes fortgesetzt. Dabei bewährte sich die Einbeziehung des Lehrkabinetts der Abteilung Schutz und Sicherheit des MfAA, in dem zum Beispiel auch Handlungsmodelle für das Verhalten in besonderen Gefahrensituationen dargestellt wurden. In der Akademie für Staat und Recht fanden vor den angehenden Außenpolitikern regelmäßig Vorträge zu Sicherheitsfragen statt. Auf den jährlich stattfindenden Botschafterkonferenzen spielten solche Themen generell eine Rolle.

Der Einsatz von Hauptamtlichen Sicherheitsbeauftragten (HSB) in den wichtigsten Auslandsvertretungen bewährte sich. Sie wurden als OibE des Bereichs IX/B über die Abteilung Schutz und Sicherheit des MfAA in der Regel für drei Jahre in die Auslandsvertretungen delegiert.

Zur Wahrnehmung staatlicher Verantwortung waren sie direkt dem Botschafter zugeordnet; in Wahrnehmung der Aufgaben des MfS erfolgte ihre Unterstellung unter den Residenten der HV A als Gehilfe für die Residenturarbeit »Bereich B«.

Die Residentur war für die Gewährleistung der Sicherheit in ihrer Gesamtheit mitverantwortlich.

Im Jahresdurchschnitt befanden sich etwa 30 HSB durchgehend im Einsatz. In kleineren Auslandsvertretungen waren ehrenamtliche Sicherheitsbeauftragte (ESB) tätig, in der Regel im Status eines IM.

Ab 1975 erfolgte der langfristige Einsatz von Objektsicherungskräften (OSK) in ausgewählten Auslandsvertretungen, die in Gruppen von drei bis fünf Mitarbeitern ausschließlich Aufgaben der inneren Sicherheit erfüllten, also Einlassdienst, Objektschutz, Sicherung der Residenzen und Schulen, Begleitung des Botschafters, Untersuchung verdächtiger Postsendungen usw. Solche OSK-Gruppen waren in etwa 15 Ländern eingesetzt. Sie wurden in sicherheitsrelevanten Bereichen der Auslandsvertretungen tätig und reisten in der Regel mit Ehefrauen.

Der Auswahl, Vorbereitung und dem Einsatz qualifizierter inoffizieller Mitarbeiter in sicherheitsrelevanten Bereichen der Auslandsvertretungen, besonders dort, wo das Interesse westlicher und Landesgeheimdienste besonders groß war, wurde große Bedeutung beigemessen. Das galt auch für die ständige Analyse des Kontaktkreises der Auslandsvertretungen.

3. Entlarvung von Agenten westlicher Dienste in den DDR-Auslandsvertretungen

Während der Existenz von Auslandsvertretungen der DDR wurden über einen Zeitraum von zwanzig Jahren etwa 200 Anbahnungs- und Kontaktversuche westlicher Geheimdienste festgestellt. Sie erfolgten eindeutig mit dem Ziel der Werbung von Agenten. Die jährlichen Analysen über Angriffe westlicher Geheimdienste auf Auslandskader der DDR ergaben bis zu 30 Kontaktaufnahmen von Mitarbeitern dieser Geheimdienste, davon wurden im Jahresdurchschnitt zwischen drei und zehn Kontakte zu direkten Werbeversuchen ausgebaut.

Während Anfang der 70er Jahre BND und CIA etwa zu gleichen Teilen an den Werbeaktivitäten beteiligt waren, in Frankreich registrierten wir fünf Versuche durch französische Dienste, änderte sich das Verhältnis Anfang der 80er Jahre. Fortan tat sich überwiegend der BND hervor. Er unternahm die meisten Werbeversuche bei DDR-Auslandskadern. Dafür setzte er speziell ausgebildete Gruppen von erfahrenen Mitarbeitern ein, um die Angehörigen der eigenen Residenturen vor Ort nicht zu kompromittieren.

Die Werbegruppen des BND, jeweils aus zwei bis drei Personen bestehend, wurden rund um den Globus tätig. So gab es Werbeversuche in Australien wie auch in Ländern Lateinamerikas. Schwerpunktmäßig waren die Werbegruppen jedoch in der BRD und in imperialistischen Hauptländern tätig.

Es gab Werbeversuche auf der Grundlage von Druck und unter Vorlage angeblicher Kompromate in 75 Prozent aller Fälle. Der Rest waren finanzielle Angebote, gepaart mit dem Versprechen, materielle Hilfe und Unterstützung bei einer späteren Übersiedlung in die BRD zu leisten.

Die Werbegruppen verfügten über z. T. beachtliche Kenntnisse über jene Zielpersonen, die aus der Sicht des BND einen erfolgreichen Abschluss versprachen. Jedoch bevorzugte man eine kurzfristige Bearbeitung, die das Element der Überrumpelung einschloss. Qualifizierte und längerfristige Werbekombinationen erfolgten selten.

Die BND-Werber waren bestrebt, die Werbekandidaten möglichst schon im ersten Kontaktgespräch durch das Abfragen von Informationen zu binden. Weitere Zusammenkünfte erfolgen dann in Abständen von vier bis acht Wochen, vorwiegend in Hotels.

Neben dem BND war in Einzelfällen auch der Verfassungsschutz bestrebt, Werbevorgänge dieser Art im Ausland zu entwickeln. So berichtete der ehemalige Leiter der Referatsgruppe DDR im BfV, Hansjoachim Tiedge, dass zwei Mitarbeiter aus seinem Bereich nach Oslo geschickt worden waren, da die norwegischen Partnerdienste informiert hatten, dass die Frau des Botschafters der DDR, Werner Krause, die Absicht habe, sich in den Westen abzusetzen.

Die Abteilung IX hatte ebenfalls von dieser Absicht erfahren und konnte das Ehepaar unter der glaubhaften Legende der Vorbereitung des Besuches des DDR-Außenministers in Norwegen nach Berlin beordern. Botschafter Krause kehrte anschließend ohne seine Ehefrau nach Oslo zurück.[1]

Eine Analyse zum Bekanntwerden der Werbeaktivitäten des BND ergab, dass etwa 80 Prozent aller Anbahnungen und der Werbeversuche des BND von den Betroffenen gemeldet wurden, in den meisten Fällen beim HSB oder ESB. Diese oft emotionalen Offenbarungen erfolgten freiwillig und freimütig, das heißt man räumte Verfehlungen und Verstöße gegen Moral, Gesetz und gegen Sicherheitsbestimmungen selber ein und bat darum, dass der Auslandseinsatz beendet würde. Dem wurde generell stattgegeben. Kontaktversuche westlicher Geheimdienste im Ausland griffen stark in die Persönlichkeit der betroffenen Mitarbeiter ein. Oft befanden sich Kinder, Verwandte, Haus und Hof in der DDR. Durch Schulungen und Instruktionen waren das Vorgehen der Dienste und die möglichen Folgen bekannt.

Weiterhin wurden 10 Prozent über eine gezielte Blickfeldarbeit mit IMB bekannt und weitere 10 Prozent der erkannten Werbeversuche/Werbungen gelangten uns als Ergebnis umfangreicher Abwehrmaßnahmen zur Kenntnis, die zur Entlarvung der Agenten führten. Eine hervorragende Rolle nahmen dabei Meldungen von Quellen im BND ein, die Hinweise auf Informationsabflüsse aus Auslandsvertretungen enthielten. Auch Hinweise von Abwehrdiensteinheiten des MfS über Unregelmäßigkeiten und Verdachtsmomenten in der DDR waren Ausgangspunkt für eine personengebundene Bearbeitung im Ausland.

Nachfolgend einige Vorgänge.

Wolfgang Reiff, Djakarta

Der Diplom-Staatswissenschaftler wurde Anfang der 70er Jahre erstmals als Diplomat an der Botschaft der DDR in Indonesien eingesetzt. Wie spätere Ermittlungen ergaben, beteiligte er sich gegen Provision am illegalen Import von Pkw. Die CIA hatte einige Hinweise auf diese Geschäftspraktiken erhalten. Als Reiff 1977 erneut nach Djakarta kam, diesmal als stellvertretender Botschafter, befürchtete er, von der CIA erpresst zu werden und trat die Flucht nach vorn an: Er nahm Kontakt zu dem ihm bekannten Residenten der CIA auf und erklärte sich zur Zusammenarbeit bereit.

Reiff verriet in dieser Zeit alles über die DDR-Botschaft und über außenpolitische Konzeptionen der DDR.

Im Verlauf des Jahres 1979 geriet er zunehmend in persönliche und dienstliche Schwierigkeiten, er begann zu trinken, seine Ehe war gefährdet und er war unzufrieden mit seiner weiteren Entwicklung im diplomatischen Dienst. Unter Alkoholeinfluss ließ er seinen Frust über seine ausgebliebene Beförderung während einer Veranstaltung in der BRD-Botschaft ab. Davon nahm der anwesende BND-Resident Kenntnis.

Die sodann einsetzende BND-Bearbeitung erbrachte offenbar weitere Hinweise und löste schließlich eine Werbeaktion im Einsatzland aus. Der BND bot Reiff Unterstützung bei der Ausschleusung in die Bundesrepublik an. Da sich die Eheverhältnisse stabilisiert hatten, lehnte Reiff die Flucht ab, erklärte aber seine Bereitschaft, nach seiner Mitte 1981 geplanten Rückkehr in die DDR für den BND als Agent zu arbeiten. Der CIA hatte Reiff erklärt, er werde die Zusammenarbeit einige Zeit aussetzen.

Die Beweisführung für seine Spionagetätigkeit erfolgte letztlich durch das operative Sichtbarmachen von Briefen mit Geheimschreibmitteln, die Reiff während seines Aufenthaltes in der DDR an Deckadressen in der BRD verschickte. Die Identifizierungsoperation war besonders schwierig, da Reiff zum Versand der Geheimschriftbriefe bis zu hundert Kilometer weit fuhr.

Am 20. Dezember 1981 wurde Reiff verhaftet. Das Militärobergericht der DDR verurteilte ihn im April 1983 wegen Spionagetätigkeit im schweren Fall zu lebenslänglichem Freiheitsentzug. Die Strafe wurde 1987 auf 15 Jahre herabgesetzt. Im Rahmen einer allgemeinen Amnestie der Modrow-Regierung wurde Wolfgang Reiff im Dezember 1989 aus der Haft entlassen.[2]

Peter Zobel, Handelspolitische Abteilung Düsseldorf – Vorgang »Greif«

Zobel war Mitarbeiter der Handelspolitischen Abteilung (HPA) der DDR in Düsseldorf und aktiv in der Gewerkschaftsarbeit tätig. Während des Urlaubsaufenthalts eines seiner Kinder in Düsseldorf im Dezember 1984 wurde die Familie bei einem angeblichen Diebstahl von Kinderbekleidung im Wert von weniger als 100 DM in einem dortigen Kaufhaus von Detektiven gestellt und über die Polizei an den BND vermittelt.

Die Mitarbeiter des BND übten auf Zobel massiven Druck aus, sie drohten, die Vernehmungsprotokolle zu veröffentlichen, den Vorgang an den Handelsrat der DDR zu melden, eine Bloßstellung in der Gewerkschaftsgruppe zu veranlassen – was eine Beendigung des Auslandseinsatzes zur Folge haben würde.

Zobel widerstand diesem Druck nicht und erklärte sich zur Zusammenarbeit mit dem BND bereit. Die Treffs fanden an verschiedenen Orten der BRD statt, in denen der Agent geschäftlichen Aufgaben nachging.

Während eines Kollektivausflugs an einem Wochenende in den Süden der BRD entfernte sich Zobel für längere Zeit von der Gruppe, was auch auf funkelektronischem Wege dokumentiert wurde, um sich mit seinem Agentenführer zu treffen.

1986 erfolgte Zobels Festnahme und im Juni 1987 vor dem Militärobergericht der DDR die Verurteilung wegen erwiesener

Spionage für den BND zu zwölf Jahren Haft. Auch er wurde im Dezember 1989 amnestiert und aus der Haft entlassen.

Hans-Walter Bos, Wien – Vorgang »Kröte«

Fähnrich Bos wurde 1980 als Kraftfahrer der Militäraufklärung in der AV der DDR in der Schweiz eingesetzt. Der dortige Geheimdienst erkannte sehr bald seine kostspielige Vorliebe für das Bogenschießen und das dafür erforderliche Equipment. Man bot Bos Geld für Informationen, er nahm das Angebot an.

1982 wurde Bos in die Zentrale nach Berlin zurückversetzt. Da die Schweiz keine Möglichkeiten sah und wohl auch kein Interesse hatte, diese Quelle in der DDR zu führen, übergab man Bos an den BND. Zu dieser Übergabe existieren mehrere voneinander abweichende Versionen.

Bos hatte in der Zentrale der Verwaltung Aufklärung der NVA Zugang zu Verschlusssachen unterschiedlicher Bedeutung, die er an den BND lieferte.

Nach kurzer Zeit wurde Fähnrich Bos als Fahrer/Hilfskraft zur Delegation der NVA bei den Abrüstungsgesprächen in Wien versetzt. Von dort lieferte er zahlreiche Dokumente zu den Verhandlungspositionen der östlichen Seite bei den Abrüstungsverhandlungen. Die HV A erhielt über eine der Quellen im BND Kenntnis, dass dort vermehrt Verschlusssachen der NVA, Analysen über Abrüstungsverhandlungen u. ä. aufgetaucht waren. Gemeinsam mit der Spionage- und Militärabwehr wurde der Operativ-Vorgang »Kröte« entwickelt.

Die Festnahme von Bos erfolgte am 5. November 1985. 1987 wurde er zu lebenslanger Haft verurteilt, die Strafe einige Zeit später auf 15 Jahre Haft reduziert. Auch Bos wurde im Rahmen der Generalamnestie im Dezember 1989 aus der Haft entlassen. Er baute sich in Berlin eine Privatdetektei auf.

Prof. Dr. Percy Stultz

Prof. Stultz war ein international anerkannter Historiker und arbeitete an der Akademie der Wissenschaften der DDR. 1975 wurde er zur UNESCO nach Paris als Direktor der Abteilung Weltkulturerbe berufen.

Der Abwehrvorgang gegen Prof. Stultz diente der Aufklärung einer »Romeo-Operation« des BND. Der geflüchtete DDR-Bürger Klaus Hille, wohnhaft in München, kannte die Frau von Prof. Stultz aus gemeinsamer Studienzeit an der Humboldt-Universität. Er wurde vom BND in Paris als »Romeo« eingesetzt mit dem Auftrag, Beziehungen mit ihr aufzunehmen. Regine Stultz war wesentlich jünger als ihr Mann und langweilte sich in Paris.

Die Beziehungen zwischen Frau Stultz und Klaus Hille wurden bald auch in der »DDR-Kolonie« in Paris bekannt. Zusätzlich erhielt die HV A Quellenhinweise aus dem BND über die bevorstehende Werbeoperation.

Der BND beabsichtigte, Stultz mit Hilfe seiner Frau, die bereits seit etwa 1979 bewussten Kontakt mit dem BND unterhielt, für den Bundesnachrichtendienst zu gewinnen. Stultz räumte später in einer Befragung in der DDR ein, dass er im Juli 1979 von seiner Frau erfahren hatte, dass sie für den BND arbeite. Sie hatte ihm auch eine Telefonnummer für eine persönliche Kontaktaufnahme mit dem BND übergeben, die er aber nicht genutzt haben wollte. Prof. Stultz gab zu, dass ihm klar war, dass der BND über seine Frau gegen ihn eine Werbeoperation eingeleitet hatte.

Am 20. August 1980 verurteilte ihn das Militärobergericht Berlin zu drei Jahren Freiheitsentzug wegen Nichtanzeige einer Straftat nach §245 StGB.

Verbindungsführer von Hille war der BND-Mitarbeiter Marwede aus dem Referat 12B (DDR-operativ).

Prof. Stultz ist inzwischen verstorben.

Die massiven Werbeangriffe des BND waren Gegenstand öffentlichkeitswirksamer Maßnahmen. Die Zeitung *Neues Deutschland* brachte in ihrer Ausgabe vom 19./20. Juli 1986 eine *ADN*-Meldung unter dem Titel: »Erpressungsversuch des BND gegen DDR-Bürger kein Einzelfall.

»In einer Demarche des Ministeriums für Auswärtige Angelegenheiten der DDR vom 3. 7. 1986 an die Ständige Vertretung der BRD in der Hauptstadt der DDR wurde gegen erpresserische Praktiken des BRD-Geheimdienstes (BND) protestiert. Durch BND-Mitarbeiter wurde mehrfach versucht, den DDR-Rechtsanwalt Edgar Irmscher während beruflicher Aufenthalte in Berlin (West) sowohl auf offener Straße als auch schriftlich zu kontaktieren und ihn unter der falschen Beschuldigung der nachrichtendienstlichen Tätigkeit zur Zusammenarbeit mit dem BND und damit zum Verrat an der DDR zu zwingen. Durch das Ministerium für Auswärtige Angelegenheiten der DDR wurde nachdrücklich gefordert, alle geheimdienstlichen Aktivitäten gegen Rechtsanwalt Irmscher einzustellen, da die ungehinderte Ausübung seiner Tätigkeit nicht nur im Interesse der DDR liegt.«

4. Arbeit mit IMB und Nachrichtenspiele

Die IM-Kategorie IMB wird in den Richtlinien 1/79 und 2/79 charakterisiert als »IM zur unmittelbaren Bearbeitung im Verdacht der Feindtätigkeit stehender Personen«. Diese Funktion wird an anderer Stelle etwas detaillierter charakterisiert: »IMB wurden vorrangig eingesetzt zur Aufklärung der Geheimdienste der BRD und anderer westlicher Länder und deren Vorgehen bei der Gewinnung von Spionen und Agenten.«[3]

Obwohl im Durchschnitt im MfS nur jeder dritte IM-führende Mitarbeiter einen IMB anleitete, waren für die HV A-Abt. IX im Jahre 1989 ganze 255 IMB[4] registriert, das heißt durchschnittlich leitete jeder IM-führende Mitarbeiter der Abteilung drei IMB. Die Zahlen für den Bereich XI/B bewegen sich auch in dieser Höhe.

Die Entwicklung und Zusammenarbeit mit IMB bildeten »die Seele« der Gegenspionage, da die Bearbeitung von Mitarbeitern und Agenten westlicher Dienste zwangläufig qualifizierte Inoffizielle Mitarbeiter erforderte. Sie waren dabei zur direkten Bearbeitung hauptamtlicher Mitarbeiter und Agenten mit unterschiedlichen Zielsetzungen, vor allem der Werbung, eingesetzt oder im Rahmen von uns gesteuerter Nachrichtenspiele tätig.

Der Bereich IX/B setzte in allen Schwerpunktländern IMB zur offensiven Bearbeitung feindlicher Geheimdienste ein. Diese rekrutierten sich vorrangig aus Auslandskadern, die nach Werbeversuchen westlicher Dienste im Operationsgebiet oder während ihrer Aufenthalte in der DDR ihre Bereitschaft erklärt hatten, in einem Nachrichtenspiel in unserem Auftrag mitzuwirken, oder die den Auftrag hatten, eine solche Verbindung gezielt und planmäßig herzustellen.

Die Abteilung IX/B ging bei Auswahl und Einsatz von IMB nach folgenden Kriterien vor: Entsprechend einer Weisung des Ministers waren IM, die für einen langfristigen Auslandseinsatz vorgesehen waren, der HV A zur Kenntnis zu geben. Darunter befanden sich auch IMB, die bei früheren Auslandseinsätzen oder bei Dienstreisen ins nichtsozialistische Ausland von westlichen Diensten kontaktiert, mit Zustimmung des MfS geworben und in lang- oder kurzfristige Nachrichtenspiele einbezogen waren. Der bevorstehende Auslandseinsatz ließ eine Intensivierung dieser »Zusammenarbeit« erwarten.

Weiter befanden sich darunter auch solche IM, für die sich in der Vergangenheit westliche Dienste als Zielpersonen interessiert hatten – zum Beispiel bei Befragungen von IMB. Ein Aktivwerden dieser Dienste war nach Bekanntwerden des Auslandseinsatzes der Zielperson nicht auszuschließen.

Eine ständige Analyse des Kontaktkreises der Auslandsvertretungen, der sich nach der diplomatischen Anerkennung der DDR und dem Fall der Hallsteindoktrin auch bei den politischen Kontakten zu Vertretungen der BRD und zu anderen westlicher Staaten ständig erweiterte, führte zunehmend zu Erkenntnissen über Mitarbeiter der dortigen Residenturen. Dabei ergab sich aus Analyse und Vergleichsarbeit und die ständige aktuelle Informationstätigkeit durch die Auswertung – Bereich IX/C – eine wertvolle Unterstützung. Eine laufende Analyse des Umfeldes von Zielpersonen im Operationsgebiet lieferte in vielen Fällen auch Ausgangspunkte für die Suche, Ausbildung und den Einsatz geeigneter IMB.

In den 15 Jahren des Bestehens der Abteilung IX/B waren IMB in etwa 60 Nachrichtenspiele einbezogen, die fast ausschließlich gegen den BND gerichtet waren. Dabei erfolgte ein enges Zusammenwirken mit der für die Spionageabwehr federführenden HA II. Diese von Anfang an praktizierte Zusammenarbeit fand in der späteren DA 1/87 ihren Niederschlag.[5]

Nach Beendigung des Auslandseinsatzes erfolgte in der Regel eine Übergabe des IMB an die zuständige Fachabteilung der Abwehr oder an die HA II.

Die mit Nachrichtenspielen verbundene Zielstellung bestand im

• Erkennen der Mittel und Methoden sowie Zielsetzungen geheimdienstlicher Angriffe gegen die Auslandsvertretungen der DDR und von Zielpersonen im DDR-Kollektiv;

• Abschöpfen des Wissens westlicher Dienste über die personelle Besetzung der Auslandsvertretung, woraus sich Hinweise auf »undichte Stellen« in der Vertretung ergaben;

• Aufklären der Mitarbeiter westlicher Dienste bezüglich weitergehender operativer Maßnahmen einschließlich möglicher Werbeversuche durch uns.

Nicht ohne Probleme gestaltete sich Auswahl und Bestätigung von »Spielmaterial«, was den IMB zur Förderung ihrer Glaubwürdigkeit gegenüber dem gegnerischen Geheimdienst zur Verfügung gestellt werden musste. Die erforderliche Preisgabe von Interna kollidierte zwangsläufig mit der notwendigen Geheimhaltung. Da nie genau beurteilt werden konnte, welche Überprüfungsmöglichkeiten der die Quelle führende Geheimdienst hatte, traten Totalfälschungen von Spielmaterial immer weiter in den Hintergrund. Es musste verantwortungsvoll geprüft werden, welche echten Informationen der IMB dem Gegner überlassen konnte.

Nachrichtenspiele wurden in vier Fällen zu Werbeaktionen gegen BND-Mitarbeiter weiter entwickelt. In allen vier Fällen erfolgte lehnten die Werbekandidaten ab.

Zwei dieser Fälle sollen dargestellt werden:

Einem IMB-Ehepaar, das in Schweden in leitenden Positionen im handelspolitischen Bereich tätig war, gelang es über Jahre, ein enges persönliches Vertrauensverhältnis zum BND-Führungsoffizier aufzubauen. Neben Einzelheiten zur Person konnten dabei Interna zur Struktur, Tätigkeit und zu Aktionen des BND in Erfahrung gebracht werden, die aus unserer Sicht den BND-Mitarbeiter belasteten. Unmittelbar nach Bildung der Abteilung IX wurde entschieden, einen Werbeversuch bei einem Treff des IMB-Ehepaars mit dem BND-Mitarbeiter zu starten. Dazu wurde eine Werbegruppe mit drei Mitarbeitern aus der Zentrale nach Stockholm geschickt.

Bereits im ersten Gespräch wies der BND-Mann das Werbeangebot kategorisch zurück. Man trennte sich mit der Aufforderung, dass der BND künftig seine Hände von den DDR-Reise- und Auslandskadern lassen solle. Nach seiner Rückkehr meldete der BND-Mitarbeiter umgehend unseren Werbeversuch.[6]

Durch Vergleich und Analyse der Personenbeschreibung, der Verhaltensweisen und der Wortwahl sowie durch strukturelle Zuordnung im BND konnte bewiesen werden, dass der BND-Mitarbeiter »Richter« – 1970 Mitarbeiter im Referat IA3 (Anbahnung), seit Beginn der 80er Jahre Verbindungsführer in der UA

12B (DDR-Operativ) – an der Führung von vier IMB sowie an anderen Werbeaktionen des BND beteiligt war. Die Treffs fanden im Ausland und in der BRD statt. Zwei IMB wurden als Reisekader durch die Hauptabteilung XVIII, zwei weitere durch die Abteilung IX/B geführt. In einer gemeinsamen Aktion entstand eine Werbekombination, die im Wesentlichen auf dem Vorhalt der analysierten Fehler des BND-Mitarbeiters beruhte.

• Zwei der vier »Agenten« waren aufgrund von Hinweisen des BND-Mitarbeiters zu Details über bevorstehende Treffs erkannt worden;

• seine Angaben über Auslandsreisen und deren Zielsetzung führte zum Erkennen weiterer Zielpersonen aus den Kollektiven von DDR-Vertretungen;

• finanzielle Unregelmäßigkeiten, indem von der BND-Zentrale genehmigte Summen nicht voll ausgezahlt worden waren;

• Angaben über genutzte Deckadressen führten zu Erkenntnissen über bevorzugte Konzentrationsräume des BND und zu Schlussfolgerungen für die Postkontrolle.

Während der elektronischen Kontrolle von Treffs mit dem IMB in der BRD durch die HA III – es bestand die Möglichkeit, den Funkverkehr zwischen den beteiligten BND-Fahrzeugen unter Kontrolle zu halten – machte der BND-Mitarbeiter einen entscheidenden Fehler. Er telefonierte vom Fahrzeug aus mit seiner Ehefrau und teilte mit, dass er nach Beendigung seines Gesprächs die Heimreise antreten werde. Das führte zu seiner Identifizierung.

Mit dem schriftlichen Werbeangebot, das 1985 im Briefkasten seines Einfamilienhauses deponiert wurde, erfolgte parallel die Übergabe eines größeren Geldbetrages.

Der BND-Mitarbeiter nahm unsere Termine nicht wahr.

Dazu zwei Nachbemerkungen: 1990 und 1991 erfolgte durch einen Vertreter des BND die Befragung/Vernehmung eines an der Werbeaktion beteiligten Mitarbeiters des Bereichs IX/B. Das besondere Interesse galt dabei der Höhe des damals übergebenen Geldbetrages. Ein Kommentar hierzu ist überflüssig.

Selbst 1992 hatte der BND noch nicht verkraftet, dass sein Mitarbeiter »Richter« Zielperson einer Werbeaktion der HV A gewesen ist. Das Landeskriminalamt Bayern leitete ein Ermittlungsverfahren gegen einen der vier einbezogenen IMB ein.

5. Aufspüren und Abwehr feindlicher Abhörtechnik

Eine bedeutende Methode für die Beschaffung geheimer Informationen war der Einsatz von Abhörtechnik. Weltweit waren und sind die Botschaften bevorzugte Objekte für Lauschangriffe.

Als die ersten Auslandsvertretungen in nichtsozialistischen Staaten öffneten, schloss die Abteilung III, Referat 7, der HV A, einer der Vorgänger der Abteilung IX, mit der Abteilung 26 des MfS eine Vereinbarung »Über technische Kontermaßnahmen in den Auslandsvertretungen«. Diese sah die Vorbereitung und den Einsatz von Spezialisten dieser Abteilung vor. So entstand innerhalb der Abteilung 26 eine Gruppe von Einsatzkräften, die neben dem Aufspüren feindlicher Technik auch für die Abhörsicherheit in den eigenen Auslandsvertretungen sorgen sollte.

Zwischen dem Referat 7 der Abteilung III und der späteren Abteilung IX entwickelte sich im Laufe der Zeit eine erfolgreiche Zusammenarbeit mit den Spezialisten der Abteilung 26.

Unmittelbar nach Gründung der Handelspolitischen Abteilung (HPA) in Düsseldorf wurden wir auf die notwendige Abwehr hingewiesen. Durch einen IM-Hinweis erhielt die HA XVIII des MfS Kenntnis von einem Lauschangriff amerikanischer Dienste. Die CIA hatte drei in Steckdosen eingegossene Sendeanlagen in Diensträumen der HPA installiert, die frühzeitig erkannt und darum nicht wirksam wurden.

Bereits 1972 wurden im Zuge baulicher Rekonstruktionsmaßnahmen in der HPA in Teheran 15 Mikrofone gefunden, deren Anschlusskabel unter Putz in ein angrenzendes Gebäude führten. Es handelte sich um BRD-Technik, die u. a. im Arbeitszimmer des Handelsrates und beim Chiffreur eingebaut worden war. Nicht auszuschließen ist, dass der BND mit seinen guten Beziehungen zum Geheimdienst des Schahs im Hintergrund gewirkt hat.

1979 wurde in Rom die DDR-Botschaft durch Landesfirmen errichtet. Es handelte sich um ein frei stehendes Gebäude. Da bereits während des Bauablaufs ein Verdacht entstanden war, fand vor dem Bezug des Gebäudes eine umfassende Konteraktion statt. Ergebnis: zwölf Abhörsysteme mit Mikrofonen und Verstärkern *Made in USA*. Die Mikrofone waren in neun Räumen eingebaut, darunter in den Arbeitsräumen des Botschafters, des HSB, des Chiffreurs und des Funkers, auch im Beratungsraum fanden wir Technik. Das gesamte Leitungssystem war in 1,70 m Tiefe in angrenzende Grundstücke verlegt worden.

Die Anlage konnte vor Inbetriebnahme liquidiert werden.

1979/80 gab es Hinweise auf das Abhören von Telefon- und Raumgesprächen in dem neu gekauften Gebäude für die UNO-Vertretung der DDR in New York. Sechs Mikrofone und Verstärker, getarnt in den Telefonapparaten, konnten festgestellt werden, darunter beim Botschafter und HSB.

1987 wurden in der DDR-Botschaft in London in Anliegerzimmern zum Nachbarhaus zwei Mikrofone entdeckt. Bereits Mitte der 80er Jahre war in der dortigen Vertretung eine verdächtige Telefonanlage beseitigt worden, über die das Abhören von Raumgesprächen möglich war.

1987/88 schließlich fanden wir fünf Mikrofone in der Botschaft/Residenz der DDR in Harare in Simbabwe. Es handelte sich um eine batteriebetriebene englische Anlage, deren Betriebszeit auf sechs bis acht Jahre ausgelegt war.

In Kairo wurden mehrere Mikrofone mit Sendeanlagen in Wohnungen von DDR-Bürgern festgestellt.

Insgesamt konnten durch kontertechnische Maßnahmen annährend 50 Mikrofone in acht Auslandsvertretungen aufgespürt und entfernt werden.

Die Entdeckung der Anlagen war in der Regel verbunden mit einer Protestnote gegenüber dem Auswärtigen Amt des Gastlandes.

Besonders den HSB, ESB und Funkern war die Aufgabe gestellt, ständig auf Verdachtshinweise bezüglich feindlicher Abwehrtechnik zu achten. Hierzu gab es entsprechende Instruktionen. Darüber hinaus wurde die Gefahr des Abfließens von Dienstgeheimnissen wie auch privater Details der Mitarbeiter zum Gegenstand der Ausbildung und Vorbereitung aller Auslandskader gemacht. Den hierzu angefertigten Film, der vor allem die Technikfunde der DDR-Botschaft in Rom zum Inhalt hatte, haben Tausende von Auslandskadern vor und während ihres Einsatzes gesehen. Nicht wenige der

Hinweise, die später zum Aufspüren von Abhörtechnik führten, kamen von DDR-Bürgern, die keinerlei Verbindungen zum MfS unterhielten.

Eine weitere Aufgabe bestand darin, vertrauliche Gespräche in den Räumen der Auslandsvertretungen durch geeignete technische Abschirmungen zu gewährleisten. Am Anfang erfolgte der Einsatz von Kopfhörern und Mikrofonen, kombiniert mit Störgeräuschen im Raum. Solche Anlagen, die äußerst unbequem waren, existierten noch bis 1989/90 in kleineren Vertretungen.

1974/75 wurde damit begonnen, in den wichtigsten Auslandsvertretungen der DDR, insbesondere in NATO-Ländern, abhörsichere Räume zu schaffen. Bei der ersten Generation handelte es sich dabei um doppelwandige und isolierte Kabinen auf Plexiglasbasis, die in zu schützenden Räumen errichtet wurden. In der zweiten Generation wurden dann abhörsichere Räume nach dem Prinzip »Raum in Raum« installiert.

Insgesamt waren 1989 etwa 20 abhörsichere Räume in den Auslandsvertretungen der DDR vorhanden.

Ab 1984/85 sammelten die Spezialisten der Abteilung 26 erste Erfahrungen mit der Abstrahlung elektronischer Geräte, auch von Bürocomputern, insbesondere der in der DDR hergestellten elektronischen Schreibmaschinen, die auch in den DDR-Botschaften eingesetzt waren. In Feldversuchen an Objekten in Berlin gelang es, mittels Abstrahlung auch in größerer Entfernung Schreiben sichtbar zu machen.

Diese Frage hat uns bis zum Ende der DDR bezüglich der Sicherheit der Korrespondenz in den Auslandsvertretung der DDR beschäftigt.

Erfahrungen auf diesem Feld und über das Ende der DDR hinausgehende Entwicklungen stellte Prof. Jürgen Nitz in seinem 1995 herausgegebenen Buch »Lauschangriff. Das Buch zur Wanze« (edition ost) vor, an der nicht nur ehemalige Mitarbeiter der HA II und der HV A beteiligt waren. Heribert Hellenbroich schrieb das Vorwort, und die damalige Bundesjustizministerin Sabine Leutheusser-Schnarrenberger steuerte einen Beitrag bei. Er trug die doppeldeutige Überschrift: »Die Wohnung muss unverletzlich sein«.

6. Operative Verbindungen zu den Landessicherheitsorganen

Zu den offiziellen Aufgaben der HSB gehörte die Verbindung zu den Landessicherheitsorganen. In der Regel gab es bei diesen Abwehrdiensten spezielle Bereiche/Referate/Mitarbeiter, die für die Beziehungen zu den im Lande akkreditierten Botschaften zuständig waren. Gegenstand war das Zusammenwirken in Sicherheitsfragen, etwa bei Demonstrationen und Provokationen vor der Botschaft, bei sprengstoffverdächtigen Sendungen, politischen und kriminellen Belästigungen, notwendigen Maßnahmen bei protokollarischen Veranstaltungen usw.

Die HSB hatten die operative Aufgabe, persönliche Kontakte zu solchen Mitarbeitern zu pflegen und Möglichkeiten der Abschöpfung von Informationen zu erschließen, um Hinweise zum Sicherheitssystem des Gastlandes und zu Struktur, Aufgabenstellung, Arbeitsweise sowie über Aktivitäten westlicher Geheimdienste im Gastland in Erfahrung zu bringen.

Bei geeigneten Kandidaten war immer die Aufgabe gestellt, eine weitergehende Einbeziehung bis hin zur Werbung zu prüfen und zu versuchen. Die Schwierigkeit bestand dabei darin, dass die Beziehungen zwischen HSB und Mitarbeiter des Landessicherheitsorgans offiziell einem bestimmten Personenkreis bekannt waren, was gleichzeitig eine gewisse Tarnung möglicher operativer und konspirativer Inhalte ermöglichte, andererseits aber auch eine erhöhte Gefahr für Kontrollen und Verdächtigungen zur Folge hatte.

Die offiziellen Verbindungen zu den Landessicherheitsorganen besaß insbesondere in westeuropäischen und NATO-Staaten Bedeutung. Das galt gleichermaßen auch für Österreich und für Schweden, vor allem für Österreich, das eine nutzbare Basis für unser Wirken in westliche Hauptländer als Treff- und Transitland darstellte. Das erforderte zwingend, das österreichische Sicherheitssystem zu kennen und Mittel und Methoden im Vorgehen gegen uns und gegen andere sozialistische Bruderorgane aufzuklären.

Darüber hinaus war Österreich auch bevorzugte Basis westlicher Geheimdienstaktivitäten. Wien galt neben Berlin und Zürich als bedeutendster Tummelplatz internationaler Geheimdienste. Unsere Aufmerksamkeit galt deshalb auch den westlichen Geheimdiensten in Österreich, ihren Residenturen, Verbindungsoffizieren in den österreichischen Diensten und möglichen Agenten in Schlüsselstellungen des Landes.

Daraus ergab sich die zwingende Schlussfolgerung, die offiziellen Kontakte zur Staatspolizei (STAPO – Abwehr) mit besonderer Sorgfalt und Intensität auf- und auszubauen. Es gelang, die Verbindungen zu dem leitenden Mitarbeiter der STAPO, Gustav Hochenbichler, im Vorgang »Bau« bis zur Werbung auf der Grundlage eines engen persönlichen Vertrauensverhältnisses auf vorwiegend politisch-ideologischer Basis zu entwickeln.

Die Zusammenkünfte erfolgten seit 1975 zur Abstimmung von Sicherheitserfordernissen, die sich aus dem Umfeld unserer AV ergaben. Dem folgten Absprachen im Zusammenhang mit protokollarischen Veranstaltungen und erforderlicher Hilfe durch die Landessicherheitsorgane, die bis zur Abwehr von Gefahren für die Auslandsvertretung durch Residenturen westlicher Dienste und deren Agenten, die Überleitung zu einer gezielten Informationsbeschaffung entsprechend der Aufgabenstellung der Konterspionage für Österreich führten.

»Bau« hat bis zu seinem Krebstod zu Strukturen, Personen, Mittel und Methoden und Aktionen der österreichischen Stapo und deren Verbindungen zu westlichen Diensten über zehn Jahre als Quelle zuverlässig berichtet, anfangs mündlich, später schriftlich und mit Dokumenten. Parallel zu den mit offiziellen Sicherheitsabstimmungen legendierten Zusammenkünften wurde ein Verbindungswesen mit »toten Briefkästen« (TBK), mit Treffs im Ausland und in der DDR mit operativer Reisedokumentation vereinbart und wirksam.

»Unter dem Verdacht ›des geheimen Nachrichtendienstes zum Nachteil der Republik Österreich‹ wird gegen einen der höchsten Polizeibeamten, den Chef der Wiener Fremdenpolizei, Hofrat Gustav Hochenbichler, ermittelt. Hochenbichler, 56, wegen seiner gepflegten Erscheinung als der ›schöne Gustav‹ stadtbekannt, soll, vom DDR-Botschaftssekretär Hans Ulrich Fritz angeworben, bis 1990 der Stasi gegen Geld gefällig gewesen sein«, höhnte 1994 der *Spiegel*.

»Unter Verdacht stand er schon lange. Bereits Ende der achtziger Jahre leiteten Kollegen heikle Akten an Hochenbichler vorbei, weil gemunkelt wurde, der habe allzu enge Ostkontakte. Peter-Michael Diestel, der letzte Innenminister der DDR, wies darauf hin, ›dass Österreich einen hohen Stellenwert in den Interessen des Ministeriums für Staatssicherheit hatte‹. Er war sogar bereit, Namen zu nennen, ›falls in Österreich dafür Bedürfnis besteht‹. Es bestand keines, obgleich schon ein 1989 über Ungarn geflüchteter Stasi-Offizier ausgesagt hatte, in der Spitze der Stapo sitze ein Maulwurf. Es kam zu ›einer typisch österreichischen Lösung‹, wie der Bundessprecher der Grünen, Peter Pilz, nun die Karriere des verdächtigten Staatsschützers kommentierte: Hochenbichler wurde 1991 nicht, wie erwartet, Chef der Wiener Staatspolizei, sondern auf den Posten des Leiters der Fremdenpolizei abgeschoben.«[7]

Ergänzt wurde die Kontrolle der Landesgeheimdienste und westlicher Dienste im Raum Wien durch die Wirksamkeit eines speziell in der DDR-Botschaft installierten Funkabhörstützpunktes, der überwiegend zur Kontrolle gegnerische Observationsmaßnahmen eingesetzt war.

Anmerkungen

1 Vgl. Hansjoachim Tiedge: »Der Überläufer«, Das Neue Berlin, Berlin 1998, S. 73
2 Details s. Helmut Wagner: »Schöne Grüße aus Pullach«, edition ost, Berlin 2000, S. 132ff.
3 Vgl. »Die Sicherheit. Zur Abwehrarbeit des MfS«, edition ost, Berlin 2002. S. 349
4 Vgl. Helmut Müller-Embergs: »Inoffizielle Mitarbeiter – Teil 3«; Chr. Links-Verlag, Berlin 2008, S. 891
5 Vgl. »Die Sicherheit ...«, a. a. O., S.487
6 Vgl. Gotthold Schramm (Hrsg.): »Der Botschaftsflüchtling und andere Agentengeschichten«, edition ost, Berlin 2006, S. 125ff.
7 *Der Spiegel* 4/1994, »«Schöner Gustav«

V. Die Mühen der Ebenen – Auswertung und Analyse

1. Aufgaben und Methodik

Der Stellvertreterbereich IX/C – Auswertung/Analyse – war eine der vier informationsauswertenden Diensteinheiten (IADE) der HV A. Der inhaltliche Rahmen der Tätigkeit des Bereiches IX/C umfasste die analytische Verarbeitung von Informationen zu Strukturen, Personal, Aufgabenstellungen, Mittel und Methoden über

- die Auslandsnachrichtendienste westlicher Staaten mit Konzentration auf die BRD, USA und andere NATO-Hauptländer sowie bedeutsame Staaten der Dritten Welt;
- geheimdienstliche Abwehrorgane dieser Länder;
- Organe mit Exekutivfunktionen (Polizei, Staatsanwaltschaften) im Bereich des Staatsschutzes;
- Grenzsicherungsorgane mit Kontroll-Funktionen (z. B. Grenzschutzeinzeldienst der BRD, Zollorgane)

Nach der Dienstanweisung 1/76 war der Bereich IX/C außerdem zuständig für die Erfassung und Weiterleitung von Informationen über terroristische Aktionen im Operationsgebiet und über terrorverdächtige Personen an die HA XXII.

Ende der 80er Jahre kamen hinzu die Erfassung und Weiterleitung der aus den operativen Bereichen der HV A im Operationsgebiet anfallenden Informationen zur »politisch-ideologischen Diversion« (PID) und »politischen Untergrundtätigkeit« (PUT) vorwiegend an die HA XX und die Zentrale Auswertungs- und Informationsgruppe (ZAIG).

Die Abt. IX/C war verantwortlich für die EDV-gestützte Erfassung aller Informationen auf dem Gebiet der Gegenspionage:

1. Eingangsinformationen aus der eigenen Diensteinheit, von anderen Diensteinheiten der HV A, von der Abwehr des MfS, von Bruderorganen, in Einzelfällen auch aus legalen Materialien (Medien, Publikationen);
2. Analytische Arbeitsergebnisse der Auswerter des Bereiches;
3. Ausgangsinformationen an Diensteinheiten des MfS und die Bruderorgane (das betraf sowohl Weiterleitung von Einzelinforma-

tionen unter Beachtung des Quellenschutzes als auch Ergebnisse der analytischen Arbeit des Bereiches);

4. Auswertungsergebnisse zu Personen, Objekten, Sachverhalten nach einem speziell entwickelten EDV-Programm mit Möglichkeiten der ständigen Erweiterung und Verdichtung mit dem Ziel der Identifizierung von Mitarbeitern und Agenten.

Die Ergebnisse der Arbeit des Bereiches IX/C wurden in speziellen Teildatenbanken des EDV-Systems SIRA der HV A gespeichert.

Zu den Grundaufgaben und den Spezifika im Vergleich zu anderen informationsauswertenden Diensteinheiten der HV A gehörte die Erarbeitung und ständige Ergänzung von Personen- und Objektdossiers. Sie bildeten die Grundlage für weiterführende operative Maßnahmen etwa im Bereich IX/A oder zur Qualifizierung der Abwehrarbeit in den Auslandsvertretungen (IX/B) mit Dossiers über die Auslandsresidenturen von BND, CIA und zunehmend auch der britischen (SIS) und französischen (DGSE) Geheimdienste. Damit war der Bereich IX/C kompetenter Partner in der Zusammenarbeit mit den operativen Referaten der Bereiche IX/A und IX/B, mit Fachbereichen der Abwehrdiensteinheiten und den Bereichen Gegenspionage der Bruderorgane aus den anderen sozialistischen Ländern.

Ausgangspunkt für eine qualifizierte Dossierarbeit waren komplexe Maßnahmen zur Identifizierung von Geheimdienstmitarbeitern, vor allem ihrer Klarangaben und weiterer Details ihres Lebens, die vorwiegend von den Fachauswertern realisiert wurden. Auf dieser Grundlage war es möglich, weitere Aussagen zu Zielpersonen zu beschaffen, die Ansatzpunkte für eine operative Nutzung ergaben.

In der Zusammenarbeit mit Partnern aus den Abwehrdiensteinheiten kam es sehr früh zu einem Austausch der Erkenntnisse über die Führungsoffiziere in IMB-Vorgängen. Das betraf Personenbeschreibungen, Hinweise auf Besonderheiten im Verhalten und Auftreten und nach Möglichkeit eine nach Beschreibung des IM gefertigte Porträtskizze. In den letzten Jahren hatte unser Wissen eine solche Qualität erreicht, dass die Fachauswerter in nicht wenigen Vorgängen nach kurzer Zeit die Klarangaben zum Führungsoffizier zuordnen konnten. Damit wuchsen aber auch die Erkenntnisse in unseren Dossiers, die abstrakten Personalangaben erhielten Leben – ein Gesicht, eine Stimme, eine Persönlichkeit mit Stärken und Schwächen. Umgekehrt konnten wir von der Auswertung aus an die Führungsoffiziere Fragen vorgeben, die der IMB zur weiteren Präzisierung der Angaben abarbeiten sollte.

Das Ziel dieser Dossierarbeit war keine Ansammlung von Papier sondern die Aufklärung von Zugangsmöglichkeiten zu einem aktiven Führungsoffizier eines gegnerischen Geheimdienstes.

Die Speicher des Bereiches IX/C ermöglichten relativ aktuelle Aussagen über die personellen Besetzungen aller bedeutsamen Auslandsresidenturen; wir informierten auf einem speziell entwickelten Formblatt über alle Versetzungen, Neuzugänge oder andere Veränderungen der Mitarbeiter in den Auslandsresidenturen. Regelmäßig lieferten wir Übersichten über die personelle Besetzung von Auslandsresidenturen sowohl für unsere operativen Partner in der HV A bzw. im MfS als auch für die Partnerorgane in den sozialistischen Staaten.

Eine weitere Spezifik in der Arbeit des Bereiches IX/C war die Erarbeitung einer Jahresanalyse über die geheimdienstlichen Angriffe auf die Auslandsvertretungen der DDR. Das betraf Kontakt- und Anbahnungsoperationen, Einsatz von Abhörtechnik gegen die AV und besondere Vorkommnisse, etwa die Flucht von Auslandskadern.

Die Schaffung von Quellen und deren Schutz vor Enttarnung bildeten eine Einheit. Dabei trug die Auswertung eine besondere Verantwortung bei der Verarbeitung und Weiterleitung der Quelleninformationen. Der konsequente Quellenschutz war oft mit viel Aufwand in der Auswertungstätigkeit verbunden. Gab es Zweifel bezüglich einer Gefährdung einer Quelle, blieben die Informationen im Panzerschrank. Manche gelangten nicht einmal bis zur Auswertung.

Im Bereich IX/C existierte ein kleiner Arbeitsbereich Auswertung legaler Materialien (ALM). Aufgabe des Arbeitsgebietes war die Beschaffung, Auswertung und Weiterleitung von Informationen über geheimdienstliche Sachverhalte aus legalen und halblegalen Veröffentlichungen, aus Printmedien, Verlagen, elektronischen Medien und westlichen Einrichtungen der politischen Bildung. Eine spezielle Bezugsquelle für dieses Arbeitsgebiet war ein monatliches Informationsbulletin des KGB zur Auswertung der internationalen Medien über Entwicklungen in Struktur, Personal und operativer Technik der westlichen Geheimdienste.

Die Aufgabenstellung und Arbeitsweise des Arbeitsgebietes ALM entsprach der Praxis westlicher Geheimdienste zur Integration der Auswertung offener Quellen (*Open Source Intelligence*, OSINT) in den Gesamtkomplex der analytischen Arbeit.

2. Politisch-aktive Maßnahmen

In der Geschichte aller Geheimdienste und der Geheimdiplomatie spielten und spielen Elemente der Tarnung eigener Absichten und der Irreführung der gegnerischen Seite schon immer eine nicht unwesentliche Rolle.

Die für die Aufklärung geltende »Richtlinie Nr. 2/79 für die Arbeit mit Inoffiziellen Mitarbeitern im Operationsgebiet« des MfS definiert diese Maßnahmen unter Punkt 1.4:

»Aktive Maßnahmen sind darauf gerichtet, mit Hilfe operativer Kräfte, Mittel und Methoden

- den Feind bzw. einzelne feindliche Kräfte und Institutionen zu entlarven, zu kompromittieren bzw. zu desorganisieren und zu zersetzen;
- progressive Ideen und Gedanken zu verbreiten und fortschrittliche Gruppen und Strömungen im Operationsgebiet zu fördern;
- die Entwicklung von Führungspersönlichkeiten und solchen Personen zu beeinflussen, die bei der Bestimmung der öffentlichen Meinung eine besondere Rolle spielen.

Der Einsatz der konspirativen Kräfte, Mittel und Methoden ist so vorzunehmen, dass Ausgangspunkte, handelnde Personen und Zielsetzung der aktiven Maßnahmen verschleiert werden.«[1]

Insbesondere in der Gegenspionage waren und sind Ablenkungs- und Täuschungsmanöver ein Mittel, um eigene Positionen und Absichten zu tarnen und gegnerische Kräfte in die Irre zu führen. Die Auswertung war immer angehalten, eingehende Informationen auf eine Verwendbarkeit für diese Zwecke zu prüfen und entsprechende Vorschläge der Leitung zu unterbreiten.[2]

Sehr gern wurden dabei Erkenntnisse aus der Bearbeitung der Geheimdienste, die bei einer internen Nachprüfung der Gegenseite einen realen Hintergrund aufwiesen, verwendet, um solche Maßnahmen auf dem politischen Gebiet zu untermauern. Nicht ohne Grund hieß der MfS-Begriff dafür »politisch-aktive Maßnahme«. Wenn diese Maßnahmen heute pauschal als Fälschungen bezeichnet werden, dann ist dies selbst eine Irreführung. Ausgangspunkt waren stets zutreffende Tatsachen – schon aus Gründen der Glaubwürdigkeit. Die Maßnahme war unwirksam, wenn der Empfänger sofort Herkunft und Absicht der Irreführung erkannte.

Die Hauptanstrengungen bei aktiven Maßnahmen der HV A richteten sich naturgemäß auf die Bundesrepublik Deutschland. Für die Großmacht USA war die Großmacht UdSSR zuständig. Aber ab und zu öffneten wir auch unsere Speicher über die amerikanischen Dienste für Publikationen.

Anfang der 80er Jahre, als es in Polen zu brodeln begann, lancierten wir in die außenpolitische Zeitschrift *horizont*, das offiziöse Organ des DDR-Außenministeriums, einen Beitrag, der sich mit »CIA und BND als Organisatoren der Konterrevolution in Polen«[3] beschäftigte. Dabei nutzen wir die Informationen, die wir aus BRD-Quellen (siehe »Vorgang Bingen«) erhielten.

Die Bloßstellung des Engagements des Bundesnachrichtendienstes in Polen zeitigte Wirkung. Das veranlasste die Führung des MfS, auch die CIA-Aktivitäten in Polen öffentlich zu machen. Das Ergebnis stand im *horizont* unter dem Titel: »Langfristige subversive Operationen der CIA gegen die VR Polen«.[4]

3. Zusammenwirken mit Partnern

Hauptabteilung II (Spionageabwehr)

Mit unseren Partnern von der Spionageabwehr – den operativen Linien und der Abteilung II/AKG (Auswertung) der Hauptabteilung II – verband uns von Anfang an ein kameradschaftliches Verhältnis. Es gab halbjährliche Treffen zwischen den Leitern der HA II und der Abt. IX der HV A. Daran nahm auch der Leiter IX/C teil. Bei diesem »Gipfeltreffen« ging es um größere Zusammenhänge, perspektivische Aufgaben der Zusammenarbeit und gegenseitige Unterstützung. Ferner erfolgten regelmäßig Absprachen der zuständigen Leiter der operativen Bereiche IX/A und IX/B mit dem für ihre Linie zuständigen Stellvertreter der HA II, in die verantwortliche Auswerter mit einbezogen wurden. Aber die wichtigsten Kanäle für den Fachauswerter waren die »kleinen Dienstwege«, der ständige persönliche Kontakt mit den Partnern in der Auswertung der Fachabteilungen und mit den operativen Mitarbeitern.

Ähnliche Informationsbeziehungen gab es mit anderen Diensteinheiten der Abwehr des MfS (besonders die Linien zur Sicherung der Volkswirtschaft, der HA XVIII, und des Verkehrswesens, der HA XIX), die in Koordinierung mit der Spionageabwehr uns u. a. Unterlagen zu den Führungsoffizieren in ihren IMB-Vorgängen oder zu aktiven Geheimdienstoffizieren übergaben.

Die Prozesse der Ausgestaltung der Beziehungen zwischen der HA II und der HV A/Abteilung IX sind aus einem Protokoll einer Leiterbesprechung der Hauptabteilung II vom 13. März 1984 erkennbar. *(Faksimile des »Protokolls über die Besprechung des Leiters der HA II am 12. März 1984« in Anlage X am Ende des Buches)*

Hauptabteilung III (Funkaufklärung)

Operativ-technische Maßnahmen spielten bei der Beschaffung interner Informationen aus den gegnerischen Nachrichtendiensten eine große Rolle. Dabei unterstützten uns Schwatzhaftigkeit, Disziplinverletzungen und Selbstsicherheit der Mitarbeiter und Leiter der gegnerischen Nachrichtendienste nicht unwesentlich. Auch ihr Vertrauen in die Leistungsfähigkeit der eigenen Technik und die Unterschätzung der technischen Fähigkeiten und Möglichkeiten der östlichen Geheimdienste halfen unserer technischen Aufklärung bei der quantitativen und qualitativen Weiterentwicklung der Informationsbeschaffung über spezielle Bereiche westlicher Geheimdienste. Diese Entwicklung wollten wir weiter vorantreiben, indem wir den Partnern der HA III alle verwertbaren Hinweise über die Kommunikationslinien der uns interessierenden Objekte, über ihre technische Ausstattung, über spezielle Sicherungsmaßnahmen u. v. a. übermittelten. *(Faksimile der Information über neue Technik des Verfassungsschutzes an HA III in Anlage XI am Ende des Buches)*

In den letzten Jahren führten leitende Mitarbeiter des Bereiches IX/C mit den Auswertern der HA III regelmäßig Schulungen durch, um sie mit dem nötigen Wissen auszustatten.

Auch die Auswertung nutzte intensiv die Möglichkeit der Zielkontrollen. Die HA III erhielt von uns konkrete Vorgaben, welche Mitarbeiter, Objekte oder Kommunikationslinien sie vorrangig bearbeiten sollte.

Im Ergebnis des Informationsaufkommens aus dem bereits dargestellten Vorgang »Paul« wurde es notwendig, zu einer neuen Stufe der Zusammenarbeit zwischen der HV A und der HA III zu kommen. Damit eine aus technischer und politisch-operativer Sicht optimale Bewertung der Objekte, Aktivitäten und Fähigkeiten der fernmeldeelektronischen Aufklärung der amerikanischen Dienste erreicht werden konnte, bildeten wir eine »nichtstrukturelle Arbeitsgruppe«. Ein erstes Ergebnis dieser Zusammenarbeit war eine sehr komplexe Auskunft über die *Field Station Berlin* auf dem Teufelsberg. Wir haben diese Auskunft im Zuge der Auflösung mit anderen Dokumenten in der Gauck-Birthler-Behörde archiviert.

Sie hätte einen Platz in der Abteilung Geheimdienste des Alliierten Museums, das im früheren Objekt Teufelsberg errichtet werden sollte, verdient.

Das Zusammenwirken mit den kompetenten Partnern der HA VI war für alle Facetten der Gegenspionage von größter Bedeutung. Eine aufwändige und gezielte Analyse des umfassenden Speichersystems der HA VI über den Ein- und Ausreiseverkehr westlicher Bürger brachten uns in vielen Zusammenhängen immer wieder Ansatzpunkte für eine aktive operative Bearbeitung von Mitarbeitern oder Agenten der westlichen Dienste.

Die Fahndungsexperten der HA VI signalisierten präzise die Ein- und Ausreise von Geheimdienstmitarbeitern bzw. von bestätigten oder vermuteten Agenten in Berlin bzw. an der Staatsgrenze West.

In Berlin gab es für die Angehörigen der alliierten Einrichtungen den kontrollbefreiten Grenzübergang über den bekannten »Checkpoint Charly« Friedrich-, Ecke Zimmerstraße. Das heißt, bei der Grenzpassage brauchten die Westalliierten nur ihre ID-Card oder einen Diplomatenpass hochzuhalten, und sie konnten passieren.

Nun hatte die HA VI an dieser Grenzübergangsstelle (Güst) sehr erfahrene Mitarbeiter. In langjähriger Tätigkeit hatten sie Fähigkeiten entwickelt, die sie anderen voraushatten. So konnten sie in Bruchteilen von Sekunden mit nahezu fotografischer Genauigkeit alle wesentlichen Angaben einer solchen ID-Card oder des Diplomatenpasses erfassen und kurzzeitig im Gedächtnis speichern.

Noch ergiebiger wurde das ganze System durch die Auswertung der Angaben über Reisende im Militärtransit zwischen Westberlin und der BRD. Unsere Partner hatten am »Checkpoint Beta« (Güst Berlin-Drewitz) Fotoeinrichtungen installiert, mit deren Hilfe die ID-Cards und weitere Begleitpapiere der Transitreisenden aufgenommen wurden. Die Auswertung brachte uns die kompletten Angaben der ID-Cards einschließlich verwertbarer Kopien der Passbilder, Angaben über Familienangehörige und weitere Mitreisende. Jeder, der im PKW eines Geheimdienst-Mitarbeiters von Berlin nach Marienborn und umgekehrt reiste, war entweder selbst ein Mitarbeiter dieser Dienststelle oder aber ein enger Freund der Familie – also in beiden Fällen für uns interessant. Nachdem dieser Auswertungsmechanismus funktionsfähig gestaltet war, erhielten unsere Übersichten zur personellen Besetzung der Auslandsresidenturen oder anderer Objekte ein anderes Gesicht. Sie waren wesentlich aussagekräftiger bezüglich der Personalangaben und oft war die Kopie eines Passbildes beigefügt.

Es wird jedem einleuchten, dass eine virtuose Mischung und gegenseitige Ergänzung dieser Möglichkeiten, die Erfassung aller Ergebnisse in einem recht ausgefeilten Speichersystem der EDV und das kluge und operative Reagieren der Fachauswerter ein umfangreiches und aktuelles Bild erbrachten. Die Identifizierung von Mitarbeitern, ihre Zuordnung zu Strukturen und die Erfassung der personellen Grunddaten war nur die eine Seite.

Die andere Seite bestand darin, dass die Mitarbeiter der operativen Referate aus diesen Angaben intelligente Maßnahmen der weiteren Bearbeitung, einer möglichen Kontaktaufnahme und, als Höhepunkt, eine Werbungsvariante entwickelten.

In diesem Sinne waren die Mitarbeiter der Auswertung Dienstleister für die operativen Linien der Gegenspionage.

Dem Ziel einer möglichst umfassenden Erfassung von Aufklärungsdaten zur Person diente auch der Kontakt zur

Hauptabteilung VIII/5

die für die Kontrolle und Überwachung der Aktivitäten der westlichen Militärverbindungsmissionen (MVM) verantwortlich zeichnete. Ausgehend von gesicherten Erkenntnissen, dass in den MVM entweder erfahrene Spezialisten der gegenerischen Geheimdienste eingesetzt wurden oder dieser Einsatz der Qualifizierung von Nachwuchskadern dieser Geheimdienste diente, waren wir an allen Aufklärungsergebnissen dieser Abteilung über das Personal der westlichen MVM sehr interessiert. Der Vertreter der Abteilung VIII/5 bat bei jedem neu angekommenen Mitarbeiter um Überprüfung in unseren Speichern und stellte uns nach Beendigung des Einsatzes die Erkenntnisse zur Person, Familienverhältnisse, besondere Fähigkeiten oder erkennbare Schwächen im Persönlichkeitsbild des jeweiligen Mitarbeiters zur Verfügung. Auch dieses Material reicherte unsere Dossierablagen weiter an.

Ein Beispiel für die Karriere eines leitenden MVM-Mitarbeiters im Geheimdienstsystem seines Landes ist der amerikanische

Brigadegeneral Roland Lajoie. Er war als Heeres-Attaché in der US-Botschaft in Moskau und kam von dort als Chef der amerikanischen Militärverbindungsmission nach Potsdam. Nach Einsätzen als Militärattaché in Paris und als Leiter der Ausbildungsstätte für Geheimdienstkader in Garmisch-Partenkirchen (*US Army Russian Institute*) wurde General Lajoie 1988 zum Leiter der *On-Site Inspection Agency* (OSIA) im Hauptquartier der CIA berufen. Die OSIA war von der CIA eingerichtet worden, um alle Aufklärungsaktivitäten im Zusammenhang mit der Realisierung der Stockholmer Vereinbarungen über vertrauensbildende Maßnahmen (KVAE) zu koordinieren. Die KVAE-Vereinbarungen erlaubten den Vertretern der NATO und des Warschauer Vertrages wechselseitige Manöverbeobachtungen und kurzfristige Inspektionen in militärischen Objekten der Gegenseite, natürlich durch Einsatz erfahrener Geheimdienstspezialisten.

4. Datenverarbeitung – Fluch und Segen

Die Leitung der HV A hatte zum Einsatz der elektronischen Datenverarbeitung (EDV) zwei grundsätzliche Entwicklungsrichtungen vorgegeben:

Einmal sollte die EDV der HV A unabhängig (wenn auch kompatibel) vom Gesamtsystem des MfS entstehen. Zum anderen setzte sie auf den Einsatz einer Großrechenanlage mit einer Vielzahl peripherer Nutzer.

All das sollte außerdem unter möglichst effektiven Schutzmaßnahmen realisiert werden. Die Befürchtung der Experten über die Möglichkeiten der Erfassung peripherer Abstrahlungen durch feindliche Einsatzteams war groß. Deshalb mussten unsere EDV-Erfassungskräfte als Übergangslösung in einen Keller verbannt werden. Dann bewilligte die Leitung der HV A die Anschaffung eines Abschirmungskäfigs, der im Sommer 1989 geliefert und bei der Auflösung der HV A als unvollendetes Bauwerk an die Nachnutzer übergeben wurde.

Die Erfassungskräfte arbeiteten zu Beginn noch an 8-Kanal-Lochbandgeräten »Fonamatik« der Firma IBM, später an Bürocomputern der Firma Robotron mit inzwischen musealen 8,5-Zoll-Disketten. Die Entwicklung der Erfassungs-Software generell und ihre Anpassung an die anwenderspezifischen Erfordernisse des Bereiches IX/C war ein nervenaufreibender Prozess. Unsere Fachauswerter hatten eine Vielzahl von Forderungen an die EDV, um aus den aufwändigen Erfassungsarbeiten auch einen möglichst großen Nutzen ziehen zu können. Dabei war der Bereich IX/C kein besonders »pflegeleichter« Partner für unsere EDV-Experten – wir trieben sie manchmal zur Verzweiflung, aber damit auch immer wieder zu Leistungen, die über die gedachten Grenzen des EDV-Einsatzes hinausgingen.

Aber unter den Auswertern musste nachdrückliche Überzeugungsarbeit geleistet werden. Nicht jeder war von Anfang an überzeugt, dass der höhere Aufwand (im Vergleich zur einfachen Auftragung einer neuen Information auf eine Kerblochkarte) auch praktische Ergebnisse für die eigene Arbeit bringen würde. Die Praxis überzeugte aber bald.

Zur Überzeugungsarbeit gehörte auch, dass mehrere technische Kräfte an den ersten Robotron-Lehrgängen zur Textverarbeitung teilnahmen – schon bald waren wir in der Lage, Übersichten über die personelle Besetzung von Residenturen oder operativen Dienststellen mit geringem Aufwand zu aktualisieren und sie den operativen Linien tagesfertig zu liefern.

Das alles ist aus den 1998 von der Gauck-Birthler-Behörde hochgejubelten »Enttarnungen« von SIRA-Datensätzen (*SIRA = System der Informationsrecherche der HV A*) wohl kaum ablesbar. Für die dem Bereich IX/C zugeordnete Teildatenbank 14 sind dort 1.000 Eingangs- und 20 Ausgangsinformationen sowie zehn Personeninformationen ausgewiesen.

Diese Angaben der BStU bewegen sich im Promille-Bereich der tatsächlich geleisteten Erfassungsarbeiten im Bereich IX/C.

Das internationale Datensystem SOUD

Es trifft nicht zu, dass die HV A dem KGB oder anderen östlichen Nachrichtendiensten ihre Quellen übergeben hat. Es ist ebenfalls eine Lüge, dass sie Akten dort gelagert oder andere Möglichkeiten geschafft habe, dass fremde Geheimdienste zu den Klarangaben unserer Quellen und der aktiven oder potentiellen Kontaktpersonen Zugang gewinnen konnten. Besonderer »Geisterkult« wird diesbezüglich mit den Maßnahmen nach Befehl 11/79 des MfS – der Speicherung bestimmter Personendaten in ein zentrales Erfassungssystem der Nachrichtendienste der sozialistischen Staaten, genannt nach der russischen Abkürzung SOUD – getrieben. Der Bereich IX/C war aufgrund seiner umfangreichen Personenspeicher einer der Hauptansprechpartner in der HV A für diese Maßnahmen.

Bei der Auswahl der Personen zur Einspeicherung in SOUD spielten Kriterien des Quellenschutzes eine entscheidende Rolle. Wir haben z. B. vermieden, dass eine Häufung von Personenangaben über Geheimdienstmitarbeiter aus Bereichen, in denen wir Quellen führten, in SOUD erfasst wurden.

Natürlich war es uns wichtig, die Bruderorgane zu informieren über aktive Mitarbeiter in Auslandsresidenturen der Geheimdienste führender westlicher Staaten (vorwiegend des BND, der CIA, des britischen SIS bzw. des französischen DGSE), über erkannte Agenten in internationalen Organisationen, über Personen, die nach unserer Vermutung im Auftrag eines fremden Dienstes Kontakt mit dem MfS suchten (die sogenannten Selbstanbieter oder im amerikanischen Sprachgebrauch *walk in-operations*).

Dabei war aber auch das System SOUD so aufgebaut, dass nur einige Grundangaben im System eingespeichert wurden, die eine Identifizierung der zu prüfenden Personen erlaubten. Sobald die Notwendigkeit bestand, Details der Informationen abzufragen oder weitere Maßnahmen abzustimmen, musste der Weg über die bilateralen Beziehungen zu dem einspeichernden Sicherheitsorgan gewählt werden.[5]

Im Gegenzug prüften wir in den 80er Jahren immer wieder, ob Elemente eines zentralen Datenverbundes zwischen den Nachrichtendiensten der NATO-Staaten entstünden und genutzt würden. Dort jedoch spielten wohl Konkurrenz- und Sicherheitsdenken eine wesentlich größere Rolle als bei den Sicherheitsorganen der sozialistischen Staaten.

Selbst die Existenz einer sogenannten NATO-Liste über erkannte Aufklärer der sozialistischen Staaten, die unter diplomatischer Tarnung im Ausland eingesetzt waren, wurde 1985 durch den Überläufer Hansjoachim Tiedge relativiert. Bis zu jenem Zeitpunkt mußte das BfV bei jedem in der BRD neu akkreditierten Diplomaten eine spezielle Abfrage bei der CIA, dem SIS und dem DGSE auslösen. Tiedge verwies lediglich auf eine NATO-Klausel, nach der ein Diplomat, der wegen erkannter nachrichtendienstlicher Aktivitäten aus einem NATO-Land ausgewiesen worden war, in keinem anderen NATO-Land ein Agrément erhalten durfte.

Die Abstimmung in der NATO dürfte zum jetzigen Zeitpunkt auf diesem Gebiet eine andere Qualität erreicht haben.

5. Der letzte Akt – ein Archiv für fremde Nutzer

Der Bereich IX/C spielte bei der legalen Auflösung der HV A eine nicht unwesentliche Rolle. In der Phase der aus eigener Entscheidung veranlassten Reduzierung der Aktenbestände hatten die Materialbestände der unmittelbaren operativen Strukturen logischerweise den Vorrang bei der Aktenvernichtung. Im Bereich Auswertung sollte das erst einmal nur Informationen betreffen, die direkten Aufschluss über die Quellenlage der HV A in den Geheimdiensten der westlichen Hauptstaaten betrafen. Mit der Besetzung der Zentrale am 15. Januar 1990 wurde uns deutlich bewusst, welchen Erkenntnisgewinn über unsere Quellenlage westliche Geheimdienste bei einem direkten Zugriff erreichen würden.

Mit der bis dahin erfolgten Aktenvernichtung wurde der Materialbestand im März 1990 – nachdem am 23. Februar 1990 der Beschluss des Zentralen Runden Tisches über die legale Auflösung der HV A gefasst wurde – von allen wesentlichen, direkt auf die Quellen führenden Informationen bereinigt. Aber die Abteilung IX hatte noch immer einige Lkw-Ladungen mit gespeicherten Informationen, Ausarbeitungen, Karteien, Dossierablagen u. v. a. Der Transport dieser Unterlagen zur Vernichtung in einem Außenobjekt der HV A in Berlin-Hohenschönhausen erfolgte unter strenger Aufsicht von Vertretern der Kirchen. Bei vielen Unterlagen konnte eine komplexe Analyse immer noch Spuren zu unseren Quellen ergeben.

Jene Mitarbeiter der Abt. IX, die für drei Monate in ein zeitweiliges Arbeitsverhältnis beim Staatlichen Komitee für die Auflösung des MfS/AfNS übernommen worden waren, erfüllten bis zum letzten Tag ihre selbstverständliche Pflicht. Aus dem Bereich IX/C waren ganze Berge von Unterlagen ganz unterschiedlichen Inhalts zu sichten und im Zweifel zu vernichten.

Dann erreichte uns die Festlegung des Zentralen Runden Tisches, dass ein gewisser Bestand an Unterlagen, der für eine spätere historische Bewertung der Arbeit der HV A von Nutzen sein könnte (und nach unserer Vorstellung auch die Wirksamkeit der Arbeit der HV A einem unvoreingenommenen Zeitzeugen zu demonstrieren hatte), für eine Archivierung bereitgestellt werden sollte. Also mussten die in chaotischer Unordnung in unseren Arbeitsräumen und in einem Keller gestapelten Unterlagen noch einmal vorselektiert werden. Nach mehreren Prozeduren der Säuberung blieb ein noch immer ansehnlicher Bestand an Originaldokumenten und Ausarbeitungen übrig. Die »Säuberungen« betrafen ausschließlich alle Bezüge auf originäre Aussagen von Quellen.

Im Juni 1990 wurden die zur Archivierung vorgesehenen Materialien auf Transporter verladen, und eine Kolonne von Fahrzeugen, begleitet von Funkstreifenwagen mit Blaulicht und besetzt mit Polizisten, die mit MPi ausgerüstet waren, fuhr in die Normannenstraße, die frühere Zentrale des MfS. Im Archivraum der Abt. XII des MfS stapelten wir die Unterlagen in bereitstehende Stahlschränke. Was verschwand hier in den Schränken der späteren Gauck-Behörde?

- Analysen zu Struktur und Arbeitsweise des BND, z.B. die Feinstruktur der Zentrale und die Übersicht über alle Außenstellen, Analysen zur Spionagetätigkeit des BND gegen die DDR;
- die komplette Kartei über alle hauptamtlichen BND-Mitarbeiter sowie umfangreiche Dossiers über eine größere Zahl von Mitarbeitern des BND;
- Materialsammlungen über das BfV und die LfV, Dossiers über Mitarbeiter des Verfassungsschutzes; mehrere Exemplare einer Auskunft über die Spionageabwehr des Verfassungsschutzes;
- eine Liste der Mitarbeiter des MAD;
- diverse Materialien zum Staatsschutz der BRD;
- eine Sammlung von zusammenfassenden Analysen über Struktur, Hauptangriffsrichtungen und Arbeitsweise der Geheimdienste aller NATO-Staaten und weiterer europäischer Länder (z. B. sehr detaillierte Darstellungen zu den Geheimdiensten Großbritanniens und Frankreichs).

Allein die Materialien über die USA-Geheimdienste füllten einen großen Stahlschrank:

- Kopien der bedeutendsten zentralen Direktiven des Direktors der NSA von der Nr. 1 (Grundaufgaben der NSA) über die Direktive zur Regelung der Partnerdienstbeziehungen der NSA bis zur Direktive über die Tätigkeit der *Field Station Berlin* auf dem Berliner Teufelsberg;
- etwa zehn Leitz-Ordner mit dem Dokument *National SIGINT Requirements List* (NSRL): die Aufgabenstellung der USA-Geheimdienste über alle Länder der Erde;
- das DIA-Dokument *J-TENS* – eine Übersicht über die weltweite Organisation der Spionage der US-Geheimdienste auf den Ebenen der strategischen Aufklärung im nationalen Interesse, der taktischen Aufklärung im Interesse der militärischen Hauptkommandos und der Aufklärung vor Ort (eingesetzte Mittel und Strukturen, Technik, Doktrinen);
- das Dokument mit der Deckbezeichnung *CANOPY WING*;
- mehrere detaillierte Dokumente über die Organisation der elektronischen Spionage gegen die DDR von ortsfesten Anlagen aus, z. T. im automatisierten Betrieb (Projekt »TROJAN«), durch den regelmäßigen Einsatz von Aufklärungsflugzeugen in unmittelbarer Grenznähe oder durch mobile Einsatzkräfte der Geheimdienste;
- die umfangreiche Studie über die Formierung des Geheimdienstes der USA-Landstreitkräfte INSCOM auf der Ebene von Armeekorps;
- in Auswertung der vorliegenden Dokumente und anderer Informationen eine Zusammenfassung unserer Erkenntnisse über die operative Spionagetätigkeit der USA-Geheimdienste gegen die DDR mit den grundsätzlichen Aufgabenstellungen, den spezifischen Methoden und den erkannten Zielobjekten und Zielpersonen;
- eine Kartei mit den kompletten Angaben über die Dienststellen und Objekte der USA-Geheimdienste auf dem Territorium der BRD und Westberlins;
- mehrere Ordner mit Dossierangaben über Mitarbeiter der USA-Geheimdienste, von den CIA- Direktoren bis zu operativen Mitarbeitern der Residenturen im deutschsprachigen Raum.

Anmerkungen

1 Aus David Gill/Ullrich Schröter: »Das Ministerium für Staatssicherheit«, Rowohlt Verlag, Berlin 1991, S. 485
2 In der für politisch-aktive Maßnahmen zuständigen Abt. X der HV A wurden alle geheimdienstlich-relevanten Informationen in einem Vorgang mit der Deckbezeichnung »Dschungel« gesammelt
3 Vgl. *horizont* Nr. 52/1981, S. 11f.
4 Vgl. *horizont* Nr. 24/1982, S. 8f.
5 Eine detaillierte und sachliche Beschreibung finden wir in der Reihe Analysen und Berichte des BStU Nr. 1/96: »SOUD – das geheimdienstliche Datennetz des östlichen Bündnissystems«

VI. Schutzschirm für Mitarbeiter und IM

1. Die Arbeitsgruppe Sicherheit (AGS)

Bereits in den ersten Jahren der Existenz der außenpolitischen Aufklärung (APN) wurden vom Leiter, Markus Wolf, der konsequente Schutz und die Sicherheit der operativen Arbeit gefordert.

Als Aufklärungsorgan eines sozialistischen Staates ging es von Anfang an darum, die volle Verantwortung für die im Wesentlichen aus politischer Überzeugung handelnden Kundschafter zu übernehmen. Es war notwendig, ihren Schutz und ihre Sicherheit zu gewährleisten und Mittel und Methoden vor dem Gegner geheim zu halten. Bestandteil dieser Sicherungsarbeit war die Erfassung und analytische Verarbeitung aller sicherheitsrelevanten Vorkommnisse. Durch rechtzeitiges Erkennen des feindlichen Vorgehens gegen unsere Kundschafter sollten Fehlschläge und Niederlagen verhindert werden. Die Verantwortung für die Kundschafter schloss im Falle einer Verhaftung auch ein klares Bekenntnis zum Kundschafter und die Gewährleistung aller nur möglichen Hilfe ein.

Erster Mitarbeiter und langjähriger Leiter einer bei General Hans Fruck, Stellvertreter des Chefs der HV A, Anfang der 60er Jahre gegründeten kleinen Arbeitsgruppe von zwei bis vier Mitarbeitern war Major Fritz Kobbelt.

Zu den Aufgaben der Gruppe gehörte:

- Erfassen und analytisches Verarbeiten von erkannten sicherheitsrelevanten Vorkommnissen im IM-Bestand und deren Verallgemeinerung in der praktischen operativen Arbeit;
- vorgangsbezogene Beratung der Diensteinheiten der HV A zu erkannten und vermuteten Sicherheitsproblemen;
- Hilfe für Diensteinheiten bei der Aufklärung der Mittel und Methoden der gegnerischen Abwehr;
- Identifizierung und eventuelle Entlarvung potenzieller oder gegen das MfS tätiger Doppelagenten;
- Hilfe bei der Einleitung von Maßnahmen bei Verhaftungen und Begleitung bis zur Haftentlassung.

Diese generelle Aufgabenstellung besaß bis zur Einstellung der operativen Arbeit der HV A im Jahre 1990 Gültigkeit.

Mit der Bildung der Abteilung IX wurde die Arbeitsgruppe in den Bereich IX/C als Referat 2 integriert und Oberst Dr. Kobbelt zum Leiter des Bereiches ernannt.

1981 wurde aus dem Referat 2 die Arbeitsgruppe Sicherheit (AGS) als eigene Struktureinheit gebildet, die direkt dem Leiter der HV A unterstand.

2. Vorbeugen ist besser als heilen

Von Anfang an wurde der Sicherheit inoffizieller Mitarbeiter im Operationsgebiet große Bedeutung beigemessen. In der Richtlinie 1/59 als erstem Grundsatzdokument für die Arbeit mit IM außerhalb des Gebietes der DDR wurden als Hauptprinzipien der Zusammenarbeit mit IM genannt:

- die politisch-ideologische Beeinflussung und Erziehung;
- die fachliche und operative Qualifizierung;
- die ständige Erziehung zur Einhaltung der Regeln der Konspiration.

Neun Jahre später setzte das MfS mit den Richtlinien 1/68 und 2/68 überarbeitete Führungsdokumente in Kraft. Mit der RL 2/68 wurde erstmals in einem zentralen Dokument die Arbeit mit inoffiziellen Mitarbeitern im Operationsgebiet verbindlich geregelt. Im Punkt 5 dieser Richtlinie wurden Maßnahmen zum Schutz und zur Sicherheit des IM-Netzes festgelegt. »Für bestimmte operative Situationen sind neben der ständigen gründlichen Analyse und Überprüfung der operativen Tätigkeit sowie der Verhaltens- und Lebensweise der IM spezielle Maßnahmen zum Schutz und zur Sicherung des IM-Netzes erforderlich.« Es folgen Aufgabenkomplexe.

»5.1. Operative Maßnamen bei direkter oder indirekter Feindberührung
5.2. Operative Maßnahmen bei vermuteter oder erkannter Doppelagententätigkeit
5.3. Operative Maßnahmen bei Verhaftungen von IM
5.4. Operative Maßnahmen bei in die Deutsche Demokratische Republik übersiedelten IM«[1]

In konsequenter Fortsetzung hieß es im letzten Grundsatzdokument (Richtlinie 2/79): »Die strikte Durchsetzung der Konspiration muss ein Höchstmaß an Sicherheit in der Arbeit mit IM gewährleisten. Im Zusammenhang damit ist zu sichern, dass Entscheidungen über die Durchführung operativer Maßnahmen stets auf der Grundlage einer exakten Analyse der Sicherheitslage im IM-Vorgang getroffen werden. Die Analyse der Sicherheitslage muss begründete Aussagen über das mit der Durchführung bestimmter operativer Maßnahmen verbundene Risiko zulassen.«[2]

Der Schutz der operativen Arbeit der Aufklärung verlangte eine ständige Beobachtung der gegnerischen Abwehrorgane. Diese waren in den 50er/60er Jahren maßgeblich besetzt mit Personen, die ihre Erfahrungen im faschistischen Deutschland gesammelt hatten.

Die Kundschafter sollten dazu befähigt werden, Aktivitäten der gegnerischen Organe hinsichtlich ihrer Zielsetzung, der Methodik und des Umfangs rechtzeitig zu erkennen und zu bewerten. Die dazu notwendige Sicherheitsanalyse musste die Aussage treffen, ob es sich tatsächlich um eine dem Kundschafter geltende, ihn gefährdende Aktivität handelt bzw. ob die festgestellten oder zu erwartenden Maßnahmen des Gegners Bestandteil einer gezielten und direkten Bearbeitung des IM sind oder aber aus einer allgemeinen Überwachungs- und Überprüfungstätigkeit herrühren. Das konnten Maßnahmen im Zusammenhang mit einer beabsichtigen beruflichen Beförderung, der Bestätigung einer höheren VS-Stufe, Überprüfungen im Umkreis, die einer andern Person gelten und aus vielen anderen Anlässen sein. In mehreren Grundsatzdokumenten der Leitung der HV A wurde die Ausbildung der eingesetzten IM im Erkennen feindlicher Maßnahmen der Bearbeitung und bei Konfrontationen mit feindlichen Untersuchungs- und Justizorganen im Detail erörtert und immer wieder mit aktuellen Erkenntnissen angereichert. Das letzte entsprechende Dokument war die Dienstanweisung 1/89 vom 5. Januar 1989.[3]

Die Sicherheitsanalyse

In der RL 2/79 wurde der Analyse der Sicherheitslage in jedem IM-Vorgang eine vorrangige Stellung bei den speziellen Maßnahmen zum Schutz und zur Sicherung des IM-Netzes eingeräumt (Punkt 7.1. der Richtlinie).

Die personenbezogene Sicherheitsanalyse war ein Leitungsdokument, auf dessen Grundlage zu entscheiden war, für welche Aufgaben der Kundschafter eingesetzt werden konnte und welche Mittel und Methoden einzusetzen waren. Voraussetzung für eine hohe Aussagekraft der Analyse war eine ständige, objektive und gewissenhafte Erfassung der im Vorgang vorhandenen Risikofaktoren, frei von Wunschdenken. Entscheidungen über weiterreichende Sicherheitsmaßnahmen waren vor allem in »besonderen operativen Situationen« notwendig. Eine solche Situation lag vor, wenn

- durch eine feindliche Bearbeitung Gefahrensituationen eintraten bzw. durch besondere Vorkommnisse mit intensiven Überprüfungsmaßnahmen zu rechnen war;
- Anhaltspunkte für eine gegen uns gerichtete Doppelagententätigkeit vorlagen;
- es Anzeichen für einen Verrat gab;
- ein Ermittlungsverfahren eingeleitet wurde oder eine Verhaftung erfolgt ist;
- Rückzüge aus dem Operationsgebiet in die DDR erforderlich wurden und
- wenn es zur Dekonspiration des Kundschafters kam, bei Verlust operativer Dokumente oder operativ-technischer Mittel.

Dann musste die Zentrale entscheiden, ob die operative Arbeit weitergeführt werden konnte, welche Sicherheitsvorkehrungen zu treffen waren, ob die Arbeit für ständig oder befristet einzustellen war oder ob der Rückzug des Kundschafters in die DDR erfolgen musste.

Als die wesentlichsten Anzeichen einer direkten Bearbeitung, die eine »besondere operative Situation« ausmachten, galten Observationen, die Post- und Telefonkontrolle, konspirative Durchsuchungen im Arbeits- und Freizeitbereich, Ermittlungen, Anschleusung von Agenten oder verdächtiger Personen, eine über das übliche Maß hinausgehende Befragung und Personenkontrollen sowie legendierte Werbungs- und Überwerbungsaktivitäten.

Das Verbindungswesen

Das Verbindungswesen war und ist der Lebensnerv der operativen Arbeit jedes Geheimdienstes. Ohne effektive und sichere Verbindungen konnten weder eine sichere Anleitung der Quelle noch eine unbemerkte Übermittlung von Informationen erfolgen. Die Verbindung war in jedem Fall mit einer Grenzpasssage verbunden. Dem feindlichen Grenzsicherungs- und Überwachungssystem wurde deshalb besondere Aufmerksamkeit gewidmet.

Bis zur Sicherung der Staatsgrenze am 13. August 1961 gab es eine relativ rege Reisetätigkeit zwischen beiden deutschen Staaten, die auch für operative Verbindungen von der Aufklärung genutzt wurde. Danach mussten neue Wege gesucht werden. War es vor dem 13. August 1961 möglich, selbst mit Reisedokumenten der DDR legendierte operative Aufgaben zu erfüllen, funktionierte dies danach nicht mehr. Wir mussten auf Personaldokumente der BRD und Westberlins umsteigen. Außerdem hatten wir vor jeder Grenzpassage auf mögliche Änderungen bei der Arbeit der gegnerischen Grenzsicherungsorgane zu achten.

Aus Quelleninformationen verfügte die HV A über aktuelle Kenntnisse zum Grenzregime in die BRD und Westberlin. Diese Informationen waren sehr wichtig für die Planung der Reisewege und sicherten die operativen Reisekader der HV A.

Akute Gefährdungssituationen

Von akuten Gefährdungssituationen für IM im Operationsgebiet sprach man, wenn es Hinweise auf eine bevorstehende Verhaftung des IM gab, oder wenn aus anderen Gründen, etwa Verrat, der Rückzug aus dem Operationsgebiet in die DDR erforderlich wurde. Dafür existierten spezielle Warnsignale und Sicherheitsmaßnahmen.

Im akuten Gefährdungsfall galt der Grundsatz, dass auch eine sichere Rückkehr einen Erfolg darstellte, weil persönlicher Schaden für den IM und operativer Schaden für das MfS abgewendet werden konnte. Entscheidungen über den Abzug fielen stets schwer, vor allem dann, wenn der IM eine wichtige Quelle war. Die Leitung der HV A ging jedoch immer davon aus, das die Sicherheit Vorrang hatte. Einige Beispiele für eine solche Entscheidung:

- Rechtzeitig konnten Kundschafter gewarnt und zurückgezogen werden, Darunter waren drei Quellen in wichtigen Positionen in der CDU.[4]

• Nach dem Verrat Stillers wurden 14 IM zurückgezogen[5], was unter teilweise komplizierten Bedingungen erfolgte.[6]

• Bei der Abwehr der Aktion »Anmeldung« des BfV (*vgl. Kap. III*) gelang es, 21 IM vor dem Zugriff des Gegners zu retten.

• Mit einer abenteuerlichen Aktion konnten Astrid und Herbert Willner, beide Spitzenquellen in Bonn, gerettet werden. Ihre Festnahme war bereits beschlossene Sache. Sie sollte bei ihrer Rückkehr aus dem Urlaub erfolgen.[7]

• Bei der Rückreise von einem Treff in der DDR ließ Johanna Olbrich die operativen Reisedokumente in einem Taxi in Rom liegen. Die Kundschafterin war wegen ihrer Stellung in der FDP und im Europaparlament eine öffentlich bekannte Person. Es bestand die Gefahr, dass sie aufflog. Deshalb wurde sie zurückgezogen.[8]

Die Arbeitsgruppe Sicherheit informierte die Diensteinheiten der Aufklärung über aktuelle Entwicklungen im Vorgehen der Spionageabwehr der Bundesrepublik, so etwa 1988 über die Forcierung der Arbeit mit Doppelagenten, wie aus dem nachfolgend wiedergegebenen Schreiben von Oberst Kobbelt, Leiter der AGS, an den Leiter der Abteilung XI ersichtlich:

»Information: Zur aktuellen feindlichen Methodik der Anschleusung von Doppelagenten

Durch die Niederlage der BRD-Abwehrorgane in den letzten Jahren wurden dem feindlichen Vorgehen bei der Entwicklung und Führung von Doppelagenten gegen das MfS empfindliche Schläge erteilt. Die feindlichen Bestrebungen sind deshalb vor allem auf die Wiedererlangung verlorener Positionen und die Qualifizierung des offensiven Vorgehens gegen das MfS gerichtet.

Nach Angaben des ehemaligen Leiters der Spionageabwehr des Verfassungsschutzes gegen die DDR, Tiedge, hat der Verfassungsschutz offensive Konzeptionen entwickelt, um die effektivere Anschleusung von Doppelagenten an das MfS zu verstärken.

Die sogenannten ›Gegenoperationen‹ werden als unverzichtbar betrachtet, um aktuellste methodische Erkenntnisse über die Tätigkeit der sozialistischen Sicherheitsorgane zu gewinnen.

Es ist davon auszugehen, dass der Feind von diesen Konzeptionen zielgerichtet Gebrauch machen wird, um mit Hilfe geeigneter BRD-Bürger eine nachrichtendienstliche Ansprache durch das MfS zu provozieren. Die aktive Auswahl solcher Personen, die sich nach der Kontaktierung durch das MfS stellen, soll eine bessere Eignung für diese komplizierte Aufgabe gewährleisten. Als eine personelle Basis werden Akademiker angesehen, die u.a. wegen unzureichender Befriedigung in ihrem Beruf (evtl. wegen Arbeitslosigkeit) zu einer Doppelagententätigkeit für den Verfassungsschutz oder den MAD bereit sein könnten. In jüngster Zeit konnten bereits vorliegende Erkenntnisse zur Anschleusung von Doppelagenten durch feindliche Abwehrorgane, insbesondere den Verfassungsschutz der BRD, bestätigt und konkretisiert werden. Es zeichnet sich dabei u. a. ab, dass der Verfassungsschutz zur verstärkten Bearbeitung der Ständigen Vertretung der DDR und ihrer Nachfolgeeinrichtungen übergegangen ist und Personen, die diese anlaufen bzw. sich anbieten, aufarbeiten, um geeignete Doppelagenten anzuschleusen.

Erste vorliegende Meldungen von Diensteinheiten weisen eindeutig darauf hin, dass der Verfassungsschutz bemüht ist, Anschleusungsaktivitäten im Rahmen des Reise- und Besucherverkehrs so zu entwickeln, dass sie weitgehend der Praxis normaler operativer Kontaktanlässe bei Einreisen in die DDR entsprechen (Grenzverletzungen, Devisenvergehen, Anfrage bei DDR-Dienststellen; Aufenthalt in Lokalen und Hotels, in denen MfS-Präsenz erwartet wird; Besuch der Leipziger Messe u. ä. Veranstaltungen, Kontaktversuche an Grenzübergangsstellen, Gesetzesübertretungen, Angaben von operativ interessanten Berufen und Tätigkeiten usw.).

Ausgehend von diesen Erkenntnissen wird die Aktualität der Forderung deutlich, bei ›indirekten Selbstanbietern‹ verstärkt die Möglichkeit zu prüfen, ob die Person vom Feind angeschleust wurde. Bei entsprechenden Anhaltspunkten für eine mögliche Feindmaßnahme wird gebeten, die AGS rechtzeitig zu konsultieren, um gemeinsam die erforderlichen Maßnahmen festzulegen.

Die Information bedarf des besonderen Quellenschutzes!«

3. Bei einer Verhaftung war Hilfe besonders dringlich

Die Untersuchungshaft

Mit der Verhaftung eines IM und der damit verbundenen Untersuchungshaft trat eine besondere Sicherheitssituation ein. Soforthilfe für den IM war erforderlich, die möglichen Ursachen für die Verhaftung waren festzustellen, um den operativen und persönlichen Schaden zu begrenzen.

Nach einer vermuteten oder nach Bekanntwerden einer erfolgten Verhaftung ging die Arbeitsgruppe Sicherheit wie folgt vor. Dabei kooperierte sie mit anderen Diensteinheiten.

- Analyse des Vorgangs
- Sicherung aller operativen Verbindungen des IM, um weitere Einbrüche zu vermeiden
- Feststellung der operativ-technischen Mittel, die dem Gegner in die Hände gefallen sein könnten und Schlussfolgerungen daraus für andere IM
- Beurteilung der Standhaftigkeit des IM im Ermittlungsverfahren und Prüfung von Maßnahmen zur Stabilisierung
- Organisierung der Verteidigung und der Betreuung der Familie

Als Grundsatz galt, dass auch mit einer Verhaftung der übernommene Auftrag für den IM nicht beendet war, sondern unter den neuen Bedingungen der Untersuchungshaft weiterzuführen ist.

Mit jedem IM, der Aufträge im Operationsgebiet zu lösen hatte, war bereits in der Ausbildung eine personenbezogene Verhaltenslinie für den Fall einer Verhaftung festgelegt.

Wurde dem Kundschafter durch das Verhalten der Polizei- und Justizorgane eindeutig klar, dass der Verdacht der nachrichtendienstlichen Tätigkeit nicht auszuräumen war (z. B. bei Nachweis der Fälschung des operativen Personaldokuments), so war die Aussageverweigerung die politisch und taktisch richtigste Verhaltensweise. Die konsequente Einhaltung des gesetzlichen Rechts auf Aussageverweigerung zur Person und Sache wurde den Kundschaftern im Prozess der Ausbildung ausführlich erläutert und von ihnen in den meisten Fällen – wenn auch zeitlich befristet – praktiziert.

So erinnerte sich später der Kundschafter der HV A Heinz Stuckmann bei seiner Festnahme an die Instruktion seines Führungsoffiziers: »Der Truppführer erklärte: ›Sie sind vorläufig festgenommen wegen Verdachts auf geheimdienstliche Agententätigkeit.‹ Ich holte tief Luft und repetierte – repetierte die langweilige, bis zum Überdruss wiederholte, vom Führungsoffizier verordnete Lektion für den Ernstfall: ›Name, Vorname, Geburtsdatum. Kein Wort mehr. Schweigen. Abwarten, was die wissen!‹«[9]

Eine der ersten Aufgaben nach der Festnahme bestand in der Forderung nach einem Rechtsanwalt. Ein Verzeichnis der zugelassenen Anwälte lag in der Regel vor. Jedem Kundschafter war bewusst, dass der Rechtsanwalt nur sein juristischer Vertreter, nicht sein Vertrauter war. Nach der Mandatserteilung hatte der Anwalt die vereinbarte Person des Vertrauens (Ehepartner, Verwandte oder andere Bezugsperson) über die Festnahme zu informieren.

Die Kundschafter waren auch darauf vorbereitet, dass eine konsularische Interessenvertretung erfolgte, die in der BRD durch die Ständige Vertretung der DDR in Bonn wahrgenommen wurde.

Die U-Haft galt als die erste und härteste Phase im Knast. Die psychische Notsituation wurde vom gegnerischen Untersuchungsorgan genutzt, um Beweise zu erlangen und den Inhaftierten zur Preisgabe seines operativen Wissens zu bewegen. Eine ungewöhnlich lange Untersuchungshaft von ein bis zwei Jahren, was keine Ausnahme darstellte, besaß durchaus den Charakter einer psychischen Folter.

Im Strafvollzug

War das Urteil rechtskräftig, begann die Strafhaft. In der Regel erfolgte die Verlegung in eine andere Justizvollzugsanstalt, was in vielen Fällen mit Erleichterungen für den Inhaftierten verbunden war. Die Einzelhaft, die einer Isolierung gleichkam, wurde gelockert, wenn auch der Kontakt zu den wegen krimineller Delikte verurteilten Mithäftlingen neue Probleme brachte.

Agentenaustausch

Nach der Verurteilung wurden Verhandlungen über eine vorzeitige Haftentlassung begonnen. Die DDR und die BRD waren daran interessiert, ihre Agenten rasch freizubekommen. Die HV A machte ihre Zusage an die IM wahr, alles zu unternehmen, um eine vorzeitige Haftentlassung zu erreichen.

Das Grundprinzip der Verhandlungen zwischen den Regierungsvertretern lautete: Spion gegen Spion. Dies traf auf Verhandlungen mit der BRD, Frankreich und den USA zu.

Verhandlungsführer auf DDR-Seite war Rechtsanwalt Prof. Dr. Wolfgang Vogel, der die oft komplizierten Vorgänge mitunter über Jahre zum Erfolg führte. Ohne ihn hätte es auch jene spektakulären Austauschaktionen auf der Glienicker Brücke nicht gegeben.

4. AGS und Komitee für Staatssicherheit der UdSSR

Spezifische Aufgaben ergaben sich für die AGS durch das Zusammenwirken mit Verbindungsoffizieren des sowjetischen Komitees für Staatssicherheit (KfS) zur HV A. Solche Aufgabenstellungen kamen generell im Auftrag des Leiters der HV A zustande.

Schwerpunkt der Unterstützung der sowjetischen Aufklärung war die Beratung und Hilfe nach der Verhaftung von DDR-Bürgern im Operationsgebiet, die für das KfS gearbeitet hatten. Diese Absprachen wurden von Vertrauen und gegenseitiger Achtung bestimmt und fanden unter Wahrung der Konspiration statt. Die Gespräche betrafen auch den gegenseitigen Austausch des Wissens über die Arbeit der gegnerischen Abwehrorgane und über Erfahrungen bei der eigenen Sicherungsarbeit.

Einige Beispiele für die Unterstützung der sowjetischen Aufklärung durch die AGS:

1981 wurde die DDR-Bürgerin Katarina Nummert mit ihrem Lebensgefährten Karl Krumitsch, einem Offizier des KfS, auf dem Flugplatz Zürich-Kloten im Transit von Teheran verhaftet. Beide lebten als Residenten mit operativer Dokumentation im Iran. Sie waren bei der Aktion »Anmeldung« enttarnt worden.

Wir organisierten die anwaltliche und die konsularische Vertretung bis zum Ende der Strafhaft. Auf Ersuchen der DDR-Botschaft wurde Frau Nummert im November 1982, ihr Mann einige Wochen später aus der Schweiz abgeschoben. Das Ehepaar nahm seinen Wohnsitz in Berlin und wurde von der AGS betreut.

Im August 1985 wurden die Eheleute »Hübner«, ein 1956 auf Doppelgängerbasis übersiedeltes Kundschafterehepaar, bei Luzern festgenommen. Herr »Hübner« hieß tatsächlich Vladislav Kamazin und war Oberst der tschechischen Aufklärung, seine Frau Rosemarie Müller hatte bereits vor der Übersiedlung als IM für das KfS gearbeitet. Das Residentenehepaar führte die Quelle Margret Höke, Chefsekretärin im Bonner Bundespräsidialamt. Müller und Kamazin erhielten je sechs Jahre und kehrten im November 1988 nach Berlin zurück. Ihre konsularische und anwaltliche Betreuung war während der Haft gesichert. Für das Einleben in der DDR war die AGS verantwortlich. Im Mai 1990 heirateten beide offiziell nach 45 Jahren operativer Ehe. Zu beiden Aufklärern wurde bis zu ihrem Tod eine vertrauensvolle Verbindung unterhalten.

Am 12. August 1987 wurde Manfred Rotsch an der Grenzübergangsstelle Herleshausen gegen in der DDR inhaftierte Agenten westlicher Dienste ausgetauscht. Manfred Rotsch war 1986 verhaftet und zu achteinhalb Jahren Haft verurteilt worden. Als Abteilungsleiter in der Münchner Rüstungsfirma MBB hatte er für die Sowjetunion u. a. das neue Kampfflugzeug »Tornado« aufgeklärt.

Die BRD-Seite befürchtete, dass die bereits nach kurzer Zeit erfolgte Haftentlassung zu größerem Wirbel im eigenen Land führen könnte und stellte die Forderung, dass der Bundesbürger Manfred Rotsch darum zumindest für einige Zeit in der DDR unterkam. Die AGS übernahm diese Aufgabe einschließlich ärztlicher Betreuung und Kuraufenthalt. Bei seiner Rückkehr in die BRD wurde gegen Manfred Rotsch erneut ein Ermittlungsverfahren wegen Verbindungsaufnahme zu einem feindlichen Geheimdienst eröffnet. Es bedurfte des energischen Einsatzes von Prof. Dr. Wolfgang Vogel, um die Sache niederzuschlagen.

1983 wurde die 68-jährige Rentnerin und DDR-Bürgerin Alice Michelson bei ihrer Ausreise aus den USA verhaftet. Ein Feldwebel der US Army, ein Agent provocateur, hatte ihr Material übergeben, das bei ihrer Festnahme »plangemäß« gefunden wurde. Alice Michelson war Kurier für eine Diensteinheit der Militärischen Aufklärung der UdSSR. Von ihrer Verhaftung bis zum Austausch auf der Glienicker Brücke am 11. Juni 1985 wurde sie mit Hilfe der AGS konsularisch und anwaltlich betreut.

Anmerkungen

1 Vgl. IM-Richtlinie 2/68; in Helmut Müller-Enbergs »IM des MfS. Teil 2«, Ch. Links-Verlag, Berlin 1998, S. 380ff.

2 Vgl. RL 2/79 für die Arbeit mit inoffiziellen Mitarbeitern im Operationsgebiet; in: Helmut Müller-Enbergs, a. a. O., S. 503
3 Einige der Dokumente sind genannt in: Helmut Müller, a. a. O., S. 506
4 Werner Großmann: »Bonn im Blick«, Das Neue Berlin, Berlin 2001, S. 81
5 a. a. O., S. 84
6 Vgl. Gotthold Schramm (Hrsg.): »Der Botschaftsflüchtling und andere Agentengeschichten«, darin: Johannes Koppe: »Ich war Botschaftsflüchtling«, edition ost, Berlin 2006, S. 60
7 a. a. O., Horst Jänicke: »Flucht durch die Sahara«, S. 139
8 Werner Großmann, a. a. O., S. 84
9 Vgl. Heinz D. Stuckmann: »Verdammte Kommunisten – Die Bekenntnisse des IM Dietrich«, Kai Homilius Verlag, Berlin 2006; S. 14

Nachbetrachtung

Die Geschichte der Konterspionage als bedeutender Bestandteil der Ost-West-Konfrontation auf dem Gebiet des Kampfes der Geheimdienste ist mit ihren Erfolgen und Niederlagen auf beiden Seiten in der historischen Forschung noch wenig beleuchtet. Das vorliegende Buch ist ein Angebot für diese Forschungen aus der Sicht der Aufklärung der DDR.

Es ist vor allem die Gesamtschau auf alle bedeutsamen Vorgänge der Gegenspionage der DDR, die das vorliegende Buch so brisant macht. In der Beschreibung der einzelnen Vorgänge finden der Insider und der interessierte Leser Bekanntes, weniger Bekanntes und auch bisher Unbekanntes über die Schicksale einzelner Kundschafter der Gegenspionage. Aber nicht diese Details charakterisieren die Bedeutung dieses Arbeitsgebietes der äußeren und inneren Spionageabwehr der DDR. Es sind die Auswirkungen eines qualifizierten Zusammenspiels aller Akteure und Faktoren der Konterspionage der DDR, die dieses Teilgebiet der Aufklärung der DDR auch für die zeitgeschichtliche Forschung interessant machen.

Die Autoren haben sich entschieden, das System der Gegenspionage der DDR vorwiegend an Hand von konkreten Quellenvorgängen und spezifischen nachrichtendienstlichen Operationen darzustellen. Gleichzeitig sollte sichtbar gemacht werden, dass Erfolg und Effizienz der Gegenspionage auf das Zusammenwirken aller Strukturen und Mitarbeiter gründeten, in der Zusammenführung aller Erkenntnisse und ihrer zeitnahen und fachgerechten analytischen Verarbeitung.

Die bundesdeutsche Auslandsspionage und Spionageabwehr, einschließlich wichtiger Aspekte ihrer internationalen Beziehungen, war für die Gegenspionage der DDR ein offenes Scheunentor, wie es in mehreren Gerichtsurteilen gegen Quellen der HVA bewertet wurde.

Wie das Buch sichtbar macht, vermochten wir in der Tat mit relativ wenigen, aber gut platzierten Quellen das System der westlichen Spionage und Gegenspionage zu paralysieren. Gelegentlich erfolgreiche Operationen der westlichen Seite wurden in vertretbaren Zeiträumen kompensiert.

Für das Gesamtergebnis der Aufklärungstätigkeit war von Bedeutung, dass der Schutz und die Sicherung des IM-Netzes durchgehend gewährleistet werden konnten, wodurch eine sichere Führung aller Quellen der Aufklärung in den Hauptobjekten garantiert war.

Neben den klassischen Formen der Aufklärung und Bearbeitung von Zielobjekten im Operationsgebiet weist die Bearbeitung der Geheimdienste einige Besonderheiten auf.

Die Hauptwaffe der Geheimdienste, die Arbeit mit menschlichen Quellen, ist zugleich auch ihre Achillesferse.

Wenn es gelang, dem gegnerischen Dienst qualifizierte und gut ausgebildete IM zur Werbung als Agenten in das Blickfeld zu bringen oder von ihm geworbene Agenten zu überwerben, dann wurde seine Konspiration durchbrochen. Je enger das Vertrauensverhältnis zwischen Agent und Führungsoffizier, desto umfassender der Informationsgewinn über den Geheimdienstmitarbeiter und die aktuellen Mittel und Methoden der Angriffe der Geheimdienste. Auf diesen Erkenntnissen fußte der erfolgreiche Einsatz von IMB durch das MfS der DDR.

Zugleich zeigen diese Erfahrungen auch die Grenzen eines solchen Vorgehens. Die Gewinnung von Quellenpositionen in den Zentralen und in den Führungsstellen der Geheimdienste über die Bearbeitung von Führungskadern mit Hilfe von IMB in Nachrichtenspielen scheiterte sowohl in der HV A als auch in der HA II.

Das beruhte nicht zuletzt darauf, dass hauptamtliche Mitarbeiter der geheimen Nachrichtendienste systemtreue Positionen vertraten. Im Personal der westlichen Dienste waren (und sind) antikommunistische Grundpositionen verfestigt, die selbst bei kompromittierenden Situationen letzten Endes zur Ablehnung einer Zusammenarbeit »mit dem Osten« führten.

Einbrüche in diese Positionen waren nur bei Personen erreichbar, die im Nachdenken über Grundfragen der Entwicklung der Menschheit, besonders über Krieg und Frieden, zur Entscheidung gekommen waren, als Mittler zwischen den Extrempositionen der Blöcke ihren persönlichen Beitrag zur Erhaltung des Status quo zu leisten. Diesen Menschen war bewusst, dass das militärstrategische Gleichgewicht zwischen den Blöcken, auch wenn es ein Gleichgewicht des Schreckens war, wesentlich für die Stabilität in der Welt war. Jeder Versuch einer einseitigen Veränderung, gar die verlockende Vorstellung von einem Enthauptungsschlag des Gegners, schloss die Möglichkeit einer weltweiten Katastrophe ein. So gesehen, war jede Anstrengung, den Status quo zu sichern, indem man der Gegenseite das Wissen der eigenen Seite mitteilte, friedenssichernd. Das war für viele ein wichtiges Entscheidungsmoment, auch wenn diese Entscheidung mit einem hohen persönlichen Risiko verbunden war.

Das gilt auch für die Tatsache, dass sich unter den konkreten historischen Bedingungen Bürger zweier deutscher Staaten gegenüberstanden, dass realistisch denkende Menschen im Westen zunehmend die DDR als eine gesellschaftliche Alternative zu ihren eigenen Verhältnissen anerkannten und nicht zuletzt Geheimdienstspezialisten des Westens die Professionalität der Mitarbeiter der Gegenspionage der DDR zu schätzen wussten.

Aus diesen Personenkreisen rekrutierten sich wichtige und qualifizierte Quellenpositionen der Gegenspionage.

Andere boten sich aus rein persönlichen Motiven zur Zusammenarbeit an, wobei die Auswahl des Bezugspartners MfS der DDR immer auch bei diesen Personen mit einer Würdigung der Professionalität der Arbeit der DDR-Organe verbunden war.

Auch das materielle Interesse, ein im Kapitalismus hervorstechendes Merkmal, ließ manchen bei uns anklopfen. Es wäre töricht gewesen, auf diesem Klavier nicht zu spielen.

Die Grenzsicherungsmaßnahmen des 13. August 1961 mit ihren einschneidenden Beschränkungen der Reisemöglichkeiten zwischen Ost und West waren nicht nur eine Zäsur für westliche Geheimdienste, sondern auch für das MfS. Die Arbeit in das Operationsgebiet wurde schwieriger, Aufklärung und Abwehr brauchten verstärkt Quellen im Operationsgebiet sowie neue Verbindungsmittel und -wege.

Mit dem Wissen von heute muss man darum feststellen, dass die Bildung einer spezifischen Diensteinheit für Gegenspionage/Äußere Abwehr in der Aufklärung der DDR mindestens zehn Jahre zu spät erfolgte. Sie hätte spätestens im Ergebnis der Ereignisse des Jahres 1961 erfolgen müssen. Die Konzentration qualifizierter Kräfte in einer speziellen Diensteinheit bei konsequenter Schwerpunktbestimmung für die HVA und die HA II hätte zu diesem Zeitpunkt eine noch erfolgreichere Arbeit auf allen Linien gewährleistet.

Gleichwohl: Die erfolgreiche Gegenspionage des MfS war nur in Einheit und Abstimmung sowie in gegenseitiger Hilfe und Unterstützung zwischen der HV A, der Hauptabteilung II und anderen Diensteinheiten der Abwehr möglich. Die Unterstellung unter ein Ministerium erwies sich dabei als nützlich und vorteilhaft.

Die Ergebnisse der Tätigkeit der Abteilung IX der HV A beruhten nicht zuletzt auf solchen Tatsachen, dass die Hauptabteilung II die große Klammer zwischen der äußeren und inneren Spionageabwehr darstellte. Gemeinsam leisteten wir eine qualifizierte analytische Vergleichsarbeit und verfolgten sorgfältig alle Erkenntnis aus dem Operationsgebiet bezüglich Agenten und Gefährdungssituationen in der DDR. Die Hauptabteilungen XVIII und XIX erzielten beachtliche Ergebnisse aus Nachrichtenspielen mit IMB und hatten wesentlichen Anteil an der Bereitstellung qualifizierte IM zum Einsatz in legal abgedeckten Residenturen des MfS. Letzteres galt auch für die Bezirksverwaltungen des MfS.

Die Hauptabteilung III lieferte als funkelektronische Aufklärung wertvolle Ausgangsmaterialien zu Dienststellen und Mitarbeitern westlicher Dienste und deren Aktionen gegen DDR und unser IM-Netz.

Die erfolgreiche Arbeit der Abteilung IX ist auch das Ergebnis des qualifizierten Zusammenwirkens der Diensteinheiten innerhalb der HV A, so unter anderem mit der Abteilung VI bei der Bereitstellung erforderlicher Dokumentationen und Personalpapiere, der Abteilung X bei wirksamen politisch-aktiven Maßnahmen/Desinformationen, der Abteilung XVII bei konspirativen Schleusungen über die Staatsgrenze zur BRD und der Abteilung VIII bei der Lösung der operativ-technischen Aufgaben und des Verbindungswesens.

Milt Bearden/James Risen: Der Hauptfeind. CIA und KGB in den letzten Tagen des Kalten Krieges, Siedler Verlag, München, 2004

George Bailey/Sergej A. Kondraschow/David E. Murphy: Die unsichtbare Front. Der Krieg der Geheimdienste im geteilten Berlin, Propyläen Verlag, Berlin, 1997

Andrzej Czechowicz: Sieben schwere Jahre. Militärverlag der DDR, Berlin 1976

Eichner/Schramm (Hrsg.): Angriff und Abwehr. Die deutschen Geheimdienste nach 1945, edition ost, Berlin 2007

Eichner/Schramm (Hrsg.): Top-Spione im Westen, edition ost Berlin, 2008 (2003)

Eichner/Schramm (Hrsg.): Hauptverwaltung A. Geschichte, Aufgaben, Einsichten, edition ost, Berlin 2008

Eichner/Dobbert: Headquarters Germany. Die US-Geheimdienste in Deutschland, edition ost, Berlin 2008 (1997)

Eichner/Langrock: Der Drahtzieher. Vernon Walters – ein Geheimdienstgeneral des Kalten Krieges, Kai Homilius Verlag, Berlin 2005

Gabriele Gast: Kundschafterin des Friedens. 17 Jahre Topspionin der DDR beim BND, Eichborn, Frankfurt/Main 1999

Karl Gebauer: Doppelagent Erinnerungen, edition ost, Berlin 1999

Reinhard Grimmer et al. (Hrsg.): Die Sicherheit – Zur Abwehrarbeit des MfS, edition ost, Berlin 2002

Herbert Kierstein (Hrsg.): Heiße Schlachten im Kalten Krieg edition ost, Berlin 2007

Kristie Macracis: Die Stasi-Geheimnisse. Methoden und Technik der DDR-Spionage, F. A. Herbig, München 2008

Frances Stonor Saunders: Wer die Zeche zahlt, Sieder-Verlag, Berlin 2001

Gotthold Schramm (Hrsg.): Flucht vor der Junta edition ost, Berlin 2005

Oleg Tumanow: Geständnisse eines KGB-Agenten, edition q, Berlin 1993

Helmut Wagner: Schöne Grüße aus Pullach, edition ost, Berlin 2000

Anlagen

Anlage I

Struktur der Abteilung IX der HV A

Die Abteilung IX unterstand dem Leiter der HV A direkt.

Abteilungsleitung:
- 1973-1977: Oberst Heinz Geyer
- 1977-1990: Oberst/Generalmajor Harry Schütt. Er leitete zuvor die Abt. IV der HV A (Militäraufklärung).

Referat 1 (Arbeitsgruppe N)

- Koordination der Zusammenarbeit der HV A mit der HA III;
- Einleitung von Kontrollaufträgen aller Diensteinheiten der HV A bei der HA III;
- Weiterleitung von Informationen an auftraggebende Diensteinheiten bzw. an IADE der HV A (vorwiegend Abt. VII) als Informationsquelle »Friedrich«.

Arbeitsgrundlage: 1. Durchführungsbestimmung vom 7. Dezember 1987 zur Ordnung 5/87 über die Festlegungen zur Erteilung gezielter Informationsvorgaben sowie Kontrollaufträge der Diensteinheiten des MfS an die Diensteinheiten der Linie III.
- Leiter: Oberstleutnant Walter Brose

Referat 2 (AG Medium)

Psycho-physiologische Untersuchungen zur Überprüfung der Ehrlichkeit von IM; Tests für Übersiedlungs-IM; psychologische Betreuung von IM mit Feindberührung bzw. von zurückgezogenen IM.

Die Arbeitsweise der 1980 gebildeten AG Medium beruhte im Wesentlichen auf wissenschaftlich begründeten Analysen des Stimmenprofils der Probanden. Diese Analysen waren wesentlich konkreter und effektiver als die Tests mit dem Lügendetektor, die von IM des MfS erfolgreich unterlaufen werden konnten.
- Leiter: Oberstleutnant Dr. Helmut Feist

Bereich IX/A

Bearbeitung der Zielobjekte als »illegale Linie« – Einsatz und Führung von Quellen in und an Objekten, Werbern, Abschöpfkontakten etc.

Leitung:

Der Leiter IX/A war einer der Stellvertreter des Leiters der Abt. IX und in dessen Abwesenheit der amtierende Leiter der Abteilung.

- 1973-1977 Oberst Heinz Geyer
- ab 1977: Oberst Karl-Christoph Großmann (zuvor Referatsleiter der Abt. IV/HV A);
- danach Oberst Gunter Nehls (verantwortlich für Referat 2, 4, 6 und 9).

Stellvertreter:

- Oberst Karl-Heinz Stephan (Referat 1 und 7)
- Oberst Wolfgang Koch (Referat 3, 5 und 10)

Referat IX/A/1

Bearbeitung der Zentrale und diverser Außenstellen des BND

Leiter:

- Oberstleutnant Günter Bartl (bei Gründung der Abt. IX von der HA II zuversetzt)
- danach Oberst Karl-Heinz Stephan;
- zuletzt Major Fred Anter

Referat IX/A/2

Das Referat zur Bearbeitung des MAD ging in seiner Grundstruktur aus einem Referat in der Abt. IV der HV A mit gleicher Aufgabenstellung hervor.

Leiter:

- Oberstleutnant Herbert Köhler
- zuletzt Major Harald Großmann

Referat IX/A/3

In diesem Referat war die Bearbeitung der amerikanischen Geheimdienste konzentriert. Auf Grund inhaltlicher Zusammenhänge oblagen ihm auch die Aufklärung der Sender *Radio Free Europe/Radio Liberty* und der antisozialistischen Emigration.

Leiter:

- Oberst Wolfgang Koch
- zuletzt Oberstleutnant Heinz Nötzelmann

Referat IX/A/4

Aufklärung und Bearbeitung des Verfassungsschutzes; Bundesamt und Landesämter für Verfassungsschutz

Leiter:

- Oberstleutnant Bernd Trögel

Referat IX/A/5

Bearbeitung des Bundesgrenzschutzes und des Grenzschutzeinzeldienstes; wurde aus der Abteilung VI der HV A in die Abt. IX übernommen. Es sollten hier Strukturen zur Bearbeitung der britischen und französischen Geheimdienste entwickelt werden.

Leiter:

- Oberstleutnant Manfred Herbst
- zuletzt: Major Klaus Degenhardt

Referat IX/A/6

Aufklärung des Bundeskriminalamtes und der Landeskriminalämter (Schwerpunkt Staatsschutz) sowie von Strukturen der Politischen Polizei der BRD.

Leiter:

- Oberstleutnant Willi Rochow

Referat IX/A/7

Anleitung von vier »Operativen Außengruppen« zur Gewinnung, Schulung und Überprüfung von Nachwuchskadern der Abteilung IX.

Leiter:

- Oberstleutnant Manfred Herbst

Referat IX/A/9

Ursprünglich Arbeitsgruppe »Überprüfung« für die Auswertung und Überprüfung von Verdachtshinweisen im IM-Netz und zur Konzipierung von »Gegenoperationen«.

Leiter:

- Oberstleutnant Karl-Heinz Gehrken

Referat IX/A/10 (OAGS)

Operative Außengruppe für Sicherheitsfragen; Absicherung des Rückzugs von IM aus dem OG und Kontrolle von Verdachtshinweisen bzw. gefährdeter IM.

Leiter:

- Oberstleutnant Hans Knorr

Bereich IX/B

Schutz und Sicherung der Auslandsvertretungen und Auslandskader der DDR unter Nutzung von »legal abgedeckten« Positionen (Einsatzkader mit diplomatischem Status)

Leiter:
- 1973-1986: Oberst Gotthold Schramm
- danach Oberst Heinz Mrowitzki

Stellvertreter:
- Oberstleutnant Arnd Augustin (Referate 3, 6 bis 9)
- Oberst Bernd Wesser (Referate 1,2,4)

Referat IX/B/1

Botschaften und andere Vertretungen in der BRD, Westeuropa, USA und Japan (incl. UNO-Vertretungen)

Leiter:
- Oberstleutnant Arnd Augustin
- zuletzt Major Hellmut Neef

Referat IX/B/2

Auslandsvertretungen in neutralen Staaten Europas: Jugoslawien, Schweiz, Finnland, Schweden, Albanien, Österreich

Leiter:
- Oberstleutnant Hartmut Mönnich
- zuletzt OSL Horst Jung

Referat IX/B/3

Ausgewählte Entwicklungsländer im arabischen und asiatischen Raum

Leiter:
- Oberstleutnant Horst Seidel

Referat IX/B/4

DDR-Vertretungen in Afrika, Süd- und Mittelamerika

Leiter:
- Major Matthias Schindler

Referat IX/B/5

Personelle und materielle Sicherheit im MfAA, dem MAH und in den Auslandsvertretungen

Leiter:

- Oberst Herbert Brüggmann (Bröckmann)

Abteilung Schutz (Abt. 100 S) im MfAA

- Oberst Dr. Wolfgang Burkhardt

Abteilung Schutz im MAH (Abt. 200 S)

- Oberstleutnant Eberhard Ploner

Die Gesamtverantwortung für die abwehrmäßige Sicherung des MfAA lag bei der Abteilung 14 der HA II und für das MAH bei der HA XVIII.

Referat IX/B/6

Auswahl und Vorbereitung von HSB und OSK

Leiter:

- Oberstleutnant Werner Müller

Referat IX/B/7

Operative Außengruppe zur Nachwuchsgewinnung

Leiter:

- Oberstleutnant Hans-Joachim Keller

Bereich IX/C

Auswertung und Analyse, eine informationsauswertende Diensteinheit der HV A

Der Bereich IX/C unterstand seit 1986 dem 1. Stellvertreter des Leiters der Abt. IX, Oberst Helmut Schieferdecker.

Leitung:

- 1973-1981: Oberst Dr. Fritz Kobbelt
- 1981-1986: Oberst Helmut Schieferdecker
- 1987-1990: Oberst Klaus Eichner

Stellvertreter:

Oberst Hans-Jürgen Oldenburg

Referat IX/C/1

Informationen zum Schutz und zur Sicherung des Mitarbeiterbestandes und des IM-Netzes der HV A, der Diensteinheiten des MfS und der Verwaltung Aufklärung der NVA; geplante und realisierte Werbeangriffe, Arbeit mit Doppelagenten; Mittel und Methoden.

Leiter:

- Oberstleutnant Walter Brose
- zuletzt Oberstleutnant Peter Trenkmann

Referat IX/C/2

EDV-gestützte Erfassung und Verarbeitung der Informationsein- und -ausgänge und anderer Arbeitsergebnisse des Bereiches; Zuarbeit zur Jahresanalyse der Abteilung IX/Leitung der HV A

Leiter:

- Major Günter Frank

Bis etwa 1981 waren unter der Bezeichnung IX/C/2 Mitarbeiter tätig, die aus der früheren Arbeitsgruppe beim Stellvertreter des Leiters der HV A (AG Kobbelt) hervorgegangen waren und spezielle Aufgaben für die Sicherung des IM-Netzes realisierten.

Referat IX/C/3

Bis 1985 waren im Referat C/3 die Auswertungsarbeiten über den BND, andere westliche Geheimdienste, Emigration und Sender RFE/RL sowie die Analyse der geheimdienstlichen Angriffe gegen die Auslandsvertretungen der DDR vereinigt.

Leiter:

- Oberstleutnant Hans-Jürgen Oldenburg.

1985 kam es zu einer inhaltlichen und personellen Entflechtung, die Auswertung zum BND wurde im neu gebildeten Referat IX/C/5 zusammengeführt.

Im Referat IX/C/3 verblieben die Auswertung zu den nichtdeutschen Geheimdiensten und zur Emigration/RFE/RL. Neue Kapazitäten wurden zur aktiveren Analyse über die britischen und französischen Geheimdienste (Objekte in BRD/WB und Auslandsresidenturen) eingesetzt.

Leiter:

- 1985: Oberst Hans-Jürgen Oldenburg
- 1985-1987: Oberstleutnant Klaus Eichner
- 1987-1990: Major Frank Stech

Referat IX/C/4

Auswertungsarbeiten zu den geheimdienstlichen und polizeilichen Abwehrorganen der BRD (Verfassungsschutz, MAD, BGS, Staatsschutz)

Leiter:

- Oberstleutnant Dr. Peter Lewerenz

Referat IX/C/5

Ab 1985 Auswertungsarbeiten zum Bundesnachrichtendienst

Leiter:

- 1985-1988: Oberst Hans-Jürgen Oldenburg
- zuletzt Major Gerd Trommler

Anlage III

Die »Neue Nachhut«, Ausgabe Mai 1979 und April 1980

VS-NUR FÜR DEN DIENSTGEBRAUCH

DIE neue NACHHUT

Heft Nr. 1/79 Mai 1979

1 0 0 T a g e

und etwas mehr ist der neue Präsident des BND, Dr. Klaus Kinkel, im Amt. Ist dieser Wechsel nur eine Zäsur oder beginnt ein neuer Weg? Das ist die in den Kreisen der alten und auch noch aktiven MA oft gestellte Frage. Wir meinen, heute etwas dazu sagen zu müssen, da nicht alle alten MA den direkten Draht nach Nikolaus haben und wissen, wie sich der Thronwechsel abgespielt hat.

Die anfänglich geäußerte Skepsis gegen jeden Kandidaten war verständlich, auch die gegen Dr. Klaus Kinkel, denn die wenigsten kannten den neuen Präsidenten aus seiner bisherigen Arbeit und kaum jemand konnte sich vorstellen, daß ein "Seiteneinsteiger" Verständnis für die Aufgaben und Probleme eines so großen Dienstes haben und die Mitarbeiter befeuern könne, aus den gegenwärtigen Zuständen herauszukommen.

Was bis jetzt zu erkennen ist, stimmt optimistisch:

. Der neue Chef bringt ein großes Maß an Erfahrung und Fingerspitzengefühl aus seinen bisherigen Ämtern mit, beides - mit seiner Kenntnis des politischen Apparates der Bundesrepublik verbunden - dürfte dem Dienst von großem Nutzen sein;

. der neue Chef beherrscht die Kunst des produktiven Schweigens und hält nichts davon, den BND einseitig zu "profilieren", wie dies Ehmke in rüder Manier versucht hat;

. der neue Chef hat mit Takt und Behutsamkeit sein Amt übernommen und will sich sachkundig machen. Er bittet dafür um Offenheit, Fairness und Loyalität.

. die Bemühungen, die ersten Männer der Bundesrepublik Deutschland zum Gespräch zu empfangen, wie schon mit dem scheidenden Bundespräsidenten geschehen, sind anerkennenswert und dem Ansehen des Dienstes dienlich.

Von unseren Freunden hörten wir, daß Dr. Kinkel in der "Community" den besten Ruf genießt. Doch soll nicht verschwiegen werden, daß die Gangart des Vize dem Ruf des Dienstes schadete.

Es ist der Lauf der Dinge, daß die FHO-Equipe abgelöst werden wird, und es ist abzusehen, wann der letzte MA aus jener Zeit den aktiven Dienst quittieren muß. Aber Passion und Verpflichtung lassen die alten MA nicht ruhen und sich noch immer mit dem Dienst verbunden fühlen, den sie mitgeschaffen haben. Auch wir wollen mit Loyalität dem neuen Präsidenten gegenübertreten und - falls ihm unser Rat wichtig sein sollte - eine Empfehlung geben:

Traditionspflege - für jede Institution Voraussetzung für große Leistungen - ist wichtig und kann nicht ohne die alten MA entwickelt werden. Sie sollten mehr als bisher betreut und an den aktiven Dienst angelehnt sein. Wenn es Hausmitteilungen, Rundschreiben u. a. für die aktiven MA gibt, warum nicht auch ein Informationsblatt für die alten MA?

Hier könnte Tradition artikuliert und auch ein Ventil geschaffen werden. Vielleicht würde dies in weiterer Folge auch dem entwürdigenden Gerede von "Seilschaft"

Internes, nicht öffentliches Informationsorgan

Herausgeber: Abgeschaltete Mitarbeiter des BND (AbMa), München

- 2 -

und der Verdächtigung gewisser MA's, parteipolitische Süppchen kochen zu wollen, ein Ende machen.

Bei seiner Amtseinführung, kurz vor Weihnachten 1978, war dem neuen Präsidenten bewußt, daß er im Schatten großer Namen unseres Dienstes stehe, und daß sich der BND besonders wieder dem außenpolitischen Auftrag in seinen vielfältigen Verzweigungen zuwenden müsse. Die bisherige Arbeit von Dr. Klaus Kinkel läßt eine bessere Koordinierung zwischen AA und BND ebenso sicher erscheinen wie eine punktuelle Arbeit in Zusammenarbeit mit den Auslandsvertretungen.

Wir halten es für richtig, daß der neue Präsident seine Tätigkeit unter vorwiegend pragmatischen Gesichtspunkten betrachtet und entsprechend der gewachsenen Rolle der Bundesrepublik in der Weltpolitik und den daraus resultierenden Verpflichtungen eine Informationsbeschaffung nach Bedarf und nicht nach Selbstzweck anstrebt.

Aus diesen Erwägungen sehen wir keinen Grund, kein Vertrauen zum neuen Chef zu haben und hoffen auf ein ähnliches Signal uns gegenüber.

+ + +

"Aus dem Offensivprinzip der sowjetischen Militärstrategie und den daraus abgeleiteten Strukturen und Potentialen müssen wir schließen, daß ihre Streitkräfte im Falle eines Krieges offensiv eingesetzt werden sollen."

Hans Apel, Bundesverteidigungsminister

+ + +

Die NATO hat die Anpassung ihrer Einsatzmittel für ihre Atomstrategie an die wachsende östliche Bedrohung offenbar ein Stück vorwärtsgebracht. Das ist das wichtigste Ergebnis des Brüsseler Treffens der Verteidigungsminister im Mai 1979. In diesem Jahr soll über einen Rüstungsplan zur Modernisierung der amerikanischen Kernwaffen auf dem europäischen Felde und gleichermaßen über ein Angebot zur Rüstungsbegrenzung auf diesem Gebiet entschieden werden.

+ + +

Zu den Abrüstungsverhandlungen: "Nur ein Abkommen auf solider Datenbasis schafft stabile Verhältnisse in Europa."

Hans-Dietrich-Genscher,
Außenminister

+ + +

AUFREGUNG - UND WAS DANN?
O D E R
WENN DIE VÖGEL HOCHFLIEGEN

Um den defection-agent MfS-Oberleutnant Stiller wird es immer stiller, was man von den internen Debatten um das abberufene Sekretärinnen-Trio Lorenzen, Goliath und Broszey nicht behaupten kann.

Abgesehen davon, daß das Verhältnis 1 Westagent - 3 Ostagenten real sein dürfte, ist die Aufregung in den Amtsstuben der NATO, der CDU/CSU, des BND, des Verfassungsschutz und wo sonst immer ganz verständlich.

Es ist gut, daß sich die Verantwortlichen aufregen, aber das allein reicht nicht, denn Aufregung hat es schon genug gegeben - aber dabei blieb es.

Namen wie Lutze, Sütterlin, Berger, Hofer und andere markieren Stationen dieser Aufregungen, jedoch zugleich die Dürftigkeit solcher Reaktionen.

Nachdem der heißen Worte genug gewechselt waren, ging man zur Tagesordnung über, ohne ebenso heiße Taten folgen zu lassen. Man klatscht in die Hände, die Vögel fliegen erschreckt hoch - und setzen sich wieder.

Dabei liefert auch die Geschichte des deutschen Nachrichtendienstes hinreichend Denkanstöße. Moyzisch hatte nicht nur einen Cicero, er hatte auch eine Sekretärin, die ihr Wissen den Engländern mitteilte.

Im Vorzimmer des ersten Ministerpräsidenten der Ostberliner Regierung, Otto Grotewohl, blühte für die Org. das "Gänseblümchen", Grotewohls Chefsekretärin Elli Basczantis. Dadurch gewarnt, heiratete er vorsichtshalber seine nächste Sekretärin selbst.

Auch die Spiegel-Analyse in der Ausgabe Nr. 12 vom 19.3. dieses Jahres macht es sich leicht mit Schlußfolgerungen und Vorschlägen, die sonst schneller bei der Hand sind.

Es sind die schönen MfS-Romeos, die unsere alleinstehenden, liebesfreudigen Sekretärinnen erst sexuell und dann politisch verführen. So einfach ist das. Man muß nur noch verheiratete Sekretärinnen einstellen und schon ist das MfS abgeblitzt, das Sicherheitsrisiko ist beseitigt.

Das ist für ein Magazin solchen Formats wohl zu billig.

Günter Nollau versucht, in seinem Buch "Wie sicher ist die Bundesrepublik?" eine substantiellere Antwort auf die Frage zu geben, welche Motivationen die Spione des Ostens bewegen.

Von Ideologie als Motiv hält Nollau bei den sogenannten nebenamtlichen Spionen nicht viel, von Sex hin und wieder etwas. Am meisten hält Nollau jedoch vom Geltungsbedürfnis, das seiner Meinung nach kaum genannt wird, jedoch als Motiv ganz obenan steht.

Aber auch das wird nicht reichen, ernsthafte Schlußfolgerungen aus dem Sekretärinnen-Desaster zu ziehen, denn die genannten und auch viele andere Analysen haben einen ganz entscheidenden Fehler. Sie suchen alle die Motivation und damit entscheidende Ursachen der ernsthaften Mängel mehr oder weniger in der persönlichen Psyche, jedoch - und das ist wohl entscheidend - nicht in den Unzulänglichkeiten unseres sozialliberalen Regierungs- und damit Sicherheitssystems.

Ganz offensichtlich muß sich hier etwas radikal ändern.

- 4 -

Daß der Bundesminister des Innern, Baum, vorschlägt, künftig die Personalakten sicherheitsüberprüfter Mitarbeiter um deren Lichtbild anzureichern, dürfte wohl ein Witz sein. Oder sind im Ernst die Personalakten, in denen auch die Ausgabe von Haus- und Dienstausweisen registriert wird, ohne Konterfei des Mitarbeiters, obwohl die Dienstausweise sämtlich Lichtbilder tragen? Was machen eigentlich die Geheimschutzbeauftragten in den einzelnen Behörden; machen sie sich auch eigene Gedanken?

Wir sollten uns nicht zu schade sein, von unseren Gegnern zu lernen - im Sport machen wir es übrigens nicht schlecht -, denn wie sagte doch Verfassungsschutz-Präsident Meier in einem Spiegel-Gespräch? "Der Stasi ist kein leichter Gegner."

Eben, eben, nicht zuletzt deshalb, weil die ihre Sekretärinnen und auch die in den Amtsstuben der Ministerien und anderer Behörden so unter die Sicherheitslupe nehmen, daß selbst auch kleinste Flecken deutlich sichtbar werden.

Wir sind gern bereit, unsere Vorschläge dazu auf den Tisch zu legen.

+ + +

"Die Dackel von der Abwehr sollten gegen den bösen Wolf die Vorzimmer-Geißlein nicht nur beschnüffeln, sondern auch bewegen."

Bruno Huhn, Frankfurt

+ + +

"Ich kann Ihnen aus eigener Erfahrung sagen,daß jetzt eine Hysterie herrscht, nur weil drei oder vier Kolleginnen schwach geworden sind. Man kommt leicht in Gefahr, den gesamten Berufsstand zu verteufeln.
Bitte schreiben Sie auch einmal davon, daß es auch noch Sekretärinnen von Politikern gibt, die nicht für die DDR arbeiten, sondern ihrem Dienstherren treu sind."

Margot Schradewaldt

M E I N U N G E N - H I N T E R G R Ü N D E

This page reproduces a typewritten document:

ersucht und bei Bundesbürgern die Pässe mit Ostblockstempeln fotografieren läßt. "Freiheitsrechte der Bürger werden nicht gefährdet, niemand wird in seinen Rechten verletzt", erklärte Schüler in einem Zeitungsinterview im April 1979 für die "Bild am Sonntag". Auf die Frage nach der Notwendigkeit eines Geheimdienstgesetzes, mit dem Aufgaben und Befugnisse des Bundesnachrichtendienstes abgegrenzt werden könnten, meinte Schüler, seiner Ansicht nach überwiegen die Gründe gegen ein solches Gesetz. Die gesetzliche Regelung der Aufgaben eines Auslandsnachrichtendienstes würden nicht nur Probleme lösen, sondern auch neue schaffen.

Gedanken eines Seniorpartners

Vom Präsidenten des BND, Herrn Kinkel, ist bekannt, daß er in der Lage ist, ein außerordentlich großes Arbeitspensum zu bewältigen. Daher wird er einen Teil seiner Arbeitszeit der noch engeren Zusammenarbeit mit dem Präsidenten des BfV, Herrn Meier, widmen, was kein großes Problem sein dürfte, da sich ja beide aus früherer gemeinsamer Arbeit sehr gut kennen. Aber unabhängig von guten persönlichen Voraussetzungen - mir geht es um einige Fragen, die man bei uns aufwirft und die nur zu berechtigt erscheinen.

Maihofer stürzte nicht zuletzt deshalb, weil er die Macht der Presse unterschätzte. Baum will diesen Fehler nicht wiederholen - aber er macht einen neuen. Er hofiert sie und will auf den Wogen der Publizität nach oben schwimmen.

Dabei riskiert er sogar die Preisgabe von Staatsgeheimnissen. Oder woher kamen denn die Dokumente z. B. in der Süddeutschen Zeitung, der FR, der FAZ über die "Sonderanweisung über die Erfassung bestimmter Erkenntnisse bei der grenzpolizeilichen Kontrolle (SO-GK)"?

Nur - diesen Ball fing selbstverständlich auch das MfS auf und leitete ihn der SED-Spitze weiter, für die dies der lange gesuchte Anlaß war, der Bundesregierung den Schwarzen Peter im deutschdeutschen Kartenspiel zuzuschieben. Der Eiertanz wird angesichts der Baumschen Pressefreundlichkeit verständlich, Drohungen werden ausgesprochen, Einschränkungen des innerdeutschen Reiseverkehrs sind in Vorbereitung. Hinzu kommt - was man bei der Gesamtansicht nicht vergessen darf - eine äußerst ungeschickte Führung des Maidanek-Prozesses und das Problem der Mord-Verjährung. Im Ausland (auch im Westen) haben diese Dinge ein anderes Gewicht als gemeinhin angenommen und wie es vor dem Hintergrund von Landtags- und Europa-Wahlen der Öffentlichkeit dargestellt wird.

Regierung, Bundespresseamt, Koalitionsparteien und auch die Opposition sind in der psychologischen Defensive. Bundespresseamt, AA, BND und BfV agieren dilatorisch, statt durch ein klärendes Wort für Verständnis in der Öffentlichkeit zu sorgen:

. Spionage gibt es seit Jahrtausenden; in den griechischen Sagen, der römischen Geschichte und der Bibel gibt es genügend Belegstellen dafür. Warum sagt man nicht klipp und klar, daß an der Grenze nur die Visa- und Grenzabfertigungsstempel der anderen Seite fotografiert werden und die Namen der Paßbesitzer überhaupt nicht interessieren, weil man nur die Vorlagen für die Dokumenten-Ausstattung der eigenen MA braucht? Das würde die breite Masse verstehen. Oder glaubt man, noch das Märchen aufrecht erhalten zu müssen, daß Spionage nur die andere Seite betreibt, während wir unser Wissen vom lieben Gott direkt beziehen?

. Eine Abstimmung zwischen BfV, BND und dem BPrA vor Veröffentlichung von Stellungnahmen und Pressekonferenzen müßte im Zeitalter der Elektronik machbar sein: Dann gäbe es nicht gegensätzliche Äußerungen (nach dem Muster Wehner - Apel) und die gezielten Indiskretionen würden ihren Urhebern nicht den politischen Effekt einbringen, den sie offenbar dringend benötigen.

. Unser Demokratie-Verständnis orientiert sich am Sinn unseres Grundgesetzes und den notwendigen Maßnahmen zum Schutze unseres Staates und unserer Demokratie. Wenn es Probleme und Auseinandersetzungen gibt, sollte wenigstens ein Mensch mit humanistischer Bildung beteiligt sein, denn der würde dann die Frage stellen: "Cui bono?" Und wer diese Frage zu beantworten weiß, weiß dann auch, was zu tun ist. Rechtsperfektionistische Profilierungsdebatten nützen dem Staat, der Demokratie und der Sache kaum.

Das wär's.

Amtshilfe

Erinnert sich eigentlich noch jemand an das Geschrei der Gazetten und vieler Politiker, als dem Bundeskriminalamt bei der Terroristenfahndung Pannen passierten - als sie nur ein paar Atemzüge zu spät erkannten, daß die vage verdächtigten Helikopter-Charterer in Michelstadt gesuchte Terroristen waren? Es gäbe noch einige andere Fälle, in denen ähnliche Vorfälle den Aufschrei der manipulierten Öffentlichkeit - personifiziert durch honorargierige Journalisten und profilierungssüchtige Politiker - zur Folge hatten. Jetzt geht es um die Amtshilfe, die der BGS dem BND und Verfassungsschutz gewährt. Wieder wird das Grundgesetz bemüht, das in Art. 35 der Amtshilfe die gesetzliche Basis schafft. Aber auch die durch das GG, Art. 86 und 73 vorgeschriebene Trennung von Verfassungsschutz und Polizei wird ins Feld geführt. Dabei wird in völliger Verkennung oder Unkenntnis der historischen Tatsachen erklärt, man wolle gestapo-ähnliche Zentralisierung von Information und Exekutive verhindern.

Jeder vernünftig denkende Mensch weiß, daß über ihn und seine Identität Daten gespeichert sind - früher in Form von Karteikarten, heute in Form von Magnetkarten oder -bändern.Macht es einen großen Unterschied für einen gesetzestreuen Bürger, wenn beispielsweise beim Münchner Ordnungsamt seine Reisepaß-Nö, beim Einwohnermeldeamt seine Meldedaten und die BPA-No und bei der Zulassungsstelle sein Auto registriert sind oder wenn in einem Computer alle diese Daten zentral gespeichert werden, wenn der Abruf der Teildaten nur dem jeweils für diesen Bereich befugten Amtsträger möglich sind? Will jemand bezweifeln, daß Polizei und Nachrichtendienste befugt sind, alle diese Daten einzusehen?

Wozu also das Geschrei, daß Behörden zusammenarbeiten und damit Kosten sparen. Wie groß könnte das Geschrei werden, wenn jeder befugte Verwaltungszweig kostenaufwendig alles wieder neu recherchiert, was anderswo schon bekannt ist?

Wenn Verwaltungszweige in dieser Form zusammenarbeiten, nennt man es seit eh und je Amtshilfe. Allerdings wurde dieser Begriff nicht klar definiert, er wurde durch jahrzehntelange Übung Recht-schaffend ausgefüllt, es entstand unbeanstandet ein Gewohnheitsrecht, das erst 1976 im Verwaltungsverfahrensgesetz (VwVfG), § 4, definiert und begrenzt wurde. Aber es war schon immer klar, daß Amtshilfe nur aus "Handlungen besteht, die der ersuchten Behörde als eigene Aufgabe obliegen". Es war auch klar, daß Amtshilfeersuchen nur einen Einzelauftrag enthalten durften und nicht durch Generalisierung für andere Stellen eine ungesetzliche Kompetenzausweitung ergeben sollte.

Erst jetzt, als durch gezielte und inhaltlich falsche Indiskretionen der Eindruck erweckt wurde, eine Vielzahl von ostwärts reisenden Bundesbürgern werde registriert, gab es einen Eklat. In Wirklichkeit gab es gar keine Registrierungen von Ostreisenden. Vielmehr sollten nur abgelichtet werden:

DDR-Visa-Stempel
DDR-Ein- und Ausreisestempel usw.

Wir sind der Meinung, daß dieser Auftrag ein Einzelauftrag ist, falls man sich mit dieser Argumentierung auseinandersetzen will. Wir sind auch noch der Meinung, daß diese ganze Kampagne wieder einmal dem Staat und der Demokratie schadet, denn letztlich geht es doch nicht um den etwas hölzern klingenden Begriff der "Amtshilfe" als vielmehr um die Zusammenarbeit aller der Sicherheit unseres Staates dienenden Einrichtungen - Polizei - BND - Verfassungsschutz - MAD, deren Kompetenzen nunmal ineinander verzahnt sind und sich nicht immer messerscharf abgrenzen lassen.

Wir wollen zur Klärung auf den § 5 des VwVfG vom 25. Mai 1976 (BGBl I., S. 1253) hinweisen, der die "Voraussetzungen und Grenzen der Amtshilfe" beschreibt. Es heißt dort:

(1) "...Eine Behörde kann um Amtshilfe insbesondere dann ersuchen, wenn sie

1. aus rechtlichen Gründen die Amtshandlung nicht selbst vornehmen kann;
2. aus tatsächlichen Gründen, besonders weil die zur Vornahme der Amtshandlung erforderlichen Dienstkräfte oder Einrichtungen fehlen, die Amtshandlung nicht selbst vornehmen kann;
3. zur Durchführung ihrer Aufgaben auf die Kenntnis von Tatsachen angewiesen ist, die ihr unbekannt sind und die sie selbst nicht ermitteln kann;
4. zur Durchführung ihrer Aufgaben Urkunden oder sonstige Beweismittel benötigt, die sich im Besitz der ersuchten Behörde befinden;
5. die Amtshandlung nur mit wesentlich größerem Aufwand vornehmen könnte als die ersuchte Behörde.

...."

Man könnte fast meinen, daß dieser Paragraph speziell für die Amtshilfe des BGS formuliert worden ist, so treffend beschreibt er die erlaubte Zusammenarbeit der Sicherheitskräfte BGS - BfV - BND.

Aber wer kennt schon diese gesetzliche Bestimmung, Journalisten sind da ja nicht so pingelig. Traurig ist nur, daß diese jüngste Demokratie-Hysterie vom Bundesinnenministerium ausgelöst wurde, daß Chef Baum zugleich Dienstherr des BGS, des BKA und des BfV ist. Deckt er etwa die Preisgabe des Gutachtens "Erste Bericht über die Überprüfung von Datenkarteien im Bereich des Bundeskriminalamtes", dessen erste Fassung dem "Stern" zuging und am 26. April d.J. besprochen wurde, während einen Tag später die "Zeit" sich mit der zweiten Fassung befaßte. Beide enthielten Kritik herausfordernde Darstellungen, die in der Endfassung überhaupt nicht zu

- 8 -

finden waren. Diese Endfassung wurde keiner Zeitung zugespielt!

Warum werden hier die Pferde künstlich scheu gemacht - vielleicht weil jemand als deus-ex-machina auftreten und alles wieder ins Lot bringen will und deshalb einen gegensätzlichen Hintergrund braucht, um besser leuchten zu können?

Ausgerechnet ein Mitglied der Opposition, MdB Carl-Dieter Spranger, CDU/CSU, muß der Regierung und besonders dem Innenminister ins Stammbuch schreiben:

> "Die Bundesregierung und SPD und FDP werden aufgefordert, sich endlich vor ihre Sicherheitsbehörden zu stellen, der fortlaufenden Verunsicherung Einhalt zu gebieten und die Voraussetzungen für eine kontinuierliche Arbeit zu schaffen. Angesichts der schweren Spionagefälle in der jüngsten Vergangenheit brauchen wir gut arbeitende Sicherheitsbehörden."

Und wir möchten ergänzen:

> Sie müssen gut zusammenarbeiten und nicht gegeneinander ausgespielt werden. Man muß wissen: Gegner sind nicht nur das MfS und das KGB - Gegner sind auch diejenigen, die sich als Superdemokraten gebärden und damit die Demokratie erst in Gefahr bringen.

Im "Spiegel" (18/1979, S. 30) wurde vermerkt: "Es wird viel zu viel publiziert." Dennoch, kein Nachrichtendienstler ist gegen eine ausgewogene Transparenz. Es ist deshalb begrüßenswert, wenn sich der neue Präsident persönlich nach Bonn bemüht, um sich mit Journalisten und Presseleuten abzustimmen. Wir brauchen gegenseitiges Verständnis und Vertrauen. Wenn nunmehr miteinander gesprochen wird, wird auch mehr Vertrauen entstehen und eine sachbezogene Berichterstattung über solche diffizilen Fragen kann ein langfristiges Produkt solcher Liaisons sein.

Sachliche Berichterstatter bekannter Medien wie

- Bayerischer Rundfunk
  ARD - Studio - Sendung "Tagesschau"
- Deutsche Presseagentur (DPA)
- Agentur Reuter
- Münchener Merkur
  und Agenturen DPA u. a.

bieten eine erste Gewähr, ein solches Ergebnis kurzfristig zu erreichen. Und München als Tagungsort bietet sein Übriges dazu.

Präsident Kinkel weiß das auch aus seiner vorangegangenen Tätigkeit: Trotz lärmender Veröffentlichungen über die Arbeit Dienste - Medien und den dabei gezahlten Tantiemen kommen wir ohnedies ohne Ähnlichem nicht aus. So war es immer - und so muß es auch sein - im Interesse der Sache!

+ + +

Als erstes Staatsoberhaupt hat Bundespräsident Scheel am 16. Mai den Bundesnachrichtendienst (BND) in Pullach bei München besucht und sich über dessen Arbeit informiert. Vor einem Gespräch mit dem neuen BND-Präsidenten Kinkel sagte Scheel, er wolle mit seinem Besuch der Vorstellung entgegentreten, daß Nachrichtendienste etwas Besonderes seien..Die BND-Mitarbeiter seien staatliche Bedienstete wie andere auch.

Zu der Kritik, die seit einiger Zeit an verschiedenen Aktivitäten des BND geübt wurde, sagte Scheel: "Ich teile nicht die Unruhe." Nicht der BND sei ins Kreuzfeuer geraten, "sondern die Öffentlichkeit hat sich mit ihm befaßt". Was er allerdings teile, sei die Tatsache, daß sich der Nachrichtendienst wie jede andere öffentliche Einrichtung der Kritik der Öffentlichkeit stellen müsse. Dabei solle der BND aber "nicht Komplexe bekommen, er sei mehr als andere öffentliche Einrichtungen der Kritik schutzlos unterworfen".

VS-NUR FÜR DEN DIENSTGEBRAUCH

DIE neue NACHHUT

Heft Nr. 1/80 April 1980

Gehlens Erbe und Afghanistan

Fast ein Jahr ist seit dem Ableben des Doktors vergangen - ein Jahr, dessen militär- wie allgemeinpolitische Brisanz uns rascher als erwartet vor Augen führte, welche Lücke der Tod des Generals hinterlassen hat. Ob es jemals wieder einen deutschen ND-Chef geben wird, der zu derart treffenden politischen Diagnosen und Prognosen befähigt ist, wie er es war?

Wer von der älteren Garde unter uns erinnert sich zum Beispiel nicht an seine wiederholte Warnung vor einer westlichen Vernachlässigung des Mittleren Ostens? War nicht er es, der den Finger immer wieder auf jenen dunklen Flecken der Landkarte legte, der heute das besetzte Afghanistan markiert? Hat nicht er die Verantwortlichen der deutschen Politik nachdrücklich dazu aufgefordert, sich mit den Amerikanern, Engländern und Franzosen ins Benehmen zu setzen, um der zwischen Deutschland und Afghanistan traditionell gewachsenen Freundschaft eine wirkungsvolle Fortentwicklung zu garantieren? Sagte er nicht schon in den sechziger Jahren, als die Machthaber im Kreml von König Sahir und Ministerpräsidenten Daud eine weitere Verlängerung der russisch-afghanischen Staatsverträge erzwangen, daß Afghanistan in absehbarer Zeit eine Sowjetrepublik werden müßte, wenn die großen freien Nationen der Welt in diesem politisch diffizilen Gebiet weiterhin nur kleinlichen, nationalistisch bornierten Interessen nachgingen? War es nicht Gehlen, der schon längst von der imperialen Sprengkraft sprach, die in dem ideologischen Gemisch von altrussischen Großmachtträumen und weltrevolutionärem Sowjetdenken stecke, bevor diese Erkenntnis heute endlich in das Bewußtsein der Strauß, Carter, Schmidt und Thatcher trat?

Was war deshalb so "überraschend" an der offiziellen Einverleibung Afghanistans ins sowjetrussische Reich? Haben die Russen nicht allein seit dem militärischen Ende des letzten Weltkrieges fast ganz Ost- und Mitteleuropa, bedeutende Teile Südostasiens, Arabiens und des sonstigen Afrikas geschluckt und selbst auf dem amerikanischen Kontinent Fuß gefaßt? Wann, so könnte man eher sarkastisch fragen, wird wohl Australien an der Reihe sein?

Unbestritten, die Sowjets haben dabei auch Schlappen einstecken und Rückzüge antreten müssen. So Gott will und die NATO hoffentlich weiter von dem kürzlich erlangten Konsens getragen wird, nämlich nicht nur ein militärisch defensives Bündnis demokratisch und freiheitlich verfaßter Staaten des Westens zu sein, sondern eine politisch offensive Schutz- und Trutzallianz für Demokratie und Freiheit in der ganzen Welt, soll dies künftig mehr denn je geschehen. Dabei ist die Aufmerksamkeit intensiver und konzentrierter als bisher auf die Tatsache

Internes, nicht öffentliches Informationsorgan

Herausgeber: Abgeschaltete Mitarbeiter des BND (AbMa) München zu richten, daß die Macht und Stärke unseres Gegners in erheblichem Maße auf seinem "allgegenwärtigen" Geheimdienstsystem im In- und Ausland beruht. Afghanistan und die davon nicht zu trennenden Vorgänge im Iran sollten deshalb das letzte Signal für die Politiker und die Partnerdienste der freien Welt gewesen sein, um endlich in breitester und fest geschlossener Front, bei einem gleichzeitig angebrachten Optimum an nationaler Arbeitsteilung, gegen das KGB und seine Staatsresidenturen im Ostblock - allen voran das MfS - vorzugehen. Dazu bedarf es generell in allen Bündnisstaaten der NATO einer umgehenden Stabilisierung der Dienste sowohl in fiskalischer wie moralischer Hinsicht. Für eine solche Stabilisierung hatte Gehlen noch in seinen letzten Lebensjahren wichtige Gesichtspunkte vorgegeben:

- Sie muß in nationaler und internationaler Beziehung ausschließlich von überparteilichen Interessen bestimmt sein, d. h. auch unabhängig von den speziellen nationalen Intentionen der jetzigen und künftigen Regierungen in den jeweiligen Ländern erfolgen.
- Sie muß sich in einer - gemeinsam von Regierungs- und Oppositionspolitikern sowie Nachrichtendiensten verfolgten - Strategie niederschlagen, die das KGB und seine Ostblockfilialen an deren empfindlichster Stelle trifft: die Öffentlichkeit. Damit ist weniger das öffentliche Enttarnen gemeint, sondern vielmehr eine wirksame KGB-Immunisierung der unter Sowjetherrschaft und -einfluß stehenden Menschen. (Insofern kann von westlicher Seite gar nicht genug "Entspannungspolitik" betrieben werden.)
- Sie muß schließlich zu einem ersten und zugleich weltweit ersichtlichen Ergebnis führen, das in einem bestimmten Desinteresse am Erwerb russischer Waffen- und Rüstungstechnik zum Ausdruck kommt. Sofern dabei militärische und paramilitärische Einflußaktionen der freien Welt unvermeidlich sind, kann für sie nur das alte Preußenmotto gelten: Nicht kleckern, sondern klotzen!

Afghanistan und der Iran bieten sich als Modellfall für diese Strategie an. Je länger nämlich die Russen ihre Schwungmasse auf die geopolitische Drehscheibe am Hindukusch übertragen und je energischer die KGB-Genossen die Erdölhähne des iranischen Ajatollah-Regimes in Richtung Moskau drehen können, desto schneller und umgreifender wird die heutige Zukunftsfrage der Menschheit nach einer Welt, in der Recht und Freiheit herrschen, zur endgültigen Überlebensfrage des modernen Abendlandes werden. Vielleicht dürften sich dann schon wenig später die in die Kommunistische Weltpartei getriebenen Nachf ahren Jimmy Carters nur noch heimlich die rührende Story vom Getreide- und Olympiaboykott ihres Ahnen erzählen.

Doch General Gehlen hat uns auch ein anderes Sprichwort ständig vorgehalten: Blinder Eifer schadet nur! Die notwendige Strategie muß also zügig, aber gleichsam gut bedacht in Angriff genommen werden. Die Nachrichtendienste haben jetzt das Prä. Sie müssen noch in diesem Jahr und aus strategischer Sicht deshalb als erste zum geballten offensiven "Fronteinsatz" übergehen!

Mit der dargebotenen - aus den bekannten Gründen allerdings mehr angedeuteten - Betrachtung der Dinge erinnern wir nachdrücklich an das verpflichtende Erbe unseres Doktors und glauben uns dabei mit Präsident Dr. Kinkel völlig einig zu wissen. Es ist deshalb auch hohe Zeit, Gehlens Lebenswerk, seine vielfältigen Zeugnisse aufzubereiten und für heutige wie kommende Generationen fruchtbar zu machen. Was seine Kritiker immer sagen mögen, eines steht ebenfalls für sie fest: Je mehr wir uns zeitlich von ihm entfernen, desto mehr brauchen wir ihn, desto nachhaltiger wird uns der Realismus seiner Gedankenwelt bewußt - ein Realismus, vorurteilslos in der Analyse, optimistisch im Handeln.

- 3 -

W I S S E N S W E R T E S - I N F O R M A T I O N E N

Doktor-Anekdote

In einer privaten Gesprächsrunde mit dem Doktor fiel zufällig der Name Kurt Schumachers, des 1952 verstorbenen SPD-Vorsitzenden. Gehlen wies dabei auf dessen Angewohnheit hin, Sprichworte und Redensarten häufig in veränderter Form zu verwenden. So hatte Schumacher in Anspielung auf die Redewendung vom "Elefanten im Porzellanladen" z. B. einmal geäußert: "Wir, die wir als Europäer genau wissen, daß die Stärke der amerikanischen Position auch die Stärke der Freiheit in Europa, Asien und Afrika ist, haben dennoch das Recht, den Amerikanern zu sagen: 'Kinder, dieses alte Europa ist ein gar zu zerbrechliches Ding, überfüllt mit Porzellan - spielt doch nicht Fußball im Porzellanladen!'" Gehlen fügte dem ironisch hinzu, im gegebenen Fall habe Schumacher wohl den "Elefanten" ausgeklammert, weil er nicht nur eine der beiden großen Wahlparteien in den USA, deren Wappentiere bekanntlich Elefant und Esel seien, ansprechen wollte, sondern den Amerikanern überhaupt angedeutet werden sollte, daß sie ebenso miserable Europapolitiker wie Fußballspieler wären.

Notiz: Geschichtsverständnis

"Wir werden alle Anstrengungen machen, um eine Annäherung an die Mongolen, Perser, Inder, Ägypter und eine Verschmelzung mit ihnen zu erreichen..." Eine Vielzahl solcher Aussagen Lenins zog Prof. Steinbach (Orient-Institut) bei der Wertung der expansiven Pläne Moskaus heran. In diesem Zusammenhang sei hervorgehoben, daß es dem Bundesnachrichtendienst zur Ehre gereicht, nicht - wie unverständlicherweise kürzlich ein ansonsten historisch gebildeter Politiker im Fernsehen - den brillanten, aber oft irrigen Denkpfaden eines Golo Mann gefolgt zu sein, um Geschichte zu v e r s t e h e n .

M E I N U N G E N - H I N T E R G R Ü N D E

Senior-Partner "William" zur Bundestagswahl

Die Präsidentenwahl bei uns und die Bundestagswahl hierzulande haben längst ihre Schatten vorausgeworfen. Letztere allein soll mich hier interessieren, wobei ich froh bin, auf diesem Wege einigen einflußreichen Deutschen meine persönliche Meinung vortragen zu können. Denke ich doch nicht wie ein sogenannter deutscher Normalverbraucher, dem die freiheitlich-demokratische Grundordnung der Bundesrepublik Deutschland ebenso selbstverständlich ist wie die scheinbar leicht zu überschauenden Positionen der Wahlkämpfer: Hier die CDU/CSU mit dem etwas grobschlächtigen, aber durchaus schlauen Strauß, dort die SPD mit ihrem Alles(besser)wisser und -könner Schmidt, letztlich durch jahrelange Kanzlerschaft bewährt. In der Mitte, allerdings mehr zur SPD hinneigend, die FDP mit Genscher, dem wohl nach seinem eigenen Selbstverständnis - schlitzohrigen "Repräsentanten Ostdeutschlands" in der Bundesrepublik.

- 4 -

Nun ja, ich bin weder ein deutscher Normalverbraucher, noch kann ich überhaupt "deutsch" denken. Daß ich unvoreingenommen bin, glaube ich schon, da meine langjährige Tätigkeit in Deutschland von vornherein verlangte, mich nicht in deutsche Angelegenheiten einzumischen. Diesem Verlangen bin ich nachweislich immer redlich nachgekommen, habe mir aber selbstverständlich auch immer eine "stumme" persönliche Meinung gebildet. Wen sollte also der deutsche Bundesbürger nach meiner "stummen" Meinung wählen?

Vielleicht zuerst einen "unernsten" Rat: Angesprochen als generalisierter Wähler, entscheide dich so, daß SPD und CSU die Regierungskoalition bilden müssen, Schmidt also Kanzler bleibt und Strauß Außenminister wird. Sorge aber auch dafür, daß CDU und FDP eine starke "Doppel"opposition ausmachen, in der sich Leisler-Kiep als nächster Bundeskanzler profiliert, während Genscher weiter darauf wartet, nächster Bundespräsident zu werden. (Schmidt könnte später einen wichtigen Posten bei der EG übernehmen, Strauß einen solchen bei der Nato. Kohl sollte man zum lebenslangen Ehrenvorsitzenden der CDU ernennen, das wäre wirklich genug. Verleger Springer ließe sich Geißler als Chefredakteur für die "Welt" und Stoiber als solcher für die "BILD-Zeitung" empfehlen. Apel sollte auf jeden Fall zur CDU wechseln, damit Leisler-Kiep auf ihn zurückgreifen könnte usw.usf.)

Doch nun ernsthaft: Wenn man davon ausgeht, daß die Allianz ein Staatenbündnis ist und keines von Parteien, dann stehen ihr CDU/CSU zweifellos einige Schritte näher als SPD/FDP. Leider sind aber CDU/CSU bedeutend handlungsunfähiger als die von ihnen mit demselben Argument angegriffene Koalition von SPD/FDP. Kohl schwört Strauß zwar öffentlich die Treue, doch inoffiziell übt er sich weiter ziemlich lautstark in Schadenfreude über eine wahrscheinliche Wahlniederlage von Strauß. Sollte Strauß aber dennoch "Bundeskanzler" werden, was wäre das schon für eine Regierung mit zwei halben Chefs: Strauß und "Möchtegernkanzler" Kohl. Weiße Tünche, die gegenwärtig den Riß zwischen beiden kaschiert, ist noch kein Alleskleber, der sie untrennbar zusammenhält. Wie sollte eine solche Bundesregierung die Rolle in Europa wahren, die der Bundesrepublik Deutschland von ihrem gesamten Potential her gebührt? Wie will eine solche Bundesregierung den Belastungsproben standhalten, die auf die Bundesrepublik Deutschland künftig zukommen? Wie könnte da zum Beispiel auch ein Nachrichtendienst wie der BND unbelastet arbeiten? M. E. gehören CDU/CSU nochmals vier Jahre auf die "harten" Bänke der Opposition, damit sie wirklich erst den Riß beseitigen, der sie bis heute und auf unabsehbare Zeit noch trennt.

Entscheide dich also, lieber deutscher Wähler, und denke daran, daß es letztlich nicht um Namen geht, sondern um die Schlagkraft und Handlungsfähigkeit der Allianz. Soweit es mich betrifft, wiederhole ich gern: Ich kann überhaupt nicht "deutsch" denken.

\+ + +

Bleibt der BND mit seiner Amtshilfe in der Grauzone des politischen Rufmordes?

Auch Ende 1979 wurde wieder die Amtshilfe des bzw. für den BND, diesmal mit Beschmutzung der Partnerschaft befreundeter Nachrichtendienste, von "deutschsprachiger" Journaille ins Gerede gebracht. Aufgegriffen wurden vom Nachrichtenmagazin "Der Spiegel" arabische Informationen über die Beteiligung israelischer Nachrichtenoffiziere an der Befragung von PLO-Agenten, die in der Bundesrepublik Deutschland inhaftiert sind bzw. waren. Wiederum wurde damit dem BND Amtshilfe unterstellt, die er zur ungelegenen Zeit und am falschen Ort geleistet habe.

Bundeskanzleramt, Innenministerium, Bundestagsabgeordnete und Rechtsgelehrte wurden bemüht, die Lücke des Gesetzes herauszufinden. Zur geleisteten Amtshilfe des bzw. für den BND wurde aber inzwischen einiges zugunsten des deutschen Nachrichtendienstes aufgeklärt: Trotzdem ist die Gretchen-Frage, ob der BND mit seiner Amtshilfe weiterhin in der Grauzone des politischen Rufmordes bleibt.

Es gereichte vielen Bundestagsabgeordneten - aus allen Parteien - zur Ehre, als sie in ihren Pladoyers über die Motive der nachrichtendienstlichen Amtshilfe festschrieben, daß es keinen Sinn habe, auf dem Rücken der Nachrichtendienstler einen politischen Streit zwischen Kanzlerkandidat und Bundeskanzler zu entfachen. Denn letztendlich würde - so die späte Einsicht - der dringend benötigte Nachrichtendienst in einen lähmenden Verruf kommen. Und noch eine andere Einsicht, die von den mit nachrichtendienstlichen Konflikten vertrauten Politikern kundgetan wird, ist zu akzeptieren, nämlich die, daß man sich nicht von bestimmten Nachrichtenmagazinen und Illustrierten in etwas hineindrängen lassen darf. Die haben nicht zum obersten Ziel - jedenfalls nicht immer - die Sicherheit zu stabilisieren, sondern die haben das oberste Ziel, Streit zu verbreiten.

Trotz dieser Einsichten sind die Aussichten, die Amtshilfe der deutschen Nachrichtendienste durch die Politiker als legal darzustellen, gering. Dafür wird eben in dieser Sache zu offensichtlich an Nebenfronten gefochten, wie beispielsweise durch die "Modellierung" eines Gesetzes, den BND betreffend. Auch ein Bundesgesetz kann künftige Komplikationen, die sich naturgemäß bei der nachrichtendienstlichen Amtshilfe ergeben, nicht lösen. Komplikationen wurden und werden von keinem Mitarbeiter geleugnet, so auch nicht die Fehler bei dem Besuch in der JVA Straubing - vom BND und LKA verursacht. Die tätigen Mitarbeiter in diesem Fall sind für diese Fehler gerügt worden. Daß Parteipolitiker zumindest zeitweilig versuchten, auf deren Buckel einen politischen Streit zu entfachen, spüren die betroffenen Mitarbeiter noch immer. Auch dies wäre eine Milieu-Studie wert, die aber kaum der Personalrat fertigen kann, denn dem sind die Hände gebunden. So bleibt der politische Grauschleier der Verdächtigungen über den Mitarbeitern hängen - bis zur nächsten Attacke!

\+ + +

Zuviel Analyse, zuwenig Fakten vom BND

Das Versagen des BND in der Aufklärung der Bundesregierung über Entscheidungsprozesse im Kreml vor der Besetzung Afghanistans ist von einem Mitglied der Bundesregierung im März öffentlich angesprochen worden. Auf einer sicherheitspolitischen Konferenz der schleswig-holsteinischen SPD in Plön sagte Verteidigungsminister Apel (SPD): "Unsere Leute in Pullach sind angewiesen worden, nun nicht mehr zu analysieren, sondern Fakten zu bringen" (wer sind unsere Leute, kommt jetzt eine Apel-Riege?) Unter den professionellen Beobachtern der Ostpolitik im geheimen deutschen Auslandsnachrichtendienst hat es nach den Worten des Ministers "niemand für denkbar gehalten", daß die Rote Armee Ende 1979 Afghanistan besetzen werde. Analysen des BND in Pullach hätten dagegen die Bundesregierung über Truppenbewegungen auf sowjetischer Seite im Mittleren Osten "ziemlich genau" ins Bild gesetzt, fügte Apel hinzu. Die analytischen Aufklärer seien aber davon ausgegangen, daß die an der Nahtstelle Iran - Afghanistan zusammengezogenen sowjetischen Streitkräfte für den Fall einer vom Kreml offensichtlich erwarteten militärischen Intervention der USA in Iran bereitstehen sollten.

- 6 -

Zwischenbemerkungen zu dieser Rede: Wie anders hätten Apel und seine Parteifreunde mit einer trockenen Meldung über die Landung größerer Truppenkontingente der Sowjets gehandelt, als die SPD gehandelt hat.

Neuerdings scheint dem Verteidigungsminister aufgegeben, über den BND zu urteilen. Man erinnere sich jedoch der Fehlleistungen seines Referenten in Sachen G-10! Besser wäre es, wenn sich Apel nicht in Grundsatzfragen des Meldedienstes des BND einmischen würde und der erste legitime Nachrichtendienst der Bundesrepublik Deutschland frei von der Hausmacht des Ministers talentierte Bundeswehrangehörige übernehmen könnte.

Anlage IV

Gefälschte Briefmarke der Bundespost mit dem Bild von Heinz Felfe, die in den Umlauf gebracht werden sollte

Anlage V

Information des Chefs der HV A über das Dokument der US-Geheimdienste »Canopy Wing«

000131

VLE-634/85

Stellvertreter des Ministers — Berlin, 14.3.85

VNE 1758/85

Stellvertreter des Ministers
Genossen Generalleutnant Neiber

Gen. Männchen
bitte Rücksprache.
16.3.

Im Auftrag des Genossen Minister sende ich Ihnen ein besonders geschütztes Dokument der USA-Geheimdienste, das eine Analyse der Angriffsmöglichkeiten gegen die strategischen Hochfrequenzverbindungen der sowjetischen Führung enthält, sowie eine Kurzauskunft zum Inhalt des Dokumentes.

Die Auswertung hat im Rahmen der vom Genossen Minister bestätigten Bedingungen in der Hauptabteilung III zu erfolgen.
Es wird gebeten, eine Einschätzung des Dokumentes durch die Hauptabteilung III zu veranlassen.

Generaloberst

Anlagen:

Dokument 190 Blatt
Kurzauskunft 2 Blatt

erhalten
15.3.85

BStU
000132

Berlin, März 1985

STRENG GEHEIM!
BESONDERER QUELLENSCHUTZ
erforderlich!

K u r z a u s k u n f t

über das INSCOM-Dokument zum Projekt "CANOPY WING"

Das streng geheime Projekt "CANOPY WING" (sinngemäß: SCHUTZSCHILD) ist ein spezielles Programm der USA-Geheimdienste für die Erforschung aller Möglichkeiten zur Ausschaltung der strategischen Führungs- und Kommunikationslinien im Hochfrequenzbereich des sowjetischen Oberkommandos zu den nachgeordneten Führungsorganen und insbesondere zu den strategischen Raketentruppen, der U-Boot-Flotte und den Luftstreitkräften der UdSSR.

Im Auftrag der Vereinten Stabschefs der USA führte eine Sonderarbeitsgruppe des zentralen Geheimdienstes der USA-Landstreitkräfte,

"INTELLIGENCE and SECURITY COMMAND - INSCOM",

unter Einbeziehung von Materialien aller USA-Geheimdienste Untersuchungen zum Stand und zu den Perspektiven der Realisierungsmöglichkeiten dieser Aufgabenstellung durch.
Ausgehend von der ständig wachsenden Bedeutung der Hochfrequenzverbindungen für das sowjetische Oberkommando zur sicheren Führung der strategisch entscheidenden Truppenteile enthält die Analyse sehr detaillierte Aussagen über den Kenntnisstand der USA-Geheimdienste zum Kommunikationssystem der UdSSR-Streitkräfte

Daraus wird die Schlußfolgerung abgeleitet, daß eine Ausschaltung von zwei Dritteln der Hochfrequenzverbindungen - durch Einsatz von Waffen, Agenten und vor allem durch elektronische Einwirkung - das sowjetische Führungs- und Kontrollsystem unwirksam machen wird.

Auf der Grundlage des gegenwärtigen Standes der sowjetischen Nachrichtentechnik sowie einer Beurteilung der amerikanischen wissenschaftlich-technischen und technologischen Potenzen enthält die Analyse Schlußfolgerungen für die Realisierung kurz- undlangfristiger technischer Lösungsvarianten.
In der Analyse wird eingeschätzt, daß die USA-Geheimdienste in der Lage sind, den Prototyp eines komplexen elektronischen Systems zur Unterbindung des sowjetischcen Funkverkehrs im Hochfrequenzbereich in 42-54 Monaten und mit einem Entwicklungsaufwand von 65 Millionen Dollar herzustellen.

Es werden die Möglichkeiten, Vor- und Nachteile und Auswirkungen des Einsatzes von Agenten, Spezialeinheiten und anderer geheimdienstlicher Aktionen gegen einzelne Kommunikationszentren eingeschätzt.
Weiterhin untersucht die Studie die Voraussetzungen zur Nutzung der technischen Anlagen von "Radio Free Europe/Radio Liberty", "Stimme Amerikas" sowie der Rundfunkeinrichtungen der USA-Streitkräfte für Störmaßnahmen und andere elektronische Einwirkungen.

In detaillierten Schlußfolgerungen werden in der Analyse die gegenwärtig möglichen Maßnahmen, mit deren Umsetzung begonnen werden kann, die realen zukünftigen Aktivitäten und weitere Forschungsaufgaben definiert.
Damit sind die Schwerpunkte der USA-Geheimdienste bei der Bekämpfung des sowjetischen strategischen Führungs- und Kommunikationssystems für die nächsten Jahre erkennbar.

Mit der Arbeit am Projekt "CANOPY WING" realisieren die USA-Geheimdienste einen spezifischen Beitrag zur Nutzung des Überraschungsmomentes, um die Fähigkeit der UdSSR zu lähmen, einen vernichtenden Gegenschlag bei einer USA-Aggression zu führen.

Anlage VI

Bewertung der HA III von Dokumenten der US-Geheimdienste auf dem Gebiet der ELOKA

BStU
000084

Hauptabteilung III
Leiter

Berlin, 29. November 1984
mä-fau/ 3954 /84
Ø50

<u>PERSÖNLICH</u>

Stellvertreter des Ministers
Genossen Generalleutnant Neiber

Entsprechend Ihrer Weisung wurde das übergebene Material zur National Security Agency/Central Security Service arbeitsteilig mit der HV A soweit übersetzt, daß der wesentliche Inhalt der Einzeldokumente erkennbar ist. Ein Teil der Dokumente liegt bereits in wörtlicher Übersetzung vor.

Der gegenwärtige Bearbeitungsstand verdeutlicht, daß neben den authentischen und inhaltlich wertvollen Dokumenten zu ELOKA-Problemen auch eine Vielzahl anderer Dokumente mit vorliegen, die allgemeinen und spezifischen militärischen Charakter tragen (insbesondere zu Führungsfragen, spezifische militärische Aufklärung und zu konkreten Waffen). Das Material enthält auch Dokumente, in denen beide Probleme vermischt sind.

Es ist bereits jetzt absehbar, daß dieses vorliegende Material einer längerfristigen und qualifizierten vollständigen Übersetzung und Auswertung bedarf, um auch das enthaltene Detailwissen umfassend herauszuarbeiten, einschätzen und bewerten zu können.

Aufgrund des Wertes und der Vielseitigkeit des Materials schlage ich Ihnen vor, seitens der HV A einen oder mehrere Spezialisten benennen zu lassen, die gemeinsam mit ausgewählten Spezialisten der Linie III unter meiner Leitung die weitere Analyse und Auswertung vornehmen. Diese zahlenmäßig sehr kleine Spezialistengruppe hat in der laufenden Bearbeitung gleichzeitig Vorschläge zu unterbreiten, wie im Einzelfall - zum konkreten Dokument oder zum konkreten Sachverhalt - die weitere Auswertung erfolgen müßte.

Als Auswertungsformen kämen vornehmlich in Betracht:

- die Bereitstellung der Dokumente in Originalfassung; vornehmlich an das sowjetische Bruderorgan

BStU
000085

2

- die Erarbeitung konkreter Informationen zu Teilproblemen; vornehmlich an Linien des MfS

- die Erarbeitung von stark verallgemeinerten Informationen zu Teilproblemen, teilweise mit konkreten Schlußfolgerungen; vornehmlich an NVA/Aufklärung.

Dabei gehe ich davon aus, daß

- die im Einzelfall festzulegende Auswertungsform mit dem benannten verantwortlichen Spezialisten der HV A abgestimmt wird

- die Auswertung der allgemeinen und spezifischen militärischen Probleme durch den bzw. die verantwortlichen Spezialisten der HV A erfolgt

- die Auswertung aller spezifischen ELOKA-Probleme durch die HA III erfolgt.

Ich bitte um Kenntnisnahme und schlage Ihnen vor, den Leiter der HV A zu informieren und ihm die Benennung des/der Spezialisten vorzuschlagen, damit konkrete Formen der Auswertung festgelegt werden können.

Gleichzeitig schlage ich Ihnen vor, das beigefügte Material - es handelt sich um Kurzfassungen - ebenfalls der HV A zu übergeben.

<u>Anlage</u>
Übersicht zu übersetzten/
teilübersetzten Dokumenten

Männchen
Generalmajor

ANLAGE

Übersicht zu übersetzten/teilübersetzten Dokumenten

NSA-Direktive Nr. 1

Grundsatzdokument für die Fernmelde/Elektronische Spionage der USA

Stand: 12. November 1984
Geheimhaltungsgrad: SECRET

wörtliche Übersetzung aus dem Englischen

DIA-Analyse

Analyse des zentralen militärischen Geheimdienstes der USA über die Kommando-, Kontroll- und Kommunikationsstruktur der UdSSR und des Warschauer Vertrages auf der Ebene einer Front

Stand: 29. Oktober 1982
Geheimhaltungsgrad: SECRET

inhaltliche Wiedergabe

INSCOM-Analyse (unvollständig vorhanden)

Funktionsanalyse für ein mobiles Mehrkanal-Erfassungs- und Aufbereitungssystem der USA

Stand: 25. Oktober 1983
Geheimhaltungsgrad: TOP SECRET UMBRA

teilweise wörtliche und inhaltliche Wiedergabe

NSA-Direktive Nr. 205/Anhang A und B

Standardisierte technische Berichte über sowjetische militärische Kommunikationslinien

Stand: 25. Januar 1984
13. April 1984
18. April 1984
Geheimhaltungsgrad: SECRET

inhaltliche Wiedergabe

NSA-Direktive Nr. 508

Festlegungen für die Nutzung des besonders geschützten Nachrichtenverbindungssystems zwischen der NSA-Zentrale und den Außenstellen in der ganzen Welt (CRITICOMM-System)

Stand: 20. April 1984
Geheimhaltungsgrad: CONFIDENTAL

inhaltliche Wiedergabe

NSA-Arbeitsdokument A-27 (07-83)

Das System der vereinbarten Adressen der sowjetischen Streitkräfte beim Nachrichtenaustausch

Stand: 28. Juni 1983
Geheimhaltungsgrad: SECRET

teilweise wörtliche Übersetzung

BStU
000099

Erste Einschätzung und Bewertung von Material der HV A aus dem Bereich der US-Funkaufklärung[1]

Das aus 13 verschiedenen Dokumenten bestehende Material umfaßt

6 Dokumente über Grundsatzfragen der gegnerischen Funkaufklärung
5 Dokumente über Aufklärungsergebnisse der US über sowjetische Streitkräfte und
2 Dokumente über den US-Funkaufklärungsstützpunkt in Westberlin.

Dieses Material bildet einen Teil der wesentlichsten Führungsdokumente der USA für die Funkaufklärung. Es ist aktuell und für die Weiterentwicklung der eigenen Arbeit von hohem politisch-operativem Wert. Es handelt sich um Direktiven und Arbeitsdokumente der National Security Agency (NSA), dem Führungsorgan der USA für die Funkaufklärung, sowie um Planungen und Analysen der Defense Intelligence Agency (DIA) und des Intelligence and Security Command (INSCOM), den Führungsorganen der US-Streitkräfte bzw. US-Landstreitkräfte für die Funkaufklärung. Der Inhalt, zum Teil mit globalem Charakter, zum Teil sehr detailliert, läßt grundlegende Pläne des Gegners auf dem Gebiet der Funkaufklärung bis ins nächste Jahrzehnt erkennen. Außer einem nur als VERTRAULICH eingestuften Dokument sind alle mit der Geheimhaltungsstufe STRENG GEHEIM und GEHEIM eingestuft. Da es sich um Führungsdokumente handelt und sehr viele aus anderen Quellen nicht erhaltbare Detailangaben enthalten sind, ergibt sich eine hohe Schutzbedürftigkeit. Eine Weitergabe an andere mit Funkaufklärungsaufgaben betraute Kräfte der DDR bzw. an Partnerdienste erscheint nur in völlig überarbeiteter und mit Angaben aus anderen Quellen vermischter Form nach Zustimmung der HV A möglich.

US-Grundsatzdokumente

Funkaufklärungsdirektive der National Security Agency Nr. 1

- Sie definiert die Funkaufklärungsorganisation der USA, die aus Teilen der National Security Agency, den Funkaufklärungskomponenten der US-Streitkräfte, den mit Funkaufklärungsaufgaben betrauten Kräften der CIA und anderen vom Nationalen Sicherheitsrat oder dem Verteidigungsminister zur Durchführung von Funkaufklärungsaktivitäten beauftragten Kräften besteht.

- Sie enthält grundsätzliche Regelungen über die Hauptaufgaben der Funkaufklärung, über ihr Zusammenwirken mit Funkaufklärungsorganen anderer Staaten sowie über Fragen der Absicherung von Funkaufklärungsaktivitäten.

1 Unter Funkaufklärung sind in dieser Einschätzung alle Arten der Aufklärung bzw. Bearbeitung von Quellen auf der Grundlage elektromagnetischer, optischer, akustishher u. ä. Ausstrahlungen zu verstehen.

BStU
000100

2

Funkaufklärungsdirektive der National Security Agency Nr. 3

- Sie behandelt Grundsatzfragen der Absicherung von Funkaufklärungsaktivitäten einschließlich der Übermittlung, Bearbeitung und Verteilung von Funkaufklärungsergebnissen bzw. -materialien.

- Sie enthält die Definition wichtigster in den USA gebräuchlicher Begriffe der Funkaufklärung.

- Sie regelt die Einstufung von Funkaufklärungsangaben in bestimmte Kategorien, nach denen Geheimhaltungsstufen und Weiterleitungsprinzipien festgelegt werden sowie die Verschleierung der Funkaufklärungsquellen bei der Weiterleitung von Funkaufklärungsangaben an nicht zur Funkaufklärungsorganisation der USA gehörende Empfänger.

- Sie legt die strengste Geheimhaltung im Zusammenhang mit dem Eindringen in ausländische Schlüsselsysteme fest.

Funkaufklärungsdirektive der National Security Agency Nr. 505; nur Anhang D

- Er enthält zweistellige Codierungen, die den Funkaufklärungsobjekten der USA und der Funkaufklärungsorganisationen Großbritanniens, Kanadas, Australiens und Neuseelands zugeordnet sind.

  Da diese Objekte nur mit aus Buchstaben und Ziffern bestehenden Kurzbezeichnungen aufgeführt sind, wäre die Übergabe des gesamten Dokumentes Nr. 505, das nach HV A-Angaben auch die offiziellen Bezeichnungen und konkreten Standorte enthalten soll, wünschenswert.

Funkaufklärungsdirektive der National Security Agency Nr. 508

- Sie beinhaltet Grundsätze der Nutzung der etwa 200 Nachrichtenverbindungen des Nationalen Führungszentrums der US-Funkaufklärung für operative Meldungen, die bei Nichtzurverfügungstehen des Nachrichtensystems für Meldungen höchster Priorität für die Übertragung von Meldungen dieser Art genutzt werden können, da siw Schnittstellen in das automatische Nachrichtennetz für zeitkritische Meldungen höchster Priorität haben.

INSCOM-Dokument vom 15. 1. 1982; vermutlich nur Band II und Anlage I zum Band II

- Es definiert die Strukturen und Aufgabenstellungen der INSCOM-Einheiten für Aufklärung, Abwehr und elektronische Kriegsführung auf dem europäischen Kriegsschauplatz in Friedenszeiten und beim Übergang in den Kriegszustand. Im umfangreichen Gesamtkomplex der Aufklärungs- und Abwehraufgaben des Aufklärungs-/Abwehrsystems der US-Landstreitkräfte werden auch Fragen der Funkaufklärung behandelt.

Anhang Aufklärung zum Op-Plan des Befehlshabers der US-Landstreitkräfte Europa

- Er legt die Umstellung der Aufklärungs-/Abwehrorgane der US-Landstreitkräfte Europa auf Kriegsstruktur und -aufgaben und ihre Aktivitäten in der NATO fest.

Die Dokumente über grundsätzliche Fragen der Funkaufklärung sowie über Fragen der Aufklärungs-/Abwehrtätigkeit im umfassenden Rahmen der USA insgesamt sowie der US-Landstreitkräfte im besonderen ermöglichen ein tieferes Eindringen in die gegnerischen Ansichten und Pläne der Aufklärungs-/Abwehraktivitäten und besonders der Funkaufklärung im Frieden sowie beim Übergang in den Kriegszustand. Die in den zum Teil umfangreichen, zum Teil nur ausschnittsweise übergebenen Materialien enthaltenen Angaben über die Funkaufklärung sollten durch eine aus Angehörigen der HV A und der HA III zu bildenden Arbeitsgruppe unter Führung des Leiters der HA III etappenweise durchgearbeitet und mit Angaben aus anderen Quellen abgedeckt für die Nutzung durch die Funkaufklärungskräfte der NVA und mit der HA III zusammenarbeitender Dienste aufbereitet werden. Aus dem Gegnermaterial ersichtliche Organisationsfragen, Arbeitsmethoden und Angriffsrichtungen sind herauszuarbeiten, um sie bei der Planung, Durchführung und Absicherung der eigenen Arbeit sowie beim Schutz der im Zielbereich der gegnerischen Funkaufklärung befindlichen funkelektronischen Quellen auf dem Territorium der DDR zu nutzen.

Dokumente mit Aufklärungsergebnissen der USA über sowjetische Streitkräfte

---

Analyse des militärischen Aufklärungsdienstes der US-Streitkräfte über Führungs-Nachrichtenverbindungen auf Frontebene der Streitkräfte der Sowjetunion bzw. der Warschauer Vertragsstaaten

- Die Studie befaßt sich in sehr detaillierter Form mit der Organisation, den Kräften und Mitteln der Nachrichtensicherstellung auf der Ebene einer Front, dem System der Führungsstellen, der Raketen-Artilleriekräfte, der Aufklärungskräfte, des funkelektronischen Kampfes, der Luftverteidigung und Frontfliegerkräfte.

Anhang A und Anlage 2 und 9 zum Anhang B zur Funkaufklärungsdirektive der National Security Agency Nr. 205

- In den Anlagen werden die Meldeschemen (standardisierte Meldungen) zur Übermittlung von funktaktisch/technischen Aufklärungsangaben, von Angaben aus einkanaligen sowjetischen Sprechfunkübertragungen sowie von abgefangenen Datenübertragungen der Luftverteidigungskräfte der Sowjetunion und des Warschauer Paktes erläutert.

INSCOM-Studie über ein neues mobiles rechnergestütztes System zum Sammeln und Bearbeiten von militärischen Angaben aus dem Frontbereich

- Ausgehend vom bekannt gewordenen Entwicklungsstand der sowjetischen Führungsnachrichtenverbindungen auf Front- und Armeeebene werden Vorstellungen über ein Funkaufklärungssystem entwickelt, das vor allem unter Gefechtsbedingungen in der Lage sein soll, dem entsprechenden Befehlshaber der US-Streitkräfte mit für die Führung seiner Truppen notwendigen Funkaufklärungsangaben aus Frequenzbereichen von 20 MHz bis 6 oder 40 GHz zu versorgen.

BStU
000102

Arbeitshilfe 16-83 der National Security Agency

- Sie enthält Informationen über Struktur, Standorte und Nachrichtenverbindungen sowjetischer SS-20-Einheiten, die das Feststellen von Funkverbindungen dieser Einheiten erleichtern sollen.

Arbeitshilfe 07-83 der Natinnal Security Agency

- Sie enthält die Aufstellung von dreistelligen Zifferngruppen, die bestimmten Dienststellungen der sowjetischen Streitkräfte zugeordnet sind und im Funkverkehr genutzt werden.

Die Dokumente zu Aufklärungsergebnissen der USA über sowjetische Streitkräfte lassen Teile der Hauptrichtungen und Arbeitsmethoden sowie Schwachstellen der USA-Funkaufklärung erkennen. Sie enthalten aber auch in Verbindung mit Teilen der US-Grundsatzdokumente eine große Anzahl von Hinweisen, die für die Arbeit der eigenen Funkaufklärung sowie unter anderem für die Abwehr von Angriffen der gegnerischen Funkaufklärung auf die Raketentruppen der DDR von Bedeutung sind und aus dieser Sicht noch einer tiefgründigen Auswertung zu unterziehen sind.

Dokumente über die US-Funkaufklärung in Westberlin

Funkaufklärungsdirektive der National Security Agency Nr. 1005

- Sie legt die generellen Aufgaben der Informationsbeschaffung, -bearbeitung, -speicherung und -weiterleitung für die Funkaufklärungsstelle der US-Landstreitkräfte in Westberlin fest, die im Interesse der National Security Agency unter militärischer Leitung des Kommandeurs der Funkaufklärung der US-Landstreitkräfte realisiert werden. Die Funkaufklärungsstelle ist hauptverantwortlich für die funkelektronische Aufklärung der DDR, besonders der SED, des MfNV, der LSK/LV, der GSSD und der VRP.

Dokument der Funkaufklärungsstelle Westberlin der US-Landstreitkräfte über die mittelfristige Planung für die Jahre 1987 bis 1991

- Die Dokumentation enthält eine umfassende Darstellung der gegenwärtigen Aufgabenstellung, bearbeiteter Nachrichtenverbindungen und Anlagen, dazu eingesetzte Kräfte und Mittel sowie die Nachrichtenverbindungen der Funkaufklärungsstelle. Es werden die Entwicklungstendenzen der zu bearbeitenden Nachrichtenverbindungen sowie die sich daraus für die US-Funkaufklärungsstelle Westberlin ergebenden Entwicklungen und notwendigen Veränderungen dargestellt.

Die Materialien zur Funkaufklärungsstelle der US-Landstreitkräfte in Westberlin ermöglichen einen Einblick in die Hauptangriffsrichtungen sowie die Möglichkeiten dieser gegnerischen Spionagezentrale. Auf der Grundlage der für die Jahre bis 1991 vorgesehenen Erweiterungen der gegnerischen Aufklärungsmöglichkeiten, die auch den Stellenwert unterstreichen, der der Funkaufklärung beigemessen wird, sind durch intensive und umfassende Auswertung dieser Materialien in Verbindung mit bereits vorliegenden Erkenntnissen über dieses Objekt die möglichen Abwehrmaßnahmen herauszuarbeiten.

Des weiteren sind aus allen Dokumenten die verschiedensten Arten von offenen und gedeckten Bezeichnungen von Funkaufklärungsobjekten, Codewörtern für Projekte und Arbeitsmethoden und Nachrichtenverbindungen der Funkaufklärung herauszuarbeiten und zuzuordnen mit dem Ziel, eigene Aufklärungsangaben zu bestimmten Objekten oder Programmen zuordnen zu können.

Anlage VII

Information des Stellvertreters der HV A über ferngesteuerte Bodensensoren

Hauptverwaltung A
Stellvertreter des Leiters

Berlin, 16. Februar 1978
73/78

BStU
000207

PERSÖNLICH!
STRENG GEHEIM!

Leiter Hauptabteilung VIII
Genossen Generalmajor Schubert

im Hause

Ihr Schreiben vom 9. 2. 1978 - Tgb-Nr. 35/78

Als Anlage übersende ich Ihnen - nach Entscheidung durch Genossen Minister - eine kurze Einschätzung über

NATO-Aktivitäten auf dem Gebiet der Aufklärung durch ferngesteuerte Bodensensoren (Projekt AVID GUARDIAN) mit Grunddaten des Datenübertragungssystems

zu Ihrer Verwendung.

Der BESONDERE QUELLENSCHUTZ ist zu beachten.

Anlage
4 Blatt

Geyer
Oberst

Februar 1978 000208

STRENG GEHEIM!

NATO-Aktivitäten auf dem Gebiet der Aufklärung durch ferngesteuerte Bodensensoren (Projekt AVID GUARDIAN)

Die gemeinsame Sonderstudiengruppe aus Vertretern der USA, GROSSBRITANNIENs, der BRD und FRANKREICHs, die mit der Durchführung einer Analyse über den Einsatz von Bodensensoren beauftragt war, hat im Juli 1977 ihren vorläufigen Abschlußbericht vorgelegt und gleichzeitig vereinbart, die Arbeit der Gruppe um ein Jahr – bis zum Juli 1978 – zu verlängern.
In diesem Bericht werden die Grundlagen und Methoden für den Einsatz der Sensoren in Mitteleuropa entwickelt, und er enthält einen zusammenfassenden Überblick über die seit 1974 durchgeführten Untersuchungen der auf Initiative der USA zur Auswertung ihrer in Vietnam mit dem Einsatz von Bodensensoren gewonnenen Erfahrungen und deren Nutzung für die NATO gebildeten Sonderstudiengruppe.

KOPIE

Bodensensoren sind im Verständnis des Gegners ferngesteuerte, unbediente, passive und miniaturisierte Aufklärungsmittel, die durch die Messung seismischer, akustischer, magnetischer u. a. Parameter Daten über aufzuklärende Bewegungen, Räume und Objekte sammeln und diese auf dem Funkwege automatisch an eine Auswertezentrale übermitteln. Sie können von Hand verlegt, durch die Artillerie (einschließlich Raketenartillerie) verschossen oder von Flugzeugen über dem Aufklärungsziel abgeworfen werden. Bei der Überwachung von Bewegungen erfolgt ihr Einsatz meist in mehreren Gürteln, bei der Raumüberwachung werden sie nach bestimmten Kriterien über eine Fläche verteilt und bei Aufklärung von Einzelobjekten möglichst nahe an diese herangebracht.

BStU
000209

- 2 -

Die sehr komplexen Darlegungen verfolgen hauptsächlich das Ziel, einen Beitrag für den Aufbau eines wirksamen, zuverlässigen und weitgehend automatisierten Systems der Gefechtsfeldaufklärung im Bestand der Streitkräfte der NATO-Staaten in den 80er Jahren zu leisten. Als ein wesentliches Merkmal der angestrebten technischen Konfiguration ist daher der extensive Gebrauch der Anwendungsmöglichkeiten der Mikroelektronik zu erkennen. Dies kommt vornehmlich in der Digitalisierung der Sensoren, dem Aufbau von Datenfernübertragungsstrecken zur Auswertezentrale und der Ausstattung der Auswertezentralen mit EDV-Anlagen zur Massedatenverarbeitung zum Ausdruck.
Darüber hinaus lassen die Darlegungen erkennen, daß ein Einsatz derartiger Systeme auf dem Territorium sozialistischer Staaten bereits im Frieden möglich ist.
Anhaltspunkte auf die Vorbereitung bzw. Praktizierung derartiger Maßnahmen (Installation von Empfangs- und Auswertesystemen im Objekt der Fernmelde/Elektronischen Aufklärung der USA in Westberlin/Teufelsberg) deuten in diesem Zusammenhang auf eine Einbeziehung der US-Militärmissionen hin.
Die beschriebenen technischen Konfigurationen lassen den Einsatz von Bodensensoren auch zur Grenzüberwachung als möglich erscheinen.

Anlage

Grunddaten des Datenübertragungssystems der ferngesteuerten Bodensensoren der NATO (Planvorstellungen) = 2 Blatt

ANLAGE STRENG GEHEIM!

Grunddaten des Datenübertragungssystems der ferngesteuerten Bodensensoren der NATO (Planvorstellungen)

Die gegenwärtig verfügbaren Erkenntnisse über Datenübertragung von den Sensoren zur Auswertezentrale einschließlich der gegenwärtig verwendeten und geplanten Übertragungsfrequenzen sowie der Übertragungsleistungen werden im folgenden kurz skizziert:

- gegenwärtige Übertragungsfrequenzen: (Sensoren aus US-Fertigung)		162 - 174 MHz
- vorgesehene Frequenzen: (falls obige Frequenz vom NATO-Radiofrequenzamt nicht bestätigt wird)		30 - 300 MHz
- optimale Frequenzen:		100 - 200 MHz
- Frequenzen der Zwischenstationen	- am Boden:	wie Sensoren
	- in der Luft:	UHF Band (300 - 3000 MHz)
- Systembandbreite:		15 MHz
- Übertragungsverfahren	- Breitband:	PNSS (Pseudo-Noise Spread Spectrum
		FFH (Fast Frequency Hop)
	- Schmalband:	SFH (Slow Frequency Hop)
		FDM (Channelized Frequency Deviation Modulation)

- Modulationsarten	- Breitband:	Neuartige Modulationsverfahren gefordert
	- Schmalband:	FSK (Frequency Shift Keying)
- Kanalbandbreite:		20 KHz bei einer Bitrate von 2000 bits/sec.
		50 - 60 KHz wenn angestrebte höhere Bitrate realisiert werden soll
- Kanalzahl:		250 - 750 abhängig von realisierter Bitrate
- Reichweite	- Boden/Boden:	20 km
	- mit fliegender Relaisstelle:	120 - 160 km
	- mit fliegender Relaisstelle unter ungünstigen Bedingungen:	80 km
	- Einzelverbindung Boden/Boden: (bei Versuchen der Sonderstudiengruppe in Großbritannien erreicht)	80 km

Anlage VIII

Zur Internationalen Gesellschaft für Menschenrechte (IGfM)

Günter Platzdasch, 1988/89 Mitarbeiter der Pressestelle der IGfM-Geschäftsstelle in Frankfurt am Main publizierte 1990 eine Dokumentation zur IGfM. Das nachfolgend gedruckte Vorwort wurde 2009 angesichts der neu aufgeflammten Diskussion zu dieser umstrittenen Organisation von ihm aktualisiert.

Die Grundaussagen zur IGfM, insbesondere zur Entstehungsgeschichte mit militanten exilrussischen (nach heutigen Modebegriffen: terroristischen) und geheimdienstlichen Geburtshelfern, haben nichts an Aktualität verloren – die Selbstrechtfertigungen heutiger IGfM-Repräsentanten bestätigen dies, schaut man sich ihre Argumentation genauer an: Was, erstens, dementieren sie nicht? An welche Vorurteile, zweitens, appellieren sie? Wo, drittens, sind neue Fakten?

Ad 1

Falschgeld kann man nur identifizieren, wenn man auch das richtige kennt und daneben legen kann. In der nachfolgenden Dokumentation, die unmittelbar angesichts des wohlverdienten Zusammenbruchs der neostalinistischen Diktaturen des sogenannten »realen Sozialismus« entstand, sind zahlreiche Details genannt. Diese versuchen die IGfM & ihre Freunde mit pauschalen Behauptungen vom Tisch zu wischen. »Unsubstantiiertes Bestreiten« nennt man dies unter Juristen, wie schon jeder Studienanfänger des Zivilrechts weiß. Insbesondere durchs Schwingen der Stasi-Keule hofft man der Begründungspflicht für eigene Behauptungen entgehen zu können.

Ad 2

Wir waren Stasi-Beobachtungsobjekt, wurden vom Ministerium für Staatssicherheit der DDR ausgespäht. Das ist das Zentralargument, mit dem man sich gegen jegliche Kritik zu immunisieren trachtet. Die IGfM ein Stasi-Opfer? Na klar, das stimmt

– die Stasi bemühte sich genauso um diese Gesellschaft rechter Menschen in Frankfurt wie jener CIA-Agent, der aus dem damals noch amerikanisch besetzten IG Farben-Haus am Grüneburgpark zu Briefings in die IGfM-Zentrale kam, der beim Shakehands mit mir sogar eine Visitenkarte hinterließ und mit dem wir Details größerer Aktionen im Wienerwald-Restaurant gegenüber der damaligen IGfM-Zentrale besprachen.

Die IGfM vertraut darauf, daß der schlechte Ruf der Stasi automatisch sich zu ihren Gunsten auswirke. Es geht um den alten Reflex, dessen sich sowohl Linke als auch Rechte gern bedienen: Es wird nur darauf geachtet, *wer* etwas sagt, *wo* etwas gesagt wird oder wo es geschrieben steht – *was* gesagt wird, ist dann unwichtig. Die deutsche Landschaft des Verdachts. Der Verzicht aufs Argument. Aber: Genausowenig wie etwas dadurch falsch wird, daß die IGfM es verlautbart, genausowenig ist es per se falsch, weil es aus einer Stasiakte stammt.

Früher machten es sich Linke leicht, Kritik am von ihnen verherrlichten »realen Sozialismus« mit dem Einwand zu ignorieren, sie stamme von Rechten (der Abwehrmechanismus funktioniert heute noch in Bezug auf Kuba). Die IGfM tut so, als wäre etwas schon dadurch widerlegt, weil Linke bzw. DDR-Nachrichtendienstler das sag(t)en.

Vorbild für die Reinwaschversuche der IGfM sind die Rehabilitationsversuche des »furchtbaren Juristen« Hans Filbinger nach dem Untergang der DDR: 1992 bestätigte ihm der Stasioffizier Günter Bohnsack, dass im Ministerium für Staatssicherheit der DDR dessen Hauptverwaltung Aufklärung Filbinger als Anwärter auf das Bundespräsidentenamt beobachtet habe. In einem Protokoll ließ sich Filbinger am 30. April 1993 bestätigen, dass die Stasi Material über ihn gesammelt und »in den Westen lanciert« habe (*was* es war, gab Bohnsack nicht an).

Ist dadurch etwa eins der Todesurteile Filbingers aus der Nazizeit verschwunden?

Wenn man DDR-übliche Begleitpropaganda abzieht, so könnte man eher der DDR dankbar sein, dass sie über geheime Kanäle historische Wahrheiten ans Licht der Öffentlichkeit zu bringen half. Genauso wie schon Anfang der sechziger Jahre, als von der Universität Jena Material in den Westen lanciert wurde, das eine berühmte FDP-Politikerin aufgriff: Theodor Maunz musste als bayerischer Kultusminister zurücktreten, nachdem seine Nazivergangenheit als Kommentator des Nazi-Polizeirechts publik geworden war. Nach dem Tod des dann noch jahrzehntelang tonangebenden BRD-Juristen wurde bekannt, dass er bis zuletzt eng mit dem Rechtsradikalen Politiker Gerhard Frey kooperiert hatte.

Zu dieser Juristengesellschaft passt übrigens, dass ausgerechnet Ludwig Martin Ehrenpräsident der IGfM ist: 1956 war er am Urteil des Bundesgerichtshofs gegen die Nazijuristen Otto Thorbeck und Walter Huppenkothen beteiligt, durch das diese vom Vorwurf der Beihilfe zum Mord freigesprochen wurden. Aufgrund von Martins Tätigkeit als Jurist während der NS-Zeit wird dieses Urteil heute unter dem Motto »Eine Krähe hackt der anderen kein Auge aus« interpretiert.

Wenn die IGfM mit viel Tamtam darauf verweist, dass die Stasi sie »bearbeitet« hat, so ist das keine Überraschung. Schließlich suchten viele bedrängte DDR-Einwohner in ihrer Not den Kontakt zu den Frankfurter »Menschenrechlern«; als letzte Hoffnung, um doch noch irgendwie die Ausreise aus dem ungeliebten Staat zu erreichen (am Beispiel der »Frau vom Checkpoint Charly« hat dies Horst Schneider in einem Buch untersucht).

Nicht zuletzt musste die als antikommunistische Frontorganisation von Personen mit Geheimdiensthintergrund gegründete GfM (später IGfM) die Aufmerksamkeit östlicher Dienste erregen (dazu Klaus Eichner und Andreas Dobbert in ihrem Buch »Headquarters Germany.Die US-Geheimdienste in Deutschland«).

Noch am 18. Januar 1988 lud für die IGfM/Deutsche Sektion auf dem Briefpapier der Zentrale ein gewisser Dieter von Glahn (zusammen mit »Western Goals Europe e.V.«) zu einer Ausstellungseröffnung ein. Nach Erscheinen dieser unserer Broschüre wurde bekannt, dass von Glahn ein zentraler Repräsentant des CIA-Engagements in Deutschland war.

Der einstige Wehrmacht-Geheimdienstoffizier empfing nach eigenen Angaben jeweils in Frankfurt am Main von der CIA Geld für seine Arbeit. Dazu gehörte neben seinem IGfM-Engagement das für »Gladio«, wie die unter dem Schirm der NATO wirkende geheime *stay-behind*-Guerillastruktur meist genannt wird (nachdem in Italien ihre Verwicklung in rechten und linken Terror zur Verhinderung einer Regierungsbeteiligung italienischer Kommunisten aufgrund eines »historischen Kompromisses« mit den Christdemokraten bekannt wurde). Glahns Mannen führten Todeslisten (Proskriptionslisten), auf denen sich Kommunisten wie Emil Carlebach, damaliger Mitherausgeber der Tageszeitung *Frankfurter Rundschau*, genauso wie prominente Sozialdemokraten (z. B. Herbert Wehner) befanden. Diese sollten »am Tag X dem bolschewistischen Zugriff entzogen«, d. h. interniert oder notfalls ermordet werden.

Der in diversen Rechtsaußen-Organisationen engagierte IGfM-Aktivist Glahn sprach und schrieb über seine CIA-, BND- & IGfM-Kontakte nach Untergang der sozialistischen Staaten z. B. in seinem Memoirenband »Patriot und Partisan für Freiheit und Einheit« (1994 in Tübingen im rechtsradikalen Grabert-Verlag erschienen) ab Seite 133 den Abschnitt »Von der IGfM bis zur Gegenwart – ein langes Kapitel«.

Also: Na klar, die IGfM war Ziel östlicher Geheimdienstaktivitäten! Aber wird damit automatisch unwahr, was – auch aus östlichen Quellen – an Vorwürfen gegen die IGfM erhoben wird?

Auf die Assoziationskette spekuliert die IGfM: Stasi-Opfer – unschuldig – reingewaschen. »Die gefährlichsten Unwahrheiten sind Wahrheiten, mäßig entstellt«, wusste aber schon Georg Christoph Lichtenberg.

Als wir im Jahr der Vereinigung von BRD und DDR über die IGfM schrieben, bekamen wir brisantes Material auch aus NTS-Kreisen zugespielt. Heutige Forscher haben es viel leichter, den geheimdienstlichen Hintergrund der Gründung dieser Frontorganisation des Kalten Kriegs auszuleuchten, und dann zu untersuchen, inwiefern geheimdienstliche Interessen nicht nur bei der Gründung Pate standen. Wenn auch die IGfM sich nach wie vor ziert, hierzu irgend etwas zu verlautbaren – insbesondere in den USA, wo inzwischen viele CIA-Akten freigegeben wurden, nicht zuletzt aufgrund des Freedom-of-Information-Gesetzes, ist dazu Interessantes (teilweise ohne Weiteres sogar online) nachlesbar; über IGfM-Aktivisten Dieter von Glahn und andere Gladio-Terroristen im Wartestand sendete die *BBC* ausgerechnet am 17. Juni 1992 eine Dokumentation. Auch gibt es inzwischen viel mehr Zeitzeugen und Insider, die weitere Details zur IGfM-Geschichte offenbarten (beispielsweise der österreichische US-Agent Hannes Sieberer, der im Sammelband »Verheizt und vergessen. Als Agent hinterm Eisernen Vorhang« berichtet, wie die IGfM in Westberlin ein Mitglied der Grauen Wölfe »gechartert« hatte).

Ad 3

Neue Fakten werden aus dem IGfM-Milieu zum Charakter dieser Organisation kaum präsentiert, abgesehen davon, dass die IGfM nach Untergang der DDR und seit Öffnung der Stasi-Archive zugestehen muss, wie weit sie auch von östlichen Diensten infiltriert war (dazu die Doktorarbeit von Jürgen Wüst, an der die Rezension in einem angesehenen Historikerorgan [*http://hsozkult.geschichte.hu-berlin.de/rezensionen/446.pdf*] – wie wir hier – ebenfalls kritisiert, dass mit dem Nachweis von Stasiaktivitäten man sich um das Eingehen auf die konkreten Vorwürfe drückt).

Über die konkreten Vorwürfe gegen rechte Menschen, die sich hinter Menschenrechtsrhetorik verbergen, will man den »Stasi-Opfer«-Schleier legen, um unter edlen, wohlklingenden Ansprüchen – wer hat etwas gegen Menschenrechte!? – die Arbeit fortzusetzen. Im Google-Zeitalter ist es müßig den Nachweis zu führen, dass beispielsweise die CIA unter der Flagge von Freedom & Democracy, von »Menschenrechte« & »humanitäre Organisation« sich Zugang in Konfliktzonen verschafft.

Für die IGfM ist Russland weiterhin Zielobjekt, sodann geht es nach Nine-Eleven vor allem um den Islam und das, was an linken Gesellschaftsalternativen übrig ist: von China über Kuba bis Venezuela.

Linke Geisterfahrer, die nicht imstande sind, eigene Projekte selbstkritisch zu reflektieren, machen sich nolens volens zu Bundesgenossen der IGfM-Truppen. So war es schon zu Zeiten des realen Sozialimus unter der Ägide der KPdSU: Wer anderswo für Defizite und Verbrechen unter linkem Vorzeichen keinen Ansprechpartner fand, flüchtete sich in Arme solch obskurer rechter Menschenfänger.

»Mich störten die unglaubwürdigen, ungleichen Maßstäbe der schielenden Linken, die bei den USA auf deren Taten, nicht etwa bloß auf die edlen Ziele der Declaration of Independence von 1776 schauten – die aber bei sozialistischen Staaten und Befreiungsbewegungen sich mit Absichtserklärungen zufrieden gaben und mit deren proklamierten hehren Zielen sämtliche Untaten rechtfertigten«, schrieb ich 1998 in einem autobiographischen Essay [*http://www.platzdasch.homepage.t-online.de/download/bye-bye-68.pdf*].

Bis heute haben viele Linke nicht verstanden, was der französische Kommunist Louis Althusser meinte, als er auf dem zur Biennale del dissenso in Venedig im November 1977 von Il Manifesto einberufenen Kongreß mahnte: »Das Interesse, das wir den Vertriebenen aus den Ländern des Ostens entgegenbringen, gehorcht weder einem bloßen Informationsbedürfnis noch einer reinen Solidaritätsbekundung. Was in den Ländern des Ostens geschieht, betrifft uns selber, wirkt sich auf unsere Projekte, unsere Handlungen, unsere Theorie und Praxis aus.« (*Zurückforderung der Zukunft – Macht und Opposition in den nachrevolutionären Gesellschaften, Frankfurt am Main 1979, S. 225f.)*

Anlage IX

Protokoll der HA II über die Zusammenarbeit mit der Abteilung IX/HV A vom 13. März 1984

Hauptabteilung II   Berlin, 13. 3. 1984

BStU 000024

Streng geheim!

P r o t o k o l l
über die Besprechung des Leiters der Hauptabteilung II am 12. 3. 1984

Beginn: 10.00 Uhr
Ende: 13.00 Uhr

anwesend:	Gen.	Generalmajor	Kratsch	
	"	Oberst	Lohse	
	"	Oberst	Schenk	
	"	Oberst	Klippel	
	"	Oberst	Oertel	
	"	Oberst	Linow	AKG
	"	OSL	Hänel	AKG
	"	Major	Mosig	II/6
	"	Major	Mauersberger	II/2
	"	OSL	Haußner	Protokollant

Tagesordnung:

Verbesserung der Zusammenarbeit mit der HV A

Der Leiter der HA II führt zu diesem Punkt aus:

In letzter Zeit gab es einige Unstimmigkeiten bzw. Meinungsverschiedenheiten auf höherer Ebene was die Zusammenarbeit zwischen Aufklärung und Abwehr betrifft.

In diesem Zusammenhang fand am 9. 3. 84 bei Gen. Oberst Schütt (HV A/IX) eine Besprechung statt, an der der Leiter der HA II, Gen. Generalmajor Kratsch, teilnahm.

Während dieser Besprechung wurde das Resümee der bisherigen Zusammenarbeit gezogen und aufgezeigt, wo bestimmte Dinge noch hängen und was wir verbessern könnten und müßten.

Müssen auf der Grundlage der bestehenden Vereinbarung ein neues Dokument erarbeiten, in welchem der Informationsaustausch festgelegt und geregelt wird.

Gen. Oberst Schütt betonte auf der Besprechung, daß die HV A alle Bemühungen der HA II unterstützen wird, Ordnung in die Arbeit mit IMB gegen den Feind zu bringen.

Die Vorstellungen der HV A gehen dahin:

- durch alle Diensteinheiten des MfS sind IMB-Verbindungen (aktive Feindverbindungen) dem Leiter der HA II zu melden.

- bei feindlichen Neuanbahnungen wird durch den Leiter der HA II, der HV A/IX und der Diensteinheit, die den IM steuert, entschieden, ob der Feindverbindung zugestimmt wird und wenn ja, mit welcher Zielstellung.

- die gleiche Regelung wie vorgenannt ist durchzusetzen bei Material, was dem Feind über eine IMB-Verbindung übermittelt werden soll.

- Eventuell weitere Probleme gilt es noch zu durchdenken.

Der Leiter der HA II entwickelt im Anschluß einige Gesichtspunkte zu Fragen der Auswertung. Er geht davon aus, daß die HV A/IX ein besseres System der Auswertung, insbesondere was die Verdichtung der Materialien betrifft (arbeiten mit Handakten), besitzt.
Wir müssen in unserer HA ein System der Auswertung aufbauen, was auf gesunden Menschenverstand fußt, den Feind schneller erkennen läßt, ähnlich gelagert ist wie das der HV A/IX, damit ein gegenseitiges Vergleichen möglich ist.
Wir können uns dabei nicht auf zentrale Festlegungen verlassen.

Gen. Oberst Schütt machte den Vorschlag, einen Verbindungsmann der HA II zur HV A/IX einzusetzen, dem sie weitestgehenden Einblick gewähren.
Es sollte auch stärker die Möglichkeit von Zusatzfragen bei bestimmten Problemen genutzt werden.
Ihrerseits sind sie dringend daran interessiert, sie betreffende Fragen aus U-Vorgängen zu bekommen. Dieser Frage muß durch die HA II mehr Aufmerksamkeit gewidmet werden.

Verstärkt ist der HV A zuzuarbeiten bei:

- Verdichteten Angaben zu Geheimdienstmitarbeitern in der BRD

- zu Geheimdienstmitarbeitern (Residenturen in den Vertretungen) in der DDR.
  Auf jeden Fall sind Auskunftsberichte, wenn diese Personen die DDR verlassen, an die HV A zu übergeben.

Andererseits müssen wir auf unserem Territorium noch enger mit den Genossen der HV A gegen Mitarbeiter der Residenturen zusammenarbeiten.
Es gilt auch zu überlegen, bestimmte Mitarbeiter der Residenturen, so lange sie noch in der DDR weilen, direkt zur Bearb-eitung an die HV A zu übergeben.

Es gilt also, die nächste höhere Etappe der Zusammenarbeit anzustreben, das bedeutet aber erst entsprechende Voraussetzungen bei uns zuschaffen.

Auch auf amerikanischer Linie müssen wir noch offensiver arbeiten, damit wir evtl. der HV A einen bestimmten Einbruch ermöglichen können.

Im anschließenden Meinungsaustausch sprachen alle beteiligten Genossen. Die Auffassungen waren unterschiedlich, zeigten aber eine Einheitlichkeit

. die Zusammenarbeit mit der HV A/IX verstärken,

. unser Auswertungssystem verbessern.

 3

Hauptgesichtspunkte des Meinungsaustausches waren:

- Gen. Oberst Schütt hat Zusammenarbeit etwas einseitig dargestellt.
  Auf unterer Ebene schon gute Zusammenarbeit. (Gen. Lohse, Gen. Oertel, Gen. Klippel).

- Es liegt ein vom Gen. Lohse erarbeitetes Dokument über die Zusammenarbeit mit IMB vor. Es gilt, dieses Dokument schnellstens nochmals zu überarbeiten. Keine Handwerkelei mehr zulassen. (Gen. Lohse, Gen. Mauersberger)

- In unserer HA müssen alle GD-Information in eine Hand, bisher hat jede Abteilung ihre Auswertung. (Gen. Lohse, Gen. Schenk)

- AKG ist verantwortlich, daß Protokolle aus U-Vorgängen schnellstens an HV A gegeben werden. Bedeutet aber, daß AKG die Protokolle überhaupt erhält. (Gen. Lohse, Gen. Schenk, Gen. Klippel)

- Der HA IX mehr Fragen vorgeben, die uns bzw. auch die HV A interessieren, wonach die Vernehmung ausgerichtet bzw. Niederschriften angefertigt werden können. (Gen. Mosig, Gen. Mauersberger)

- In unserer Auswertung wird nur registriert, sind eine bessere Abteilung XII.
  In Auswertung gehören operativ erfahrene Genossen, die schnell und schöpferisch etwas erarbeiten können.
  (Gen. Kratsch, Gen. Lohse, Gen. Mauersberger)

- Es wurde noch nicht verstanden, alle Möglichkeiten der Auswertung der HA II auch voll für die Arbeit zu nutzen. Man sollte GD-Auswertung in Fachabteilungen verstärken. AKG kann zwar Material zusammenfassen, kann aber nichts zu laufenden Vorgängen sagen.
  Es gibt zwei Linien

    . offizielle Linie - Minister/ZAIG

    . Auswertung HA II (wie gegenwärtig vorgeschlagen)

  Das kann nicht gut gehen. Wir müssen die offizielle Linie stärker für unsere Arbeit nutzen.
  (Gen. Linow, Gen. Hänel)

Im Anschluß an die Aussprache faßt der Leiter der HA II wie folgt zusammen:

- DieDiskussion zeigte unterschiedliche Meinungen.

- Betreffs der IMB-Arbeit wird ein neues Dokument auf der Grundlage des Schreibens vom Gen. Lohse erarbeitet.

- Müssen der HA IX Komplexe zuarbeiten, was sie zu vernehmen haben.
  (Problem ist, wer soll das bei uns machen?)

BStU
000027

4

- In der HV A stehen die Auswerter im Stoff, wir haben uns zu sehr auf die Technik verlassen. Auch das Auswertungssystem in unseren Abteilungen entspricht nicht den Anforderungen.

- Für uns steht das Problem, daß uns die Auswertung wegtriftet. Es erhebt sich die Frage, müssen in den Abteilungen überall große Auswertungen sein?

- Prüfen, ist die AKG überhaupt in der Lage, das heute diskutierte Problem in den Griff zu bekommen oder müßten wir noch eine Arbeitsgruppe bilden?
  Auch inden Abteilungen gibt es keine einheitliche Auswertung, es mußaber ein schneller Zugriff möglich sein.

- Der Verbindungsmann zur HV A muß mitreden können, muß ein gleichwertiger Partner sein. Sollte nicht aus AKG kommen. Es weiß jeder, was HV A hat - kommen aber einfach nicht zusammen, wir sind zu träge.

- Gen. Generalmajor Kratsch wird mit Gen. Oberst Schütt sprechen, inwieweit die Möglichkeit besteht, daß eine Delegation der HA II sich einmal mit der Auswertung der HV A/IX bekannt macht.

Der Leiter der HA II beendet diese Besprechung vorerst und fordert alle Teilnehmer auf, alle Probleme nochmals genau zu durchdenken. Die nächste Besprechung soll in der folgenden Woche einberufen werden.

Häußner
Häußner
Oberstleutnant

geschrieben:Hptm. Brömme
gefertigt: 1 Exemplar

Anlage X

Information der HV A, Abteilung IX, über neue Funktechnik im Verfassungsschutz

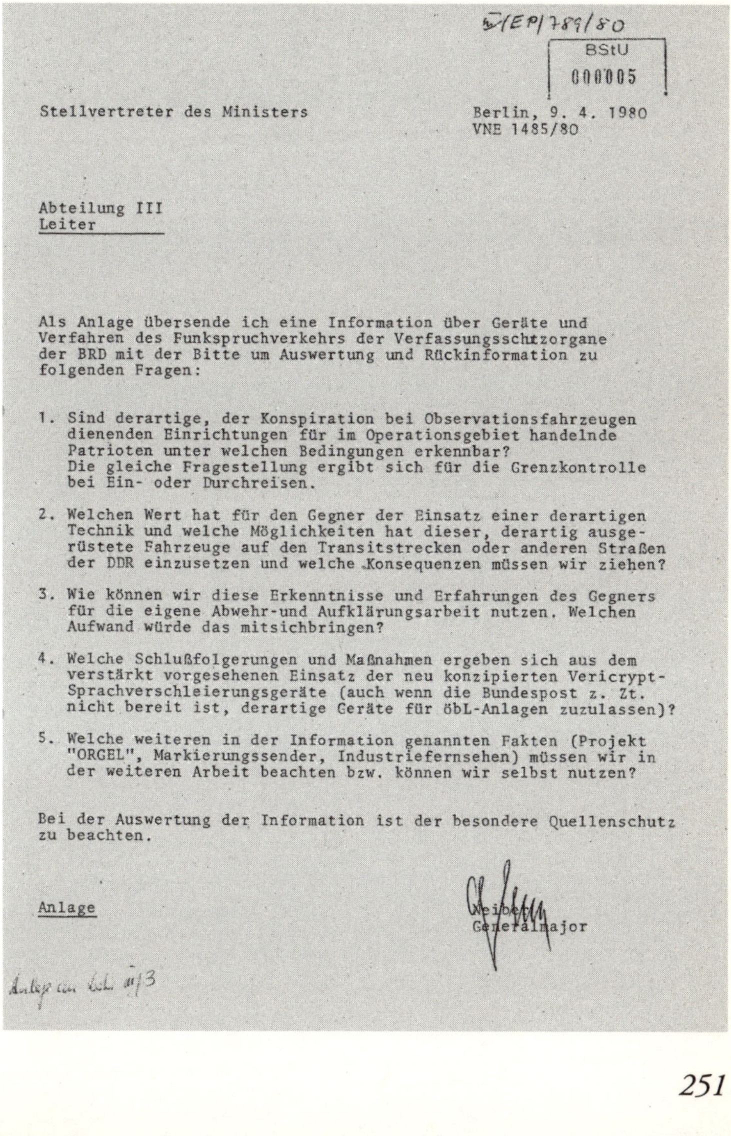

ÄIEP/789/80

BStU
000005

Stellvertreter des Ministers

Berlin, 9. 4. 1980
VNE 1485/80

Abteilung III
Leiter

Als Anlage übersende ich eine Information über Geräte und Verfahren des Funkspruchverkehrs der Verfassungsschutzorgane der BRD mit der Bitte um Auswertung und Rückinformation zu folgenden Fragen:

1. Sind derartige, der Konspiration bei Observationsfahrzeugen dienenden Einrichtungen für im Operationsgebiet handelnde Patrioten unter welchen Bedingungen erkennbar? Die gleiche Fragestellung ergibt sich für die Grenzkontrolle bei Ein- oder Durchreisen.

2. Welchen Wert hat für den Gegner der Einsatz einer derartigen Technik und welche Möglichkeiten hat dieser, derartig ausgerüstete Fahrzeuge auf den Transitstrecken oder anderen Straßen der DDR einzusetzen und welche Konsequenzen müssen wir ziehen?

3. Wie können wir diese Erkenntnisse und Erfahrungen des Gegners für die eigene Abwehr-und Aufklärungsarbeit nutzen. Welchen Aufwand würde das mitsichbringen?

4. Welche Schlußfolgerungen und Maßnahmen ergeben sich aus dem verstärkt vorgesehenen Einsatz der neu konzipierten Vericrypt-Sprachverschleierungsgeräte (auch wenn die Bundespost z. Zt. nicht bereit ist, derartige Geräte für öbL-Anlagen zuzulassen)?

5. Welche weiteren in der Information genannten Fakten (Projekt "ORGEL", Markierungssender, Industriefernsehen) müssen wir in der weiteren Arbeit beachten bzw. können wir selbst nutzen?

Bei der Auswertung der Information ist der besondere Quellenschutz zu beachten.

Anlage

Weibert
Generalmajor

Anlage an Ltr. III/3

HVA/Abteilung IX April 1980

BStU
000006

Streng geheim!

Information über Verfahren und Geräte des Funksprechverkehrs der Verfassungsschutzorgane der BRD

Inoffiziell wurde bekannt:

- Aus Gründen der Konspiration benutzen die Verfassungsschutzorgane bei Standobservationen zunehmend induktive Höreinrichtungen für Kraftfahrzeuge. Dabei kommen unterschiedlich aufgebaute Induktionsspulen zum Einsatz:

  . einlagige Zylinderspulen mit und ohne Ferritkern,
  . mehrlagige Zylinderspulen,
  . großflächige (Luft-) Spulen.

  Es wurde die Erfahrung gemacht, daß es zur Verbesserung des Strahlungsfeldes günstig ist, je zwei Flächenspulen mit den gleichen Wickeldaten rechts und links im vorderen Teil des Fahrzeughimmels in Reihenschaltung anzubringen. Um eine optimale Feldbündelung zu erreichen, müssen die Spulen in Form einer 8 hergestellt werden. Das Strahlungsfeld muß dabei so gewählt werden, daß die maximalen Werte des abgestrahlten niederfrequentierten Feldes im Bereich der Vordersitze liegen. Die Abstrahlung sollte auch im Bereich der Hintersitze zwar schwäher, aber gleichmäßig vorhanden sein.

- Der Konzern Messerschmidt-Bölkow-Blohm hat die Wirksamkeit von getarnten Antennen an Kfz im 2-m- und 8-m-Band in Abhängigkeit von ihrer Anbringungsweise untersucht. Ausgangspunkt der Untersuchung war die Problemstellung, im Bedarfsfalle jedes beliebige Kfz unkompliziert und schnell mit einer getarnten Antenne einschließlich Peilsender auszurüsten und damit eine große Sendereichweite zu erreichen. Das ausgerüstete Kraftfahrzeug soll von anderen Kfz und von Hubschraubern verfolgt und aufgespürt werden können. Bei Einsätzen und Erprobungen hat sich gezeigt, daß der Wirkungsgrad der Sender hinsichtlich Reichweite und Peilgenauigkeit sehr unterschiedlich ist. Dabei spielen eine wesentliche Rolle:

  . Anpassung des Peilsenders an die Antenne,
  . Anbringungsort der Peilsenderantenne,
  . Antennenform,
  . abgestrahlte Leistung des Peilsenders,
  . verwendete Frequenz.

  In der Praxis wurde ferner festgestellt, daß die bisher verwendeten Antennenformen zu auffällig waren und meist keine optimale Abstrahlung aufwiesen. Die Qualität der Peilanlagen beeinflußt aber in starkem Maße die Erfolgsaussichten beim praktischen Einsatz.

  Im ersten Teil der Untersuchungen wurden Arten und Formen von Antennen ausgewählt, die sich hinsichtlich der Einbauzeit, Tarnung und elektrischen Eigenschaften anbieten. Es wurden die Wirksamkeit und das Abstrahlungsverhalten bestimmt. Dabei wurden sowohl Antennentyp als auch Anbringungsort variiert:

. Heckscheibenheizung
Fläche und Durchmesser der Heizspirale hängen vom Autotyp ab. Bei verschiedenen Fahrzeugtypen muß mit unterschiedlichem Strahlungsverhalten gerechnet werden. Die im 2-m-Band aufgezeichneten Diagramme zeigen eine starke Aufzipfelung. Die Diagramme im 8-m-Band weisen eine relativ gute Rundstrahlcharakteristik auf.

. Fahrzeugunterseite
Antennen an der Fahrzeugunterseite haben den Nachteil, daß ihr Strahlungsdiagramm sehr stark von der Fahrzeuggeometrie beeinflußt wird. Abschattungs- und Reflexionseffekte führen zu einer starken Aufzipfelung.

. Auspuffblende
Wenn die Auspuffblende als Antenne präpariert wird, gilt das zur Fahrzeugunterseite Gesagte.

. Vorhandene Stabantenne mit Frequenzweiche
Die Antenne wurde an verschiedenen Stellen im Innenraum angebracht, in der Polsterung, im Armaturenbrett, in der Hutablage, der Innenseite der Heckscheiben und im Türholm. Dabei traten erhebliche Abschattungs- und Reflexionsverluste auf, vor allem bei Anbringung in der Polsterung . Die Rundstrahlcharakteristik war im 8-m-Band besser als im 2-m-Band.

. Schleppantenne
Anbringungsorte sind die hintere Stoßstange oder die Kfz-Unterseite. Bei einem längeren Antennendraht besteht die Gefahr der Entdeckung oder Beschädigung.

. Rückspiegel
Die am Kotflügel befestigte Rückspiegelantenne (MBB-Entwicklung) weist ein besseres Rundstrahldiagramm auf als der als Antenne präparierte serienmäßig vorgesehene Rückspiegel, dessen Rundstrahl charakteristik durch die Nähe des Türholms sehr gestört wird. Zusätzlich bietet sich die Möglichkeit, den Sender in den Rückspiegel mit einzubauen.

Im zweiten Teil der Untersuchungen wurden vor allem Reichweitenmessungen vorgenommen und die Ausbreitungsbedingungen im 2-m- und 8-m-Band untersucht. Neben theoretischen Überlegungen zur Freiraumdämpfung und zu verschiedenen Einfluß-Parametern (Reflexionen, Antennenhöhe, Hindernisse, Fahrzeugbewegung und Polarisation) wurden Meßfahrten in Gebieten mit verschiedener Bebauungsdichte und Geländeformen durchgeführt. Die rund eine Million Meßwerte wurden in einer Rechenanlage ausgewertet. (Wortlaut des Untersuchungsberichtes von MBB vgl. Anlage).

\- Die Verfassungsschutzorgane haben mit dem Sprachverschleierungsgerät Vericrypt folgende Erfahrungen gesammelt:

Das neukonzipierte Vericrypt-Sprachverschleierungsgerät läßt sich an allen Handfunksprechgeräten nach BOS betreiben (eine Ausnahme bildet das FuG 10 der Fa. Bosch, dessen zu knapp bemessener Stromversorgungsteil ein Zusammenarbeiten mit dem Vericrypt beim Sendebetrieb nicht zuläßt. Die Batterie entlädt sich zu rasch).

1 — Bei der Anpassung der Vericrypt-Geräte an das Handfunksprechgerät muß auf die richtige Steckerbelegung geachtet werden. Eine elektronische Codespeicherung mit einem besonderen Code-Programmiergerät von der Größe eines Handfunksprechgerätes gibt

dem System zusätzliche Sicherheit. Beim Anlauf des Gerätes wird zur Synchronisation eine Zeit von ca. zwei bis drei Sekunden benötigt. Die gleiche Einlaufzeit benötigt das Gerät, wenn im laufenden verschleierten Funkverkehr eine Unterbrechung von ca. 10 Minuten eintritt. Nach dieser Zeitspanne findet eine Neusynchronisation zwischen den betriebenen Geräten statt.

Der Mobiladapter hat die Breite eines normalen Autoradios und die doppelte Länge eines Autoradios.

Die Gerätepreise sind 4 080 DM für das Grundgerät,
820 DM für den Adapter,
250 DM für den Kabelsatz,
1 250 DM für den Mobiladapter und
850 DM für das Eingabegerät.

Bei der Anpassung der Geräte an das FuG 10 und FuG 10 a sollten folgende Veränderungen vorgenommen werden: Beim Telefunkengerät mit Induktionsgarnituranschluß muß die Brücke A – F aufgetrennt werden. Das Mikrofon wird auf Punkt G, die Spule auf Punkt A gelegt. Unterhalb der 12poligen Buchse sollte eine Trennung der Brücke schon vom Werk vorgenommen werden, da eine spätere Veränderung kaum möglich ist.

2 —

- Das B-Netz des öffentlichen beweglichen Landfunks wird von der Deutschen Bundespost auf 1 300 Teilnehmer beschränkt. Die 39 verfügbaren Kanäle im B-Netz sind technisch ausgeschöpft.

Das neue B 2-Netz mit 76 Kanälen wird voraussichtlich erst Mitte 1980 in Betrieb genommen. Der Neuausbau des B 2-Netzes wird eine Gebührenerhöhung zur Folge haben.

Bei Neuanmeldungen treten erhebliche Verzögerungen auf, da der Rufnummernmangel sehr groß ist. Eine bevorzugte Abgabe von Rufnummern an die Verfassungsschutzorgane ist dem Bundespostministerium zufolge kaum möglich.

- Die Deutsche Bundespost ist nicht bereit, Sprachverschleierungsgeräte in Verbindung mit öbL-Anlagen zuzulassen. Die DBP gestattet weder eine akustische Kopplung, noch eine galvanische Kopplung nach der FTZ-Abnahme der öbL-Anlagen. Das gilt auch für die Verfassungsschutzorgane.

- Die Verfassungsschutzorgane benutzen bewegbare Funkfernsprechanschlüsse zum Einsatz u. a. in KW ohne festen Fernsprechanschluß. Sie verwenden dafür z. B. einen mit separatem 12/220 Volt-Netzteil ausgestatteten Aluminiumkoffer als konspiratives Behältnis. Im Koffer ist auch ein kompletter Kabelsatz untergebracht. Bei Bedarf wird eine aus einem Kfz entnommene öbL-Anlage (Bediengerät und Sende-Empfangsgerät) in das vorbereitete Behältnis umgesetzt und genutzt. Als Antenne dient eine auf dem Kofferdeckel angebrachte Wendelantenne. Die mit dieser Vorrichtung geführten Gespräche haben eine gute Qualität.

- Die westdeutsche Industrie hat den Induktionsempfänger Teleduktor weiterentwickelt. Die neue Generation ist in der Bauart schlanker und trotzdem in der Lautstärke wirkungsvoller.

- Die Entwicklung des Projektes "ORGEL" ist noch nicht abgeschlossen. An praktikablen Lösungen wird weiter gearbeitet. Bei dem Gerät handelt es sich um einen Sender,

BStU
000009

/4

der einen Scheinfunkverkehr auf allen verfügbaren Kanälen mit unterschiedlicher Feldstärke vornimmt. Durch die Belegung aller Betriebskanäle wird es nicht möglich sein, mit einem automatischen Abtastempfänger den echten laufenden Observationsfunkverkehr auf dem benutzten Kanal zu erkennen.

- ZurErgänzung und Vervollkommnung der herkömmlichen Observationsmethoden plant das Bundesamt für Verfassungsschutz die Aufstellung und den Einsatz eines sog. Spurverfolgungstrupps, der selbständig Markierungssender an das Zielfahrzeug anbringen und dieses Fahrzeug dann verfolgen und aufspüren soll. Dieser Trupp muß noch aufgabenspezifisch ausgebildet werden und wird erst nach einer bestimmten Einarbeitungszeit einsatzbereit sein.

  Nach den bisherigen Vorstellungen und Erfahrungen arbeitet der Trupp wie folgt: An das Zielfahrzeug wird ein Markierungssender mit ca. 30 mW Ausgangsleistung angebracht. Die Betriebsfrequenz liegt im 8-m-Band. Befestigen kann man einen solchen Sender z. B. mit einer Schelle am Auspuffrohr. Die Stromversorgung besteht aus zwei 9-Volt-Batterien, die einen Betrieb von etwa 15 Tagen ermöglichen sollen. Zur Erkennung wird der Sender im 6-Sekunden-Takt getastet. Als Ortungsgerät dient ein Empfänger mit Anzeigegerät. Auf Instrumenten wird die Feldstärke des einfallenden Signals und die Richtung des Fluchtfahrzeuges angezeigt. Zwei unauffällig angebrachte Antennen werden elektronisch abgetastet. Bei Probeeinsätzen hat die Anlage mit Erfolg bis zu 6 km Entfernung im offenen Gelände und bis zu 2 km im Stadtgebiet gearbeitet. Der Preis der Anlage soll bei 30 000 DM liegen. Bei der Polizei werden Spurverfolgungssysteme bei Geiselnahmen eingesetzt.

- Die neuen Fernseh-Übertragungs-Sendesysteme für den nichtöffentlichen beweglichen Landfunkdienst (Industrie-Fernsehen) sollen nicht wie bisher im 442 bis 448 MHz-Bereich, sondern in Zukunft im 2,3 GHz-Bereich senden. Damit wird eine Übertragung über Richtfunkstrecken mit Parabolspiegelantennen erforderlich.

Anlage XI

Die NATO-Geheimarmee »Gladio«

Im Zusammenhang mit der Aufklärung subversiver Strategien der imperialistischen Staaten und von Sonderoperationen im Zusammenhang mit der Kriegsvorbereitung tauchten wiederholt NATO-Strukturen unter der Bezeichnung GLADIO auf

Gladio ist die allgemein gebräuchliche Kurzbezeichnung für die Geheimarmeen der NATO, die seit Ende des Zweiten Weltkrieges in fast allen Ländern Westeuropas aufgebaut wurden.

Der Name geht auf das zweischneidige Kurzschwert der römischen Gladiatoren zurück und wurde ursprünglich als Tarnbezeichnung für die italienischen Strukturen der Geheimarmee verwendet. Später diente Gladio als Synonym für die gesamte Geheimarmee, obwohl deren nationale Strukturen ganz unterschiedliche Tarnnamen führten.

Die Geheimarmee hatte von Anfang an eine strategische Doppelfunktion.

Zum einen sollte sie als militärische Widerstandsorganisation bzw. als Kern von umfassenderen örtlichen Widerstandsgruppen im Falle einer angenommenen sowjetischen Invasion in Westeuropa dienen. Dazu wurde sie aus NATO-Beständen entsprechend ausgerüstet und durch Ausbilder aus geheimdienstlichen Spezialeinheiten der Streitkräfte der NATO-Mitglieder regelmäßig trainiert. Zu ihren Aufgaben sollten nachrichtendienstliche Aufklärungsoperationen, Sabotageakte gegen Produktionsstätten oder Nachschublinien der angenommenen Besatzungskräfte oder die Evakuierung abgeschossener Piloten der alliierten Streitkräfte gehören.

Der Tätigkeit dieser Widerstandsgruppen lag folgende Philosophie der CIA, von ihr als Lehren aus dem Zweiten Weltkrieg zusammengefasst, zu Grunde:

1. Es ist äußerst schwer, effiziente Spionage-Netzwerke und effektive Widerstandsgruppen in okkupierten Ländern von außen her zu errichten, wenn nicht zuvor bereits tiefgründige Vorberei-

tungen, einschließlich der Ausbildung des Personals und der Bereitstellung von Material, erfolgt sind.

2. Demokratische Institutionen in ihrer Entwicklung sind leicht das Opfer von gut organisierten kommunistischen Netzwerken, wenn diesen nicht von ähnlichen antikommunistischen Netzwerken Widerstand entgegengesetzt wird.

Zum zweiten stellten die Gladio-Gruppierungen mit ihren vielfältigen Verflechtungen zu den Geheimdiensten ihrer Länder, zu rechtsextremistischen und antikommunistischen Organisationen und Führungspersönlichkeiten einen aktiven Faktor zur Auslösung innenpolitischer Spannungen in ihren Ländern dar. Das sollte insbesondere dann wirksam werden, wenn in diesen Ländern eine linksorientierte, demokratische Entwicklung unter Einbeziehung von Vertretern sozialistischer oder kommunistischer Parteien in Regierungsverantwortung drohte. In den Jahren nach 1990 zugänglich gewordene Quellen beweisen, dass Gladio-Strukturen für eine ganze Reihe terroristischer Operationen und Verletzungen der Menschrechte, die meist auch noch linken Organisationen angelastet wurden, verantwortlich waren. Das betraf z.B. Bombenattentate in Zügen und auf Märkten mit einer Vielzahl von Todesopfern (Italien, Belgien), die Anwendung systematischer Folter von Regimegegnern (Türkei), Organisierung bzw. Unterstützung rechter Staatsstreiche bzw. Staatsstreichversuche (Griechenland, Türkei, Italien) bis hin zur Zersetzung oder Liquidierung oppositioneller Gruppen (Spanien, Portugal). Die Grundkonzeption bestand darin, durch Terrorakte mit hohen Opferzahlen Angst und Schrecken in der Bevölkerung zu verbreiten, eine »Strategie der Spannungen« auszulösen und dies mit vielfältigen Desinformations-Maßnahmen den Linken anzulasten.

Beide Einsatzkonzeptionen waren von ihrer Gründung an in der Entwicklung und Tätigkeit der Gladio-Gruppen in allen beteiligten Ländern angelegt.

Eine der historischen Wurzeln bestand in der »Werwolf«-Idee des deutschen Faschismus und wurde von den geistigen Vätern der Gladio-Strukturen aus amerikanischen und britischen Geheimdiensten dankbar aufgegriffen. Das betraf auch Konzeptionen und Maßnahmen des Reichssicherheitshauptamtes (RSHA), in denen konkrete Programme zur Schaffung von »Überrollgruppen« mit Kollaborateuren beim Rückzug der faschistischen Wehrmacht aus den besetzten Ländern realisiert werden sollten und auch praktiziert wurden.

Aber auch die westlichen Alliierten hatten ähnlich gelagerte Pläne bereits während des Zweiten Weltkrieges.

Zu den geistigen Vätern des Konzepts gehörte der spätere Leiter der Gegenspionage in der CIA, James Jesus Angleton, der 1945 einem Spezialkommando des *Office of Strategic Services* (OSS) in Italien angehörte, das zum Aufspüren und zur Liquidierung der *Stay-behind*-Agenten der deutschen Faschisten eingesetzt werden sollte. Es ist bezeichnend für die Geisteshaltung von Angleton, dass er vorschlug, diese Agenten nicht zu liquidieren, sondern sie für den amerikanischen Geheimdienst anzuwerben und in ihren vorgesehenen Funktionen weiter zu nutzen.

Einer der engsten Verbündeten des OSS in Italien wurde der berüchtigte Faschist Prinz Valerio Borghese, der unter Mussolini mit einer Kommandoeinheit (Decima MAS) Kommunisten und Partisanen gejagt hatte. Angleton befreite unter Missbrauch seines Status' als US-Offizier im April 1945 Borghese aus der Gefangenschaft von Partisanen und stellte ihn unter den Schutz des amerikanischen Geheimdienstes. Später war Borghese als Anführer rechtsextremistischer Organisationen (*Ordine Nuovo* und *Avanguarda Nazionale*) verantwortlich für die Auslösung mehrer Staatsstreiche (u. a. 1964 Operation Piano Solo) in Italien. Auf diesen politischen und personellen Grundlagen wurden erste Strukturen geheimer Widerstandsgruppen bereits unmittelbar nach Ende der Kampfhandlungen des Zweiten Weltkriegs aufgebaut.

Unsere Analysen ergaben: Das Projekt des Aufbaus und Einsatzes von »Überrollgruppen« (»Stay-behind-Gruppen«) war eine US-amerikanische Planung, die aber von Anfang an – wenn auch unter strikter Kontrolle durch die Vereinigten Staaten – in die NATO-Strukturen eingebunden wurde und Potenzen der NATO nutzen sollte. Leitung und Koordinierung der Einsatzplanungen, Ausrüstung und Ausbildung der nationalen Überrollgruppen wurden zwei streng geheimen Gremien im NATO-Hauptquartier SHAPE übertragen, dem *Coordination and Planning Committee* (CPC) und dem *Allied Coordination Committee* (ACC).

Die Aufklärungsorgane der DDR, insbesondere die Funkaufklärung (HA III), hatten schon frühzeitig Signale über die Existenz geheim operierender Gruppen in der BRD und anderen europäischen Ländern erhalten. Vor allem die Aktivitäten von Funknetzen bei den regelmäßigen Übungen der Überrollgruppen boten Anlass und Ansatzpunkte für eine Aufklärung von Strukturen, Aufgabenstellungen und Personal einiger der Gruppen.

Quellen der Aufklärung und der Spionageabwehr in sensiblen Bereichen der Geheimdienste und Abwehrorgane der BRD sowie in NATO-Strukturen konnten zur weiteren Aufklärung der geheimen Strukturen wesentliche Beiträge liefern.

Wir waren dadurch in der Lage, zunehmend die personelle Zusammensetzung einzelner Überrollgruppen der Stay-Behind-Organisation des BND und die Standorte ihrer Führungsstellen und Ausbildungsplätze zu erfassen. Da von diesen Strukturen keine unmittelbare Gefährdung der DDR ausging, ihre Gefährlichkeit erst für den Kriegsfall, den unsere Außenpolitik ja vermeiden wollte, relevant wurde, erfolgte keine intensive Verarbeitung der gewonnen Erkenntnisse. Sie waren Bestandteil unserer Dokumentationen über Elemente der Kriegsvorbereitung imperialistischer Staaten, insbesondere der NATO.

Als ein Beispiel für die Informationsbeschaffung und die Aufgaben der weiteren Aufklärung kann der Bericht des Leiters der Funkaufklärung der DDR an den stellvertretenden Minister für Staatssicherheit der DDR, Generalleutnant Neiber, vom 6. November 1984 dienen. (*Anlage IV*)

Für die Öffentlichkeit blieben die Geheimarmeen der NATO über Jahrzehnte »das bestgehütete und schädlichste politisch-militärische Geheimnis seit dem Zweiten Weltkrieg«, wie es die britische Tageszeitung *The Observer* bezeichnete.

In früheren Jahren waren ab und zu Hinweise auf die Tätigkeit der Geheimarmee in die Öffentlichkeit einzelner Länder gelangt, die aber nach kurzer Zeit wieder unterdrückt werden konnten. Erst Anfang August 1990 löste der italienische Ministerpräsident Andreotti mit einer öffentlichen Erklärung, dass eine mit der NATO in Verbindung stehende geheime Sicherheitsstruktur im Lande existiert habe, weitergehende Untersuchungen aus.

Die Auswirkungen in der europäischen Öffentlichkeit waren so nachhaltig, dass sich selbst das EU-Parlament im November 1990 mit diesem Phänomen beschäftigen musste. Am 22. November 1990 diskutierten Vertreter der damals zwölf Mitgliedsländer der EU – die alle mit Gladio-Strukturen konfrontiert waren – die Hintergründe und möglichen Auswirkungen der NATO-Geheimarmeen. Während dieser Sitzung erklärte der griechische EU-Parlamentarier Ephremidis: »Herr Präsident, das Gladio-System operierte vier Jahrzehnte lang unter verschiedenen Namen. Gladio operierte im Geheimen, und wir haben das Recht, anzunehmen, dass jeglicher Terrorismus, der sich in diesen vier Jahrzehnten in unseren Ländern ereignete, sei es aktiv oder passiv, mit den Geheimarmeen zu tun hatte. [...] Es ist Tatsache, dass es von der CIA und der NATO aufgebaut wurde, die, während sie vorgaben, die Demokratie verteidigen zu wollen, diese tatsächlich unterminieren und sie für ihre eigenen ruchlosen Zwecke nutzen.«

Das EU-Parlament verabschiedete noch am gleichen Tag eine Resolution. In der Präambel heißt es:

1. In Anbetracht der Enthüllungen durch mehrere europäische Regierungen über die 40-jährige Existenz eines geheimen und parallelen Geheimdienstes und über bewaffnete Operationen in mehreren Mitgliedsstaaten der Europäischen Gemeinschaft,

2. da diese Organisation sich über 40 Jahre lang jeglicher demokratischer Kontrolle entziehen konnte und von den Geheimdiensten der betroffenen Staaten, die mit der NATO zusammenarbeiten, geführt wurde,

3. befürchten wir die Gefahr, dass solche geheimen Netzwerke illegal auf die internen Angelegenheiten von Mitgliedsstaaten Einfluss genommen haben und es auch immer noch tun.

4. Indessen waren in mehreren Mitgliedsstaaten militärische Geheimdienste (oder deren unkontrollierte Abteilungen) in schwere Fälle von Terrorismus und Verbrechen verwickelt, wie durch mehrere gerichtliche Ermittlungen festgestellt wurde.

5. Während diese Organisationen völlig außerhalb des Gesetzes operierten und dies auch weiterhin tun, unterliegen sie keinerlei parlamentarischer Kontrolle, und sehr häufig kommt es vor, dass Personen in höchsten Regierungsämtern und in höchsten Verfassungsorganen über diese Angelegenheiten völlig im Dunkeln gelassen wurden.

6. Den verschiedenen Gladio-Organisationen hingegen stehen unabhängige Waffenarsenale und militärische Mittel zur Verfügung, was ihnen eine unbekannte Schlagkraft verleiht, wodurch die demokratischen Strukturen der Länder, in denen sie operieren oder operierten, auf Spiel gesetzt werden.

7. Wir sind äußerst besorgt über die Existenz von Organisationen, die Entscheidungen treffen und ausführen, sich aber außerhalb jeglicher parlamentarischer Kontrolle befinden, völlig geheim sind und dies in einer Zeit, in der eine umfangreichere Zusammenarbeit der Gemeinschaft auf dem Gebiet der Sicherheit ständig zur Diskussion steht.

Mit dieser Resolution brachte das EU-Parlament sinngemäß zum Ausdruck:

1. Verurteilt das EU-Parlament die heimliche Schaffung manipulierender und operativer Netzwerke und fordert eine vollständige Untersuchung der Art, der Struktur, der Ziele und aller anderen Aspekte dieser Geheimorganisation oder jeglicher Splittergruppen, ihre Nutzung zu illegalen Einflüssen auf die internen politischen Angelegenheiten der betroffenen Länder, das Problem des Terrorismus in Europa und die mögliche heimliche Absprache unter den Geheimdiensten der Mitgliedsstaaten oder mit denen von Drittländern.

2. Protestiert die EU energisch gegen die Annahme gewisser amerikanischer Militärs im SHAPE und in der NATO, welche glauben, das Recht zu haben, ein heimliches Netzwerk von Geheimdiensten und operativen Einheiten in Europa etablieren zu dürfen.

3. Fordert die EU die Mitgliedsstaaten auf, alle geheimen militärischen und paramilitärischen Netzwerke abzubauen.

4. Fordert die EU von den Gerichtsbarkeiten der Länder, in denen die Präsenz solcher militärischer Organisationen festgestellt wurde, ihre Zusammenstellung und ihre Operationsweise vollkommen aufzuklären und jegliche Aktionen zu klären, die sie unternommen haben, um die demokratischen Strukturen des Mitgliedsstaates zu destabilisieren.

5. Bittet die EU alle Mitgliedsstaaten die erforderlichen Maßnahmen zu ergreifen, falls erforderlich durch die Einrichtung parlamentarischer Untersuchungsausschüsse, eine vollständige Liste der auf diesem Gebiet aktiven Organisationen zu erstellen und

gleichzeitig deren Verbindungen zu entsprechenden staatlichen Geheimdiensten und ihre Verbindungen, falls vorhanden, zu terroristischen Gruppen und/oder anderen illegalen Vorfällen zu beobachten.

6. Verlangt die EU von den Ministerräten umfassende Unterrichtung über die Aktivitäten der Geheimdienste und der operativen Dienste.

7. Sollte der zuständige Ausschuss des Parlaments eine Anhörung abhalten, um die Rolle und den Einfluss der Gladio-Organisation und ähnlicher Einrichtungen klarzustellen.

Das Europäische Parlament beauftragt seinen Präsidenten, diese Resolution an die Kommissionen, den Rat, den Generalsekretär der NATO, die Regierungen der Mitgliedstaaten und die Regierung der Vereinigten Staaten zu übermitteln.

Diese erstmalige und einmalige, aber eindeutige Stellungnahme der Europäischen Union zu Gladio erbrachte kaum Reaktionen. Keine der Forderungen der Resolution wurde in den Mitgliedsstaaten zufriedenstellend umgesetzt. Nur in drei Ländern befassten sich parlamentarische Untersuchungskommissionen mit den dortigen Stay-behind-Strukturen – in Belgien, der Schweiz und in Italien. Weder die NATO in Person ihres Generalsekretärs Manfred Wörner noch die Regierung der Vereinigten Staaten unter Präsident Bush sen. reagierten zum Zeitpunkt der Befassung der EU mit diesem Thema in irgendeiner Form mit einer öffentlichen Erklärung.

Jedoch erfuhr die Öffentlichkeit Stück für Stück über die Medien und investigative Publizisten Einzelheiten über den Umfang und die ganze Gefährlichkeit dieser Geheimarmeen. Im neutralen Österreich wurden z. B. insgesamt 80 geheime Waffendepots aufgedeckt. In jedem von ihnen waren nach offiziellen Angaben jeweils Sprengstoff, automatische und panzerbrechende Waffen sowie Munition in Größenordnungen eingelagert, die für die Ausrüstung von ca. 200 Terroristen ausreichten.

Eingriffe in politische Prozesse der Teilnehmerstaaten von Gladio erfolgten nicht nur durch Militärputsche oder Terroranschläge, es gab auch subtilere Methoden. So enthüllte der Schweizer Historiker Daniele Ganser in seinem Buch »NATO-Geheimarmeen in Europa. Inszenierter Terror und verdeckte Kriegsführung (*Orell Füssli Verlag AG, Zürich 2008*) im Kapitel »Der geheime Krieg in

Dänemark« auf S. 272f.: »Da die Geheimarmee im Dunklen operierte, wurden die Spuren verwischt. Das einzige Mal, als die breitere Öffentlichkeit etwas von den inländischen Operationen von Absalon [*Tarnbezeichnung der Gladio-Struktur in Dänemark – d. Hrsg.*] bemerkte, war im Jahr 1974. In diesem Jahr hatte Absalon vergeblich versucht zu verhindern, dass eine Gruppe linksgerichteter Wissenschaftler Mitglieder der Leitung der dänischen Universität in Odense wurden, welche von der Geheimarmee als linkslastig eingeschätzt wurde. Als die Absalon-Operation aufflog, weckte dies viel Aufmerksamkeit bei den Medien und verursachte viel Medienrummel über diese geheimnisvolle Untergrundorganisation. Zu dieser Zeit konnte niemand die Verbindung zwischen der NATO, der CIA und dem internationalen Stay-behind-System aufdecken.

Nach dem Skandal an der Universität in Odense zog sich Absalon angeblich in den Untergrund zurück und baute Tarnorganisationen auf, die ihre Ideologie fördern sollten.«

Teilnehmer der internationalen Konferenz »Die Hauptverwaltung A – Geschichte, Aufgaben, Einsichten« am 17./18. November 2007 an der Süddänischen Universität Odense erinnern sich an den plötzlichen Meinungsumschwung beim Veranstalter. Zunächst hieß es, die Veranstaltung sei Beitrag und Ausdruck der Freiheit der Wissenschaft. Doch dann war von dieser »Freiheit« bicht mehr die Rede, und die Teilnehmer aus der HV A, die als Zeitzeugen ihr Wissen mitteilten, wurden als uneinsichtig und unverbesserliche Ewig-Gestrige denunziert. Reichte diese politische Kehrtwende bis 1974 zurück?

Die Stay-Behind-Organisation (SBO) in der Bundesrepublik

In der Bundesrepublik erhielten die Gladio-Strukturen als Bestandteil des Bundesnachrichtendienstes die dienstinterne Bezeichnung *Stay-Behind-Organisation* (SBO). Im BND-Katalog der ND-Begriffsbestimmungen (*d. h. nachrichtendienstliche Begriffsbestimmung – d. Hrsg.*) wird die SBO definiert als »Gesamtheit aller ND-Verbindungen, die den Auftrag haben, bei Feindbesetzung im Land zurück zu bleiben und geheime Nachrichten zu beschaffen, geheimdienstliche Aktionen durchzuführen und die nachrichtendienstliche Arbeit, insbesondere durch Schleusungen zu unterstützen.«

Das durch den BND aufzubauende SBO-Netz sollte rund 50 militärische, 125 allgemeine und 25 »Schleusungs«-Quellen umfassen. In der BND-Zentrale wurden 75 Planstellen für die »Steuerungsorganisation« eingerichtet. Die Gesamtzahl der nachrichtendienstlichen Verbindungen (sprich: Agenten) wurde offiziell mit rund 500 angegeben. Zu Beginn der 90er Jahre sollen noch 104 Agenten für die SBO tätig gewesen sein.

Strukturell wurde die SBO im BND in der Unterabteilung 12 – Sowjetblock – beim Referat »DDR-Operativ« im Sachgebiet Militär (UA 12 CC – DDR-MIL) angesiedelt, ein deutlicher Hinweis darauf, dass als Operationsgebiet der bundesdeutschen SBO das Territorium der DDR vorgesehen war.

Nach BRD-Regierungsangaben wurden die inhaltlichen Aufgaben und personellen Komponenten für die Aktivitäten des politisch-militärischen Widerstandes allmählich zurückgefahren, die »nachrichtendienstlichen Aufgaben« blieben erhalten.

Die SBO der BRD fand ihren historischen Ausgangspunkt in dem rechtsextremistischen »Bund der Jugend« (BDJ) und dem angegliederten geheimen »Technischen Dienst« (ursprünglich *U.S. Technical Service* im Labor Service der US Army), die unter Anleitung der amerikanischen Geheimdienste und mit Führungspersonal aus SS, Wehrmacht und dem RSHA Anfang der 50er Jahre den Aufbau von Geheimkommandos organisierten. Dem BDJ standen Gelder des Gesamtdeutschen Ministeriums der BRD in Höhe von jährlich 50.000 DM zur Verfügung.

Für den »Ernstfall« waren »schwarze Listen« zur Liquidierung »oppositioneller« Personen erstellt worden, an deren Spitze Kommunisten und führende Sozialdemokraten, darunter Ollenhauer und Wehner, standen. Einer der Führer des technischen Dienstes war der enstige Offizier der Abwehr in der faschistischen Wehrmacht, Dieter von Glahn, der später in der Internationalen Gesellschaft für Menschenrechte an führender Stelle tätig war.

Glahn beschrieb in einem Interview 1990 die Aufgaben des »Technischen Dienstes« mit folgenden Worten: »Unser Auftrag und unsere Organisation war deckungsgleich mit dem, was man heute über Gladio weiß.«

Von Seiten der CIA war der in Bonn-Königswinter residierende

Mitarbeiter Lawrence M. Connell für die Aktionen des BDJ verantwortlich. Connell versuchte später, die Nachfolgeorganisation des BDJ, genannt »Kameradschaftsbund deutscher Jugend« (KDJ) in die Gladio-Aktivitäten einzubeziehen. Das Vorhaben scheiterte, als der Vorsitzende des KDJ, Karl Sennst, in die DDR übertrat und diese Pläne enttarnte.

1952/53 gab es außerdem Pläne des amerikanischen Geheimdienstes, das Netz der Verbindungsleute des »Untersuchungsausschuss freiheitlicher Juristen« (UfJ) als »Überrollgruppen« in die NATO-Strukturen zu integrieren.

Kommandogruppen dieser Szene wird auch die Verantwortung für den Bombenanschlag auf das Oktoberfest am 26. September 1980 in München zugeschrieben. 13 Tote und 219 Verletzte waren Opfer dieses Attentats, dessen Spuren in Richtung Gladio führten. Einer der Hauptakteure im Hintergrund war der Rechtsextremist Heinz Lembke. 1981 konnte die Polizei in der Lüneburger Heide 33 Depots ausheben, in denen Lembke Schusswaffen, 156 Kilo Sprengstoff, 50 Panzerfäuste, 258 Handgranaten, ABC-Schutzausrüstungen sowie chemische Kampfstoffe, darunter Arsen und Zyankali, gelagert hatte. Ein Ausrüstungspotential, das ohne Hilfe aus offiziellen Beständen nicht erreichbar war. Immerhin lagerten in den Depots auch Bundeswehrunterlagen zur Ausbildung über Sprengen, Minenlegen und Panzerabwehr. Einen Tag, bevor Lembke der Staatsanwaltschaft die Herkunft dieser Ausrüstungen erklären wollte, fanden ihn Vollzugsbeamte tot in seiner Zelle. Ein mysteriöser »Selbstmord«.

Mit den Enthüllungen in Italien und den Diskussionen im Europaparlament mussten nun auch die Bundesregierung und der Deutsche Bundestag endlich aktiv werden. Neben parlamentarischen Anfragen der Grünen forderte auch die Gruppe der PDS/Linke Liste Antworten auf drängende Fragen. Hier eine Wiedergabe des Frage- Antwortspieles zwischen Opposition und Bundesregierung – mit der einiges enthüllt, vieles aber auch offen oder verdeckt weiterhin verschleiert wurde.

Deutscher Bundestag
Drucksache 12/890
12. Wahlperiode
1. Juli 1991

Antwort der Bundesregierung auf die Kleine Anfrage der Abgeordneten Ulla Jelpke und der Gruppe der PDS/Linke Liste
– Drucksache 12/750 –

Enthüllungen über »Gladio«

Die taz vom 5. Juni 1991 berichtete, dass in Italien durch Indiskretion ein Dossier des Bundesnachrichtendienstes (BND) bekannt wurde, aus dem hervorgeht, daß die in vielen europäischen Ländern enttarnten Stay-behind-Organisationen keine regulären NATO-Geheimorganisationen waren, sondern ausschließlich mit dem amerikanischen CIA in bilateralen Absprachen eingerichtet worden sind. Für die Bundesrepublik Deutschland hatte der Staatsminister im Bundeskanzleramt, Dr. Lutz Stavenhagen, erklärt: »Eine NATO-Geheimtruppe Gladio gab es nicht.«(Drucksache 11/8483)

1. In welchem Zeitraum ist die Stay-behind-Organisation (SBO) in der Bundesrepublik Deutschland tätig gewesen?

Der Aufbau von Stay-behind-Organisationen der NATO-Staaten begann bereits kurz nach Ende des Zweiten Weltkrieges. Die Elemente der von alliierten Nachrichtendiensten auf deutschem Territorium bis 1955 aufgebauten Nachrichtenbeschaffungs- und Schleusungsorganisation wurden vom Bundesnachrichtendienst ab 1956 übernommen.
Die im Herbst 1990 beschlossene Auflösung der SBO ist im wesentlichen vollzogen und wird noch vor Ende des laufenden Jahres abgeschlossen sein.

2. In welchen Aufgabenbereichen war die SBO tätig?
3. Mit welchen Befugnissen war die SBO ausgestattet?

Mit Stay-behind sollte sichergestellt werden, dass die geheime Informationsbeschaffung auch aus solchen Gebieten funktioniert, die in

einem eventuellen Kriegsfall vom Gegner besetzt werden würden. Die nachrichtendienstlichen Verbindungen wurden dafür ausgebildet, sich in einem Kriegsfall gegebenenfalls »überrollen« zu lassen, um dann aus dem besetzten Gebiet heraus unerkannt Informationen – vor allem Beobachtungen über militärische Maßnahmen der Besatzungsmacht – in die Zentrale des BND zu funken. Sie wurden auch dafür ausgebildet, im Bedarfsfall geheime Schleusungen von Personen oder von Material aus dem besetzten Gebiet heraus oder in das besetzte Gebiet hinein leisten zu können.
In den Jahren bis 1983 gab es auch eine Komponente zur Ausbildung von Personen, die in dem besetzten Gebiet Sabotagehandlungen gegen die Besatzungsmacht durchführen bzw. Widerstandsgruppen organisieren und führen können sollten. Diese »Widerstandskomponente« im Stay-behind-Programm ist jedoch schon seit Anfang der siebziger Jahre schrittweise reduziert worden. Ende 1983 hat der BND diese Vorbereitungen von sich aus ganz eingestellt, da sie nicht zu seinen Aufgaben gehörten.
Die SBO hatte keine weitergehenden Befugnisse.

4. Mit welcher Organisations- und Befehlsstruktur war die SBO ausgestattet?
5. Über welche Einrichtungen verfügte die SBO in der Bundesrepublik Deutschland?

Diese Fragen haben nachrichtenddienstliche Organisationsstrukturen und Einzelvorkehrungen zum Gegenstand, über die die Bundesregierung nur die dafür zuständigen parlamentarischen Gremien unterrichten kann.

6. Wie viele Mitarbeiter/Mitarbeiterinnen waren in der SBO tätig?

Die Größenordnung der Stay-behind-Organisation im Bundesnachrichtendienst war einem ständigen Wechsel unterworfen. Ende der fünfziger Jahre umfasste die Organisation ca. 75 hauptamtliche Mitarbeiter. Der Bestand an nachrichtendienstlichen Verbindungen betrug zeitweise bis zu 500 Personen.
Die Anpassung des Konzeptes an die allgemeine Entwicklung der politischen Lage führte später zu einer erheblichen Reduzierung des Personalumfanges.

7. Welche Kontrollmöglichkeiten gab es für die Arbeit der SBO?

Auch dieser Teilbereich nachrichtendienstlicher Tätigkeit unterlag der Kontrolle der dafür zuständigen parlamentarischen Gremien.

8. Wann wurde die Parlamentarische Kontrollkommission über die Existenz und Tätigkeit der SBO informiert?

Die Parlamentarische Kontrollkommission wurde umfassend am 22. November 1990 informiert.

9. Welche bundesdeutschen Minister und Parlamentarischen Staatssekretäre waren wann über die Existenz der SBO informiert worden?

Über die Informationsvorgänge kann keine Übersicht gegeben werden, da sie nicht in jedem Fall in den Akten vermerkt wurden. Es ist jedoch davon auszugehen, dass seit Bestehen der SBO alle im Bundeskanzleramt für die Dienstaufsicht über den Bundesnachrichtendienst zuständigen Minister, Staatsminister bzw. Staatssekretäre im Rahmen der Unterrichtung über Vorkehrungen des Bundesnachrichtendienstes für den Verteidigungsfall informiert wurden.

10. Welche bundesdeutschen Minister und Parlamentarischen Staatssekretäre waren wann für die SBO verantwortlich?

Die politische Verantwortung für den Bundesnachrichtendienst und damit für dessen SBO hatte der jeweilige Chef des Bundeskanzleramtes bzw. vom 17. Dezember 1984 bis zum 2. Mai 1989 der Staatssekretär beim Bundeskanzler.

11. Auf wessen Anregung und Initiative hin wurde die SBO aufgebaut?

Siehe Antwort auf Frage 1.

12. Gab es neben den nationalen Strukturen verbindlich arbeitende internationale Strukturen, und wenn ja, wie sahen die aus?

Nein.

13. gab es regelmäßige oder auch nur gelegentliche internationale Kontakte zwischen Verantwortlichen der SBO, und wenn ja, zu welchen Ländern?
14. Gab es andere ausländische Geheimdienste, die im Zusammenhang mit der SBO auf bundesdeutschem Gebiet operiert haben?

Die Zusammenarbeit mit den Partnerdiensten wurde sowohl bilateral als auch multilateral durchgeführt. Partner in dieser Zusammenarbeit von Nachrichtendiensten waren außer der Bundesrepublik Deutschland: Belgien, Dänemark, Frankreich, Großbritannien, Italien, Luxemburg, Norwegen und die USA.
Gegenstand der Zusammenarbeit waren z. B. gemeinsame Übungen, die Beschaffung einer einheitlichen Funkausrüstung, der Austausch von Ausbildungserfahrungen, die Vereinheitlichung der nachrichtendienstlichen Terminologie u. ä.

15. Wurde die bundesdeutsche SBO auch in anderen Ländern eingesetzt, und wenn ja, wo, wie oft, in welchen Jahren, mit wie vielen Personen und unter wessen Führung?

Nein, es gab nur gemeinsame Übungen im Rahmen der oben geschilderten Zusammenarbeit.

16. Ist die Bundesregierung in der Lage, das jetzige Auftauchen eines BND-Dossiers in der italienischen Öffentlichkeit zu erklären?

Die Pressemeldung vom Auftauchen eines BND-Dossiers in der italienischen Öffentlichkeit trifft nicht zu. Sie könnte auf eine Aufzeichnung zurückgehen, die über das Presse- und Informationsamt der Bundesregierung interessierten Journalisten auf Anfrage zur Verfügung gestellt wurde.

17. Übt der Bundesminister der Justiz, Dr. Klaus Kinkel, nach wie vor eine führende Funktion in der SBO aus?

Nein.

18. Seit wann werden »Harpune«-Funksprechgeräte vom BND benutzt?
Werden diese Funksprechgeräte auch von anderen bundesdeutschen Behörden benutzt, wenn ja, von welchen?

Das Funkgerät HARPOON (SF 5000) wurde in der Stay-behind-Organisation für den Halbjahreszeitraum von Mai bis Herbst 1990 eingesetzt. Es wurde und wird nicht von anderen Behörden genutzt.
19. Welches Funksprechgerät wurde vor dem »Harpune« vom BND und der SBO benutzt und wann ist dieses Vorgängergerät angeschafft worden?

Bis zur Ablösung durch das HARPOON-Gerät im Mai 1990 hat die Stay-behind-Organisation ein Funkgerät mit der Bezeichnung FSS 20 benutzt. Dieses Gerät wurde ab Mitte der 70er Jahre beschafft und ab 1978 eingesetzt.

Die Antwort wurde namens der Bundesregierung mit Schreiben des Staatsministers beim Bundeskanzler, Dr. Lutz Stavenhagen, vom 27. Juni 1991 übermittelt.

Die Geheimhaltung und bewusste Irreführung der Öffentlichkeit fand eine etwas skurrile Fortsetzung im Mai 1994 bei einer Podiumsdiskussion der Alternativen Enquetekommission Deutsche Zeitgeschichte unter dem Titel »Duell im Dunkel« im Berliner Ensemble. Gesprächspartner waren Heribert Hellenbroich, vormals Präsident des Bundesamtes für Verfassungsschutz und kurzzeitig Präsident des BND, Flottillenadmiral Elmar Schmähling, früher Chef des Militärischen Abschirmdienstes, und die letzten Leiter der Hauptverwaltung A des MfS, Markus Wolf und Werner Großmann. In der Diskussion kam aus dem Publikum die Frage nach Gladio, gerichtet an Hellenbroich. Dieser wich aus: »Da bin ich tatsächlich jetzt überfragt. Können Sie etwas dazu sagen?« gab er die Frage an Werner Großmann weiter. »Stay behind – das ist ein anderer Ausdruck dafür«, gab Werner Großmann Hilfestellung. Hellenbroich zuckte die Achseln und murmelte dann: »Das war doch die italienische Geschichte …«

Eine solche Reaktion nach mehreren parlamentarischen Debatten im Europaparlament und im Bundestag ist schon erstaunlich.

Laut *Spiegel* Nr. 47/1990 war Hellenbroich jahrelang Teilnehmer der Sitzungen des Koordinierungsgremiums der NATO für Gladio, dem *Allied Coordination Committee* (ACC).

Es ist deshalb vollkommen berechtigt, wenn der Schweizer Historiker und Friedensforscher Daniele Ganser in einem Interview mit der Tageszeitung *junge Welt* am 31. Januar 2009 zu den aktuellen Aufgaben in Deutschland feststellt: »Ein parlamentarischer Kontrollausschuss müsste die Rolle von Stay-behind in Deutschland und im internationalen Kontext untersuchen. Einerseits unter dem Gesichtspunkt des Rechtsextremismus, der auch beim Oktoberfest-Attentat eine Rolle gespielt hat – andererseits unter dem Gesichtspunkt der NATO-Dominanz. Beides muß ausgeleuchtet werden.

Aber wegen der Dominanz der USA ist das schwierig. Man traut sich nicht, auch viele Deutsche haben Angst. Und damit schließt sich der Kreis: Die Strategie der Spannung erzeugt Angst. Und Angst lähmt. Das ist Ziel dieser psychologischen Kriegsführung. In diesem Angstzustand ist man weder frei noch dynamisch. Deshalb gilt es, diese Strukturen aufzudecken, um sich von der Angst freizumachen – und sich nicht durch Terror in die eine oder andere Richtung, in den nächsten oder übernächsten Krieg hetzen zu lassen. Oder auch in die Intoleranz gegenüber anderen Religionen. Darum geht es in der modernen Friedensforschung.«

Anlage XII

Infiltration des BND – Vortrag von Dr. Gabriele Gast, 2007

Nach der erzwungenen Absage der für Mitte Juni 2007 in Berlin geplanten Konferenz zur Geschichte der HV A und ihrer für uns deutsche Teilnehmer erheblich aufwendigeren Durchführung in Odense erlauben Sie mir eine kurze Vorbemerkung:

Man sollte meinen, dass der Kalte Krieg seit der sogenannten Wende 1989 beendet ist. Nicht so in der Bundesrepublik Deutschland: Hier wird auch 17 Jahre nach der deutschen Vereinigung noch das ganze politisch-ideologische Repertoire des Kalten Krieges in dem Willen bemüht, mit der DDR und ihren Funktionsträgern wegen der vor allem von der amerikanischen Siegermacht betriebenen, freilich nie akzeptierten Teilung des Landes abzurechnen. Die seit ihrem Zusammenbruch pauschale Diffamierung der DDR als angeblicher »Unrechtsstaat« entspringt nicht zuletzt der Sichtweise, dass schon ihre Entstehung aus der sowjetischen Besatzungszone ein unerhörtes Unrecht gewesen sei und nicht die selbstverschuldete Folge des von Hitler vom Zaun gebrochenen Zweiten Weltkriegs.

Verhinderte der Umstand, dass der westdeutsche Teilstaat im wesentlichen mit den Eliten Nazi-Deutschlands wiederaufgebaut worden ist, dort lange Zeit eine sachliche Auseinandersetzung mit dem Nationalsozialismus, so leidet heutzutage die Aufarbeitung der Geschichte des geteilten Landes und vor allem der DDR an der über Generationen verinnerlichten antikommunistischen Grundhaltung. Statt jenseits aller das Denken einschränkenden ideologischen Scheuklappen die deutsche Nachkriegsgeschichte auszuleuchten, geht – wie auch auf dieser Konferenz zu erleben – die psychologische Kriegsführung unvermindert weiter. Und statt gemeinsam diesen gewiß schmerzlichen Prozess zu bewältigen, wird Funktionären und Mitstreitern der DDR – jenseits ihrer rechtlich fragwürdigen Strafverfolgung – jegliches Recht auf Meinungsäußerung abgesprochen. Wie u. a. die Torpedierung dieser Konferenz zeigt, stört es jene, die zu Recht von der DDR Meinungsfreiheit eingefordert haben, keineswegs, nun ihrerseits demokratische Grundrechte zu verletzen, um die Interpretationshoheit über die Geschichte des geteilten Deutschland zu erlangen. Freilich belegen zahlreiche Neuinterpretationen geschichtlicher Prozesse, daß eine einseitige Sicht auf Dauer keinen Bestand hat. Umso mehr ist das Bemühen der Veranstalter dieser Konferenz zu begrüßen, hier und heute auch jene Zeitzeugen zu Wort kommen zu lassen, die im Kalten Krieg für die DDR eingestanden sind.

Und damit zum Thema meines Vortrags: der Infiltration des BND. Heutzutage scheint es ein leichtes zu sein, Mitarbeiter des Bundesnachrichtendienstes zu werden. Zwar versteckt sich der BND noch immer hinter hohen Mauern und Stacheldraht. Doch im Internet hat er das Visier hochgeklappt: Unter *www.bnd.bund.de* schreibt er seine Stellenangebote öffentlich aus und teilt detailliert mit, wie und wo Interessenten sich bewerben können.

In der Zeit des Kalten Krieges, der den historischen Rahmen dieser Konferenz bildet, war das ganz anders. Da wusste man zwar, dass es den westdeutschen Auslandsgeheimdienst gibt, aber ob er Stellen zu besetzen hatte und wie und wo man sich bewerben konnte, war öffentlich nicht bekannt. Nicht einmal ein Türschild wies die Behörde aus und der lapidare Eintrag im Telefonbuch verband mutige Anrufer direkt mit einem ganz auf Abwehr und Abwimmeln eingestellten Mitarbeiter der Sicherheitsabteilung.

Auch behördenintern waren die Schotten dicht gemacht. Alle Mitarbeiter, von der Schreibkraft bis zum Vizepräsidenten, verkehrten untereinander nicht unter ihren tatsächlichen Namen, sondern unter eigens verpassten Dienstnamen, zumeist irgendwelchen Ortsnamen, die dem Autoatlas entlehnt schienen. Damit sollte ihnen zur Erhöhung der inneren Sicherheit der Zugang zu den persönlichen Daten ihrer Kollegen erschwert werden, getreu dem Motto: Was ich nicht weiß, kann ich auch nicht verraten. Entsprechendes galt für die Auto-Kennzeichen, die sozusagen öffentliche Datenträger sind: Wer mit seinem Fahrzeug in die Zentrale einfahren wollte, musste zuvor in der Kfz-Stelle des BND sein Kennzeichen gegen ein sogenanntes Deckkennzeichen eintauschen, das lediglich auf eine Behörde, nicht jedoch auf den Kfz-Halter registriert war.

Denn der BND witterte hinter jedem Baum und Strauch den nachrichtendienstlichen Gegner, und das war zuvorderst die Hauptverwaltung Aufklärung. Wenn man ihr schon nicht das Handwerk legen konnte, so wollte Pullach ihr wenigstens die Ausforschung und Infiltrierung so schwer wie möglich machen. Für seine innere Sicherheit nahm der BND in Kauf, von seinen westlichen Partnerdiensten als psychopathisch belächelt zu werden. Der Schock von 1961, als die vermeintlichen rechten Gesinnungsgenossen und ehemaligen SD-Mitarbeiter Heinz Felfe und Hans Clemens als Agenten des sowjetischen KGB enttarnt wurden, saß zutiefst und die Angst war riesengroß, dass es zu einem neuen Verratsfall in den eigenen Reihen kommen könnte. Man war sich schon deshalb sehr bewusst, Angriffsziel der östlichen Geheimdienste, vor allem der HV A, zu sein, weil auch Pullach es als seine Königsaufgabe betrachtete, Agenten beim gegnerischen Dienst zu plazieren. So brauchte man nur von sich auf die HV A zu schließen, um die eigene Gefährdungslage einzuschätzen und adäquate Sicherheitsvorkehrungen zu treffen.

Wer also beim BND tätig werden wollte, mußte sich darauf einstellen, einem grundsätzlichen Misstrauen der behördeninternen Abwehr zu begegnen. Warum will er ausgerechnet bei uns arbeiten, führt er etwas Böses gegen uns im Schilde oder ist er nachrichtendienstlich »sauber« – das waren stets die unausgesprochenen Fragen, denen sich ein Bewerber zu stellen hatte. Und diese Fragen standen umso alarmierender im Raum, je mehr Eigeninitiative ein Bewerber an den Tag legte. Mit anderen Worten: Eine Selbstbewerbung, ohne jegliche Empfehlung einer mit dem BND in Verbindung stehenden Person oder Institution galt als äußerst verdächtig und war deshalb von vornherein zum Scheitern verurteilt. Das wusste die HV A natürlich. Sie wusste, dass der direkte Weg einer Infiltration des BND so gut wie verschlossen war und dass es nur auf Umwegen gelingen konnte, einen eigenen Agenten in die Reihen des Pullacher Gegners einzuschleusen oder aber einen Mitarbeiter des BND anzubahnen und als Quelle zu gewinnen.

Beide Alternativen erforderten ebensoviel Kleinarbeit wie Glück. Die HV A musste außerhalb wie innerhalb des BND Personenforschung betreiben, um herauszufinden, wer eventuell für eine nachrichtendienstliche Ansprache in Betracht käme. Dazu musste ein genaues Persönlichkeitsbild erarbeitet und das gesamte Umfeld eruiert werden, um die Haltung einer Person und die Möglichkeit ihrer Kontaktierung festzustellen. Zwar war es trotz der Abschottung des BND nicht unmöglich, seine Mitarbeiter auszuforschen und an sie heranzukommen: Da der HV A eine Vielzahl der BND-Objekte bekannt waren, bot sich hier ein Ansatzpunkt für eine systematische Observation, die bis ins Wohngebiet führen konnte. Indes eröffnete die zumeist antikommunistische Einstellung der BND-Mitarbeiter einem sozialistischen Geheimdienst wenig Spielraum für einen Zugang, weil von vornherein die politische Verständigungsgrundlage mit dem potentiellen Agenten fehlte. Zwar ließ sich dieses Manko durch finanzielle Anreize oder eine Anwerbung »unter falscher Flagge« überbrücken, wie es dem KGB 1973 bei der drei Jahre später enttarnten BND-Sekretärin Heidrun Hofer gelang. Doch waren solche nachrichtendienstlichen Verbindungen unter dem Gesichtspunkt der Quellenführung erheblich diffiziler als jene, die auf einer gemeinsamen ideologischen Weltanschauung basierten.

War also eine Infiltration des BND durch Überwerben seiner Mitarbeiter für die HV A sehr schwierig – und gleiches gilt ebenso für die Angriffe des BND gegen die HV A –, so konnte sie doch zumindest auf den Glücksfall hoffen, daß irgendein BNDler durch einen wodurch auch immer verursachten Gesinnungswandel zum Überläufer würde und sich so in den gegnerischen Dienst eindringen ließe. Es ist dies der klassische Weg, auf dem den Geheimdiensten zur Zeit des Kalten Krieges die Infiltration des nachrichtendienstlichen Gegners gelang: Auf diese Weise bekamen z. B. CIA und MI6 den Fuß in die Tür des KGB wie auch umgekehrt, der HV A öffnete sich mit Alfred Spuhler das Allerheiligste Pullachs, die DDR-Aufklärung, und dem BND erschien der HV A-Überläufer Werner Stiller wie ein Geschenk des Himmels. Ob auch die CIA auf diesem Wege Zugang zur HV A erlangt hat, wie Anfang Juni 2007 ein Artikel im *Focus* behauptete, erscheint allerdings als zweifelhaft. Denn einerseits blieb *Focus* selbst in dieser Hinsicht auffallend ungenau, indem er nur allgemein von MfS-Quellen der CIA sprach. Andererseits waren seine damit verbundenen Behauptungen über mich falsch.

Das Warten auf den Glücksfall des Überlaufens ist freilich nicht Sache von Geheimdiensten. Um dem nachrichtendienstlichen Gegner auf die Pelle zu rücken, verfolgten sie deshalb die nicht minder schwierige, jedoch nicht gänzlich aussichtslose Strategie, eigene Agenten in dessen Reihen einzuschleusen. Mir ist kein Fall bekannt, in dem dem BND dies bei der HV A gelungen wäre. Hingegen gab es für die HV A zumindest eine solche Sternstunde: Das war der Tag, als ich ihr meine Einstellung in den BND zum 1. November 1973 mitteilte. Er beendete eine über zweijährige, äußerst frustrierende und entmutigende Operation und gab zugleich dem strategischen Weitblick des ersten HV A-Chefs, Markus Wolf, recht, der seinerzeit meinte, meine Biographie weise alle Elemente auf, die eine Bewerbung in Pullach aussichtsreich machten: Ich entstammte einer politisch konservativen Familie und war Mitte der 60er Jahre der CDU beigetreten, außerdem studierte ich bei dem Politologen und renommierten Ostexperten Klaus Mehnert, dem nicht nur Kontakte zum BND, sondern auch schon zum Nachrichtendienst von Admiral Wilhelm Canaris nachgesagt wurden. Da der BND seit der Entlassung Gehlens und seiner Umstrukturierung nach dem Regierungswechsel zur sozial-liberalen Koalition 1969 zunehmend seinen Nachwuchs in akademischen Kreisen suchte und zu diesem Zweck bei ausgewählten Professoren vorstellig wurde, sah Markus Wolf eine realistische Chance, dass Mehnert einen Besucher aus Pullach auf mich aufmerksam machen und ich in der Folge zu einer dortigen Bewerbung aufgefordert werden könnte.

Als meine Verbindungsleute mir ca. 1971 diese berufliche Perspektive nahelegten – seit 1968 stand ich bereits in Kontakt mit der HV A –, wurde mir heiß und kalt zugleich. Der Gedanke, womöglich in dem von General Gehlen geprägten BND zu arbeiten, ließ mich innerlich erschaudern und weckte zugleich eine irrationale Angst vor dem mir als unheimlich erscheinenden westdeutschen Auslandsgeheimdienst. Andererseits empfand ich es als eine große Herausforderung, in die Höhle des Löwen einzudringen und dort für die HV A tätig zu werden. Zum Glück wusste ich damals noch nicht und sagten es mir meine Verbindungsleute auch nicht, auf welches persönliche Risiko ich mich mit einer Bewerbung in Pullach einlassen würde. Der Mut hätte ich mich wohl verlassen. So strategisch weitsichtig auch die Vorgabe von Markus Wolf war, so wenig ließ sie sich umsetzen, weil Klaus Mehnert keine Anstalten machte, als Tippgeber an den BND zu fungieren. »Du musst selbst etwas tun«, sagten meine HV A-Partner. »Du musst den Kontakt zu solchen Personen suchen, von denen anzunehmen ist, dass sie in Verbindung zu Pullach stehen. Blickfeldarbeit nennt man das. Du musst ins Blickfeld des BND rücken, damit er auf dich zukommt.« Das war freilich leichter gesagt als getan. Zwei Jahre lang zerbrachen wir uns den Kopf, wer in meinem Umfeld von Hochschule und CDU mit Pullach in Kontakt stehen und mich dort empfehlen könnte, jedoch ohne Erfolg. Mittlerweile hatte ich mein Studium abgeschlossen und suchte nach einer Arbeitsstelle. Das war Anfang der 70er Jahre für eine Politologin nicht minder schwierig wie in den letzten Jahren der Konjunkturflaute. Als mir endlich eine Tätigkeit in einem von CDU und CSU gemeinsam betriebenen Forschungsinstitut in München angeboten wurde, griff ich zu, obwohl mir das politische Milieu vor allem der CSU so gar nicht behagte. Leider wußte ich zu diesem Zeitpunkt noch nicht, daß mich ausgerechnet meine Stellensuche ins Blickfeld des BND gebracht hatte. Aber ich blieb in der Optik Pullachs, und das sollte ein Jahr später, als das Institut aus finanziellen Gründen schloss, zu jener Entwicklung führen, auf die meine HV A-Partner und ich so lange hingearbeitet hatten.

Kurz vor meinem letzten Arbeitstag im Institut erreichte mich dort ein geheimnisvoller Anruf. Ein mir unbekannter Mann stellte mir ein interessantes Stellenangebot in Aussicht und wollte mich deshalb kurzfristig in meiner Wohnung aufsuchen. In meinem Kopf begann es blitzschnell zu arbeiten. Das Angebot klang konspirativ. Der Mann könnte beim Geheimdienst sein, durchzuckte es mich. Beim Verfassungsschutz oder sogar beim BND. Ich bemühte mich, meiner Stimme einen unbefangenen Ton zu geben, als ich ihm antwortete. Wir vereinbarten für einen der nächsten Tage einen Gesprächstermin.

Grafrath – wie sich der Mann mir gegenüber nannte – kam pünktlich zu mir. Er wies sich mit einem Dienstausweis aus, einer kleinen rotgepunkteten Karte mit aufgedrucktem Bundesadler, auf der sein Name und Dienstgrad vermerkt waren. Darüber stand in fetten Druckbuchstaben: BUNDESNACHRICHTENDIENST. Ich atmete tief durch. Das also war der Moment, auf den wir so lange und vergebens gehofft hatten. Nun lag es an mir, die Chance zu nutzen und keinen Fehler zu machen. Ich durfte um Himmels willen nicht zeigen, wie nervös ich war. Ich musste ruhig bleiben, ganz ruhig. »Als weltweit tätiger Nachrichtendienst bietet der BND eine Vielfalt interessanter Arbeitsmöglichkeiten«, bemühte sich Grafrath, mein Interesse zu wecken, nicht ahnend, wie brennend ich seinem Angebot entgegenfieberte. »Die DDR ist unser vorrangiges Beobachtungsgebiet. Mit Ihren einschlägigen Kenntnissen wären Sie für einen Einsatz in der Auswertung der DDR-Politik geradezu prädestiniert.« Ausführlich schilderte er die verschiedenen Verwendungsmöglichkeiten im BND, um mir schließlich die entscheidende Frage zu stellen, ob ich an einer Bewerbung interessiert sei. Er gab mir ein Bündel Formulare mit der Aufforderung, sie mit meinen persönlichen Unterlagen an eine Postfachadresse in München zu schicken. Anschließend schilderte Grafrath kurz das Bewerbungsverfahren. Einem Beratungsgespräch mit Mitarbeitern der Auswertung und einer Sicherheitsüberprüfung würde ein umfangreiches Auswahlverfahren folgen, um die charakterliche und fachliche Eignung, Sprachkenntnisse und vor allem die Motivation für eine nachrichtendienstliche Tätigkeit zu prüfen. Hierauf konnte und wollte ich mich intensiv vorbereiten. Aber die Sicherheitsüberprüfung lag wie ein Damoklesschwert über mir. Es gab kritische Punkte in meiner Biographie, an denen eine Bewerbung scheitern konnte: Ich hatte entfernte verwandtschaftliche Beziehungen in die DDR, war wiederholt dorthin gereist, sogar während der Einreisesperre im Bezirk Karl-Marx-Stadt im August 1968 – und ich stand seit einigen Jahren in Kontakt mit der HV A. Würde der BND letzteres entdecken, wäre es nicht nur um meine Bewerbung, sondern auch um mich geschehen. Doch ich hatte mit dem Kontakt zur HV A jenen zu meiner DDR-Verwandtschaft abgebrochen, hatte mir überdies große Mühe gegeben, die Reisedaten zu verschleiern und der BND sie womöglich nur oberflächlich überprüft. Jedenfalls überwand ich diese Klippe und nach Wochen bangen Hoffens fand sich in meiner Post die so ungeduldig erwartete Nachricht aus Pullach: »Ich freue mich, Ihnen mitteilen zu können, dass Ihre Einstellung in meinen Geschäftsbereich genehmigt wurde.« Sofort informierte ich die HV A. Sie gratulierte umgehend: »Wir alle freuen uns mit dir über diesen großen Erfolg.«

Zum 1. November 1973 begann ich meine Tätigkeit als Mitarbeiterin des BND. Nach den üblichen Einführungskursen sowie einer dreimonatigen Intensiv-Sprachausbildung in Russisch nahm ich meine Arbeit als Auswerterin für den Bereich sowjetische Westeuropapolitik auf. Später sollten Einsätze in den Auswertungsbereichen sowjetische USA- und Drittweltpolitik mit Schwerpunkt Nahmittelost sowie sowjetische Blockpolitik folgen, außerdem eine mehrjährige Tätigkeit im Gesamtlagereferat der Auswertungsabteilung mit Zuständigkeit für die Spitzeninformation an die Bundesregierung sowie eine siebenmonatige Abordnung in die Geheimdienstabteilung des Bundeskanzleramtes. Eine Fülle von Informationen ging in den 17 Jahren meiner BND-Zugehörigkeit über meinen Schreibtisch: Quellenberichte, Meldungen aus der Telefonkontrolle und der fernmeldeelektronischen Aufklärung, Berichte von Flüchtlingen, Exilanten, Wirtschafts- und Kirchenvertretern, militärische Lageberichte, Partnerdienstmeldungen, Botschaftsberichte der bundesrepublikanischen Auslandsvertretungen usw. Selten reichte die Zeit, um alle Informationen zu lesen; dann musste es genügen, sie lediglich zu sichten und die für die HV A bzw. DDR wichtigsten nach Ost-Berlin zu übermitteln. Aber auch damit war das Ziel sichergestellt: Die HV A sollte wissen, was der BND wusste. Denn im Kalten Krieg konnte nur das Wissen um die Absichten des Gegners Sicherheit vor unliebsamen Überraschungen bieten und dazu beitragen, den auf dem atomaren Patt beruhenden prekären Frieden zu bewahren.

Dieses Ziel der HV A und ihrer Kundschafter an der unsichtbaren Front – nie wieder Krieg in Europa und schon gar nicht von deutschem Boden ausgehend – wurde trotz ihres unrühmlichen Endes erreicht. Erst mit der Wende wurden sowohl Krieg in Europa als auch eine deutsche Beteiligung daran wieder möglich. Seitdem müssen die Verteufelung der DDR als angeblicher »Unrechtsstaat« und die rechtswidrige massive Strafverfolgung von hauptamtlichen und inoffiziellen Mitarbeitern ihrer Auslandsnachrichtendienste dazu herhalten, die ostdeutsche Auslandsaufklärung zu denunzieren. So trug Justizminister Kinkel auf dem deutschen Richtertag 1991 der – laut Verfassungstheorie unabhängigen – bundesrepublikanischen Gerichtsbarkeit auf, die DDR zu »delegitimieren«, während der Deutsche Bundestag 1992 in einem rechtlich fragwürdigen Gesetz ihre Strafverfolgung der westlichen Spionage schlichtweg zu »politischem Unrecht« erklärte und die eigenen Agenten als angebliche Opfer einer SED-Willkür rehabilitierte. Dieses voluntaristische (völker-) rechtliche Konstrukt bestimmt auch die Sicht auf die Geschichte des geteilten Landes: hüben, in der Alt-Bundesrepublik, die Guten und drüben in der DDR die Bösen, bar jeglichen politisch-staatlichen Existenzrechts. Da wundert es nicht, dass auch der Blick auf die

HV A und ihre Aktivitäten im Kalten Krieg gründlich verstellt ist, zumal sich der BND als ihr unmittelbarer Gegenspieler noch immer weitgehend einer Offenlegung seiner Archive verschließt und damit eine Betrachtung im Kontext zeitgeschichtlicher Vorgänge behindert. Denn anderenfalls müsste man eingestehen, daß die HV A nichts anderes tat, als was alle Staaten als legitim erachten: durch rechtzeitigen Erkenntnisgewinn über die Ziele, Stärke und Methoden des politisch-ideologischen Gegners die Sicherheit des eigenen Landes zu gewährleisten.

Anlage XIII

Spionageaufträge des BND 1968

Ende der 60er Jahre verteilte der BND eine mehrseitige Anleitung. Diese wurde bei einem im Raum Jena festgenommenen Militärspion sichergestellt.
Das Original ist im Besitz von Generalmajor a. D. Dieter Lehmann, einst Leiter der Bezirksverwaltung Gera des MfS

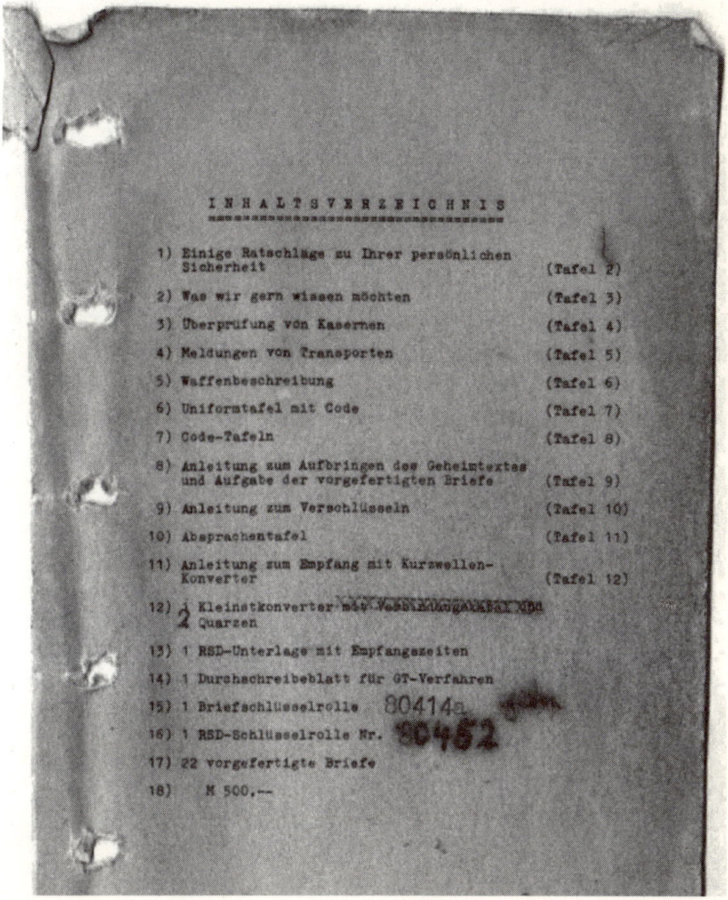

I N H A L T S V E R Z E I C H N I S

1) Einige Ratschläge zu Ihrer persönlichen Sicherheit (Tafel 2)
2) Was wir gern wissen möchten (Tafel 3)
3) Überprüfung von Kasernen (Tafel 4)
4) Meldungen von Transporten (Tafel 5)
5) Waffenbeschreibung (Tafel 6)
6) Uniformtafel mit Code (Tafel 7)
7) Code-Tafeln (Tafel 8)
8) Anleitung zum Aufbringen des Geheimtextes und Aufgabe der vorgefertigten Briefe (Tafel 9)
9) Anleitung zum Verschlüsseln (Tafel 10)
10) Absprachentafel (Tafel 11)
11) Anleitung zum Empfang mit Kurzwellen-Konverter (Tafel 12)
12) 1 Kleinstkonverter [illegible] 2 Quarzen
13) 1 RSD-Unterlage mit Empfangszeiten
14) 1 Durchschreibeblatt für GT-Verfahren
15) 1 Briefschlüsselrolle 80414a
16) 1 RSD-Schlüsselrolle Nr. 80452
17) 22 vorgefertigte Briefe
18) M 500.--

Tafel 2

Einige Ratschläge zu Ihrer persönlichen Sicherheit

Aus Ihren persönlichen Erfahrungen mit dem kommunistischen Regime werden Sie ja größtenteils die Praktiken der staatl. Organe kennen. Trotzdem wollen wir in dieser Anleitung Ihnen nochmals alle die uns zunächst wichtig erscheinenden Punkte für Ihre Sicherheit aufzeigen, um Sie vor möglichen Unbedachtsamkeiten zu schützen. Die meisten dieser Ratschläge sind einfach und verständlich, so daß sie keiner langen Erläuterungen bedürfen. Bitte halten Sie sich an diese Ratschläge strikt, da sie für Ihre Sicherheit von ausschlaggebender Bedeutung sind. Eine Gefahr kann erst eintreten, wenn Ihnen auf diesem Gebiet gravierende Fehler unterlaufen. Meistens sind diese dann nicht mehr rückgängig zu machen.

Und nun im einzelnen:

1) Erzählen Sie niemandem, außer Ihrer Frau – wobei Sie sich diesen Schritt vorher gut überlegen müssen –, von Ihrer geheimen Tätigkeit für uns. Vertrauen Sie es auch nicht Ihrem engsten Freund an, denn er könnte ungewollt einen Fehler machen, der die Aufmerksamkeit anderer auf Sie lenkt. Sie müssen stets unterstellen, daß sich in Ihrem Bekanntenkreis Personen befinden können, die als Spitzel verpflichtet sind. Seien Sie daher bei politischen Gesprächen vorsichtig und halten Sie sich in Ihren Äußerungen zurück. Gegner treten oft unter der Maske des "Regime-Gegners" auf, und versuchen durch Provokationen zu unbedachten Äußerungen zu verleiten.

2) Behalten Sie gegenüber Ihrer Umwelt Ihren Lebensrhythmus und Ihre Gewohnheiten bei. Verhalten Sie sich stets so, daß Sie weder zum Positiven noch zum Negativen hin auffallen. Verzichten Sie auf alles, was Neid und Mißgunst Ihrer Mitmenschen erwecken könnte. Bedenken Sie, daß über den bisherigen Rahmen gehende Geldausgaben Neugier hervorruft, die mit Nachforschungen verbunden sein könnten.

Größere Geldbeträge, die Sie von uns erhalten, zahlen Sie nur in solchen Raten auf der Bank oder Sparkasse ein, die

- 2 -

Sie glaubhaft von Ihrem Verdienst ersparen könnten. Meiden Sie Geldausgaben, die mit Ihrem Verdienst nicht in Einklang stehen.

3) Meiden Sie übermäßigen Alkoholgenuß, damit Sie nie die Kontrolle über sich selbst verlieren. Ein unter Alkoholeinfluß zuviel gesprochenes Wort kann unabsehbare Folgen haben. Seien Sie daher hier besonders vorsichtig, auch wenn die Einhaltung dieses Ratschlags manchmal schwerfallen sollte.

4) Pflegen Sie keinen Kontakt mit Personen, die als politische Gegner des SED-Regimes bekannt sind. Zu leicht könnten Sie sonst in das Blickfeld des SSD geraten. Halten Sie sich stets auf der Ebene der Mitläufer.

5) Gegenüber Organen des Staates und der Partei zeigen Sie sich ruhig und gelassen, auch wenn Sie wegen einer völlig unpolitischen Angelegenheit vor einer staatlichen Stelle erscheinen müssen - z.B. als Zeuge zu einem Verkehrsunfall - seien Sie auf der Hut! Wägen Sie Ihre Aussagen sorgfältig ab, Widersprüche könnten zur Überprüfung oder sogar Überwachung führen. Bekämpfen Sie jede Nervosität oder Unsicherheit, auch in überraschenden Situationen.

6) Überlegen Sie stets <u>vor</u> jeder Handlung, die Sie für uns tun wollen:
<u>Was</u> will ich <u>wie</u> durchführen und <u>wie</u> begründe ich es. Diese Überlegung müssen Sie bei <u>allen</u> Handlungen anstellen, die mit Ihrer geheimdienstlichen Tätigkeit in Zusammenhang stehen. Sie müssen also für Ihr Verhalten jederzeit eine harmlose und plausible Begründung parat haben; z.B. wenn Sie Ihre Zimmertür abgeschlossen haben, um nicht beim Abhören unserer Funkmitteilungen überrascht zu werden,oder Sie sich in einer bestimmten Gegend aufhalten und man Sie fragen sollte, was Sie dort machen. Sie dürfen nie um eine Antwort verlegen sein.

7) Kommen Sie mit Personen zusammen, von denen Sie für uns interessante Dinge erfahren können, so vermeiden Sie unbedingt durch direkte Fragen den Gesprächspartner stutzig zu

- 3 -

- 3 -

machen. Versuchen Sie vielmehr, durch unverfängliche Bemerkungen dem Gespräch die gewünschte Richtung zu geben. Die anderen reden lassen, selbst aber aufmerksamer Zuhörer sein. Das von Ihnen gezeigte Interesse darf niemals den normalen Rahmen überschreiten.

8) Wie schon unter Ziff. 7 angeführt, dürfen Sie auch bei Beobachtungen aller Art nicht durch ein zu offensichtlich bekundetes Interesse die Aufmerksamkeit anderer erregen. Verhalten Sie sich unauffällig und zeigen Sie eher Gleichgültigkeit, währenddessen Sie aber alles sorgfältig registrieren. Notizen dürfen Sie sich keine machen, die Gefahr einer zufälligen Entdeckung wäre zu groß.

9) Studieren Sie immer wieder unsere Hinweise und Anleitungen zur nachrichtendienstlichen Arbeit, bis Sie alles perfekt beherrschen. Verfallen Sie nie in Routine, die erfahrungsgemäß zu Leichtsinnsfehlern führt.

10) Alle Geräte und Unterlagen die Sie für Ihre geheimdienstliche Tätigkeit verwenden, müssen Sie so versteckt halten, daß sie sowohl vor Zufallsentdeckungen (Kinder, Verwandtenbesuch, Handwerker) sicher sind, als auch bei einer gründlicheren Durchsuchung Ihrer Wohnung nicht gefunden werden können. Grundsätzlich dürfen Sie daher die geheimen Unterlagen nur dann dem Versteck entnehmen, wenn sie gebraucht werden; nach Benutzung müssen sie sofort wieder ordnungsgemäß versteckt werden.

Zur Anlage von Verstecken eignen sich u.a. Haushalts- oder Einrichtungsgegenstände, in denen sich zweckentsprechende Hohlräume herstellen lassen, ohne daß dadurch das äußere Ansehen des Gegenstandes verändert wird.

Ungeeignet als Versteck sind auf jeden Fall: Wäschestapel in Kleiderschränken, Kartoffel- oder Kohlehaufen im Keller, Bücherschrank, Küchenschränke, Betten etc.

11) Notizen oder Meldungsentwürfe, die Sie nicht mehr benötigen, vernichten Sie sofort und gründlich. Die beste und sicherste Methode ist es, die Papiere zu verbrennen. Auf keinen

- 4 -

Fall dürfen Sie solche Unterlagen - zerknüllt oder zerrissen - in den Müll werfen oder auf der Toilette hinunterspülen.

12) Damit wir Ihnen erforderlichenfalls rechtzeitig Hinweise und Ratschläge für Ihr Verhalten geben können, müssen Sie uns jeweils frühzeitig über alle Veränderungen unterrichten, die in Ihren persönlichen Verhältnissen oder in Ihrer Umgebung eintreten, z.B. Wohnungswechsel, Änderung der finanziellen Lage, Änderung in beruflicher Hinsicht, Änderung der familiären Verhältnisse oder sonstige Ihnen auch vielleicht unwichtig erscheinende Dinge.

TAFEL 3

Was wir gern wissen möchten

Ihr Besuch wird Ihnen die beiliegenden Unterlagen und unsere Wünsche näher erklären, so daß hier eine kurze Zusammenfassung genügt.

Ihre Aufgabe besteht darin, uns entsprechend Ihren jeweiligen Möglichkeiten sachlich und objektiv zu berichten. Um Gefahren- und Krisenherde rechtzeitig zu erkennen, ist es von bedeutender Wichtigkeit, daß Sie Anzeichen, die allgemein nur vor oder während Krisenlagen auftreten, sofort melden. Sicher ist Ihnen z.B. bei der CSSR-Krise das eine oder andere Anzeichen aufgefallen. Daher heißt es:

immer Augen und Ohren auf !

I. Anzeichen, die auf besondere Pläne oder Ereignisse deuten, sind z.B. als Anhaltspunkte:

1) Vermehrte, ungewöhnliche Mil.Bewegungen (Straße, Schiene)
2) Ein- oder Ausrücken der ganzen Truppe oder stärkerer Teile in die bzw. aus der Kaserne.
3) Vorbereitungen zum Ausrücken.
4) Neue Truppe im Objekt.
5) Einberufung von NVA-Reservisten.
6) Urlaubs- und Ausgangssperren für NVA und SOWJ-Truppe.
7) Sperrung von Straßen für den zivilen Verkehr.
8) Verstärkte Bewachung von Objekten, in denen Dienststellen, Behörden oder Auslandsvertretungen untergebracht sind.
9) Auftreten von ausländischen Truppen (wie TSCHECHEN, POLEN usw.)

Während Sie diese Anzeichen immer unverzüglich melden, sobald Sie eins festgestellt haben, berichten Sie bitte daneben monatlich zunächst einmal Erkenntnisse, die Sie bei Beobachtungen der LÖBSTEDT-Kaserne (einschließlich ehemaliges HEERESZEUGAMT gewinnen.

II. LÖBSTEDT-Kaserne

Hier interessieren besonders: (Einzelheiten in TAFEL 4)

1) Anzahl und Art der Großwaffen und Großgeräte (Beschreibung, Skizzierung nach TAFEL 6)
2) Waffenfarbe und Waffenabzeichen (TAFEL 7)
3) Dienstbetrieb der Truppe
4) Aus- und Einrücken der Truppe

Zur Erleichterung können Sie die auf den Code-Tafeln festgelegten Begriffe mit den Codebezeichnungen (unverschlüsselt) melden.(TAFEL 8)

Die besten Beobachtungsergebnisse sind zu gewinnen, wenn Sie die Einheiten der LÖBSTEDT-Kaserne beim Ein- und Ausrücken oder am Übungsplatz sehen. Stellen Sie deshalb fest, wo diese Einheiten üben und wie (auf welchen Wegen) sie dorthin und zurück gelangen.

III. Falls es Ihnen möglich sein sollte, berichten Sie bitte auch beobachtete Bewegungen der NVA von der Joh.R-BECHER (JÄGERSBERG)-Kaserne zum Wasserübungsplatz (500 m südwestlich Bahnhof ZWATZEN).

Wichtig sind auch immer Beobachtungen von Raketenwaffen, von Transporten und Übungen (TAFEL 9).